옥한흠 목사의 다시 복음으로

도서출판 은보는 고 옥한흠 목사가 지난 40여 년간 한 영혼을 살리는 제자훈련 목회에 매진하며 쌓은 콘텐츠를 기반으로 설립되었습니다. 그가 남긴 방대한 연구성과를 발굴 및 공급함으로 생전 옥한흠 목사가 꿈꾸던 교회가 이 땅에 더 많이 세워지는 데 밑거름이 되는 출판사가 되겠습니다.

※ 은보(恩步)는 "은혜의 발걸음"이라는 의미의 고 옥한흠 목사의 호입니다.

옥한흠 목사의

다시 복음으로

은보

PROLOGUE 다시 한 번 복음 속으로…… / 8

PART 1 피할 수 없는 질문 :
질문 앞에 서다

01 | 첫 번째 질문 :
당신에게 돌아갈 고향이 있습니까? (요 14:1-3) / 14

02 | 두 번째 질문 :
누가 당신을 하나님께 인도할 수 있습니까? (요 14:6) / 36

03 | 세 번째 질문 :
왜 믿어야 합니까? (출 12:21-25) / 57

04 | 네 번째 질문 :
당신은 용서받아야 할 사람 아닙니까? (눅 7:36-50) / 76

05 | 다섯 번째 질문 :
목숨을 잃으면 무슨 유익이 있습니까? (막 8:36-37) / 99

PART 2

들어야 할 복음 :
예수를 이야기하다

01
사람이 되신 예수 그리스도 (눅 2:8-14) / 120

02
십자가에 달리신 예수 그리스도 (사 53:4-6) / 142

03
죽음에서 부활하신 예수 그리스도 (막 16:1-8) / 171

04
갇힌 자를 놓아주신 예수님 (눅 4:18-19) / 196

05
돌아오길 기다리시는 예수님 (눅 15:11-24) / 212

PART 3

영원 없는 인생 :
인생을 생각하다

01
다 내게로 오라(마 11:28-30) / 234

02
영원을 사모하는 마음(전 3:11) / 257

03
인생은 짧다(사 40:6-8) / 277

04
유비무환(有備無患)(히 9:27-28) / 294

05
허무한 인생을 위한 세 가지 축복(벧전 1:24-25) / 317

"근심하는 자 같으나 항상 기뻐하고 가난한 자 같으나 많은 사람을 부요하게 하고 아무 것도 없는 자 같으나 모든 것을 가진 자로다"(고후 6:10).

PROLOGUE

다시 한 번
복음 속으로……

옥 목사님의 미발표 전도 설교 원고를 손에 붙잡은 지 거의 1년이 되어갑니다. 애초 생각에는 길어야 3개월 정도면 마칠 수 있으리라 보았습니다. 그러나 『전도 프리칭』(2002)에 사용된 설교를 제외하고, 1982~2009년까지 총 47편의 대각성전도집회 설교를 먼저 곱씹으며 그 가운데 25편의 설교를 이번 책에 담기까지 그 과정이 만만치 않았습니다. 시간이 갈수록 문장 하나하나를 붙잡고 씨름하는 시간이 길어졌습니다.

나날이 기독교의 진리가 조롱당하는 현실 속에서 복음의 진리를 다시 붙잡는 것은 힘이 되기도 했지만, 동시에 고통스러운 경험이었습니다. 복음으로 인해 조롱이 아니라 핍박받는 시대라면 이렇게까지 마음이 아프지도 않았을 것입니다. 옥 목사님이 외친 복음의 진리는 그 말씀이 외쳐졌던 시절이나 또 지금이나 조금도 변하지 않았습니다. 아니, 아주 오래전 예수 그리스도께서 "회개하라 천국이 가까이 왔느니라"(마 4:17)라고 외치셨던 그때와도 달라지지 않았습니다. 그러나 세상은 더는 복음에 귀를 기울이지 않습니다. 복음 속에 숨은 생명에 관심을 두지 않습니다. 복음이, 생명이, 진리가 인간의 욕망에 파묻혀 질식당하는 현실은 옥 목사님의 말씀이 생생하고 분명할수록 더 나의 숨을 죄어오는 것만 같았습니다.

하지만 문장 하나하나를 붙잡고 씨름하는 시간이 길어질수록 숨어있던 은혜가 나를 감싸기 시작했습니다. 시간이 갈수록 답답함을 걷어내는 복음의 힘이 나를 붙잡기 시작했습니다. 오랫동안 잊고 있었던 분명한 진리……, 지금 이 시간 복음이 필요한 사람은 다른 누구도 아닌 바로 나 자신이라는 사실이 나를 다시 복음의 메시지 앞에 무릎 꿇게 했습니다. 언젠가 옥 목사님께서 외치셨던 "로마 교회는 다시 복음을 들어야만 했다"라는 설교의 제목처럼, 오늘을 살아가는 나라는 사람은 복음으로 다시 한 번 깨어져야 함을 깨닫습니다. 그리고 그 깨어짐 속에서 나를 더 강하게 세우는 것은 오직 복음밖에 없음을 고백합니다. 세상의 변화에 맞춰 적응이라는 이름으로 변색하는 복음이 아닌, 2천 년 전 로마에서 외쳐졌던 그 복음 그대로, 그 복음의 역사로 다시 한 번 내 영혼을 살려야 함을 깨닫습니다.

옥 목사님의 전도설교를 붙잡고 살았던 지난 1년은 제가 절망의 골짜기를 오르고 내리기를 반복하는 시간이었습니다. 예상보다 내용이 길어져서 애초에 한 권으로 나올 예정이었던 책이 두 권이 되었습니다. 오늘 첫 번째 복음설교집의 프롤로그를 쓰는 이 순간 나를 살리셨던 복음의 능력이 이 책을 손에 든 성도님들의 눈물을 닦는 귀한 역사가 반복되길 기도합니다.

임문희
(前 사랑의교회 전도사, 『옥한흠 목사의 다시 복음으로』 책임 편집자)

PART
1

피할 수 없는 질문:
질문 앞에 서다

예수님을 믿으면 됩니다. 믿기만 하면 됩니다.

믿으면 하나님이 주시는 선물을 받을 수 있습니다.

그러면 우리는 영원히 사는 아름다운 하나님의 자녀가 됩니다.

제 1부_피할수없는질문 : 질문 앞에 서다

01 첫 번째 질문:
당신에게 돌아갈 고향이 있습니까?

(요 14:1-3)

인생의 본질은 허무입니다. 적지 않은 세월 동안 저는 인생의 위를 올려다보기도 하고, 인생의 아래를 내려다보기도 했습니다. 또한 인생을 좌우로 들여다보기도 했습니다. 그래서 제 나이 정도 되면 인생에 대해 말할 수 있는 어느 정도의 자격은 갖추고 있다고 봅니다.

인생이 얼마나 허무한지 아십니까? 어릴 적 친구들과 함께 하늘을 나는 잠자리를 따라 들길을 누비던 그 아름다운 시절을 아무리 회상해보려 해도 손에 잡힐 듯 말 듯 그때의 기분과 행복을 전혀 되살릴 수 없는 것이 인생입니다. 대학 합격 통보를 받고는 막 펄쩍펄쩍 뛰면서 춤을 추던 그때 그 감격을 아무리 되살려보려 해도 모락모락 피어오르는 연기처럼 불꽃이 일어나질 않습니다. 그게 인생입니다.

밤잠을 설치면서 결혼식 하는 날만을 손꼽아 기다리다가 결혼 전야에는 너무 설레서 어쩔 줄 몰라 했던 때도 있었을 것입니다. 그보다 더 좋았던 것은 신혼여행 가서 세상이 어떻게 돌아가는지도 모른 채 행복한 시간을 보냈던 때입니다. 하지만 그 시간을 되짚어보고 싶은 마음에 일기장을 펴서 읽기도 하고 사진을 들춰 보기도 하지만, 그때의 몇만 분의 일도 복원해내지 못하는 게 인생입니다.

한번 지나고 나면 아무리 되살리고 되살려도 그때의 흥분, 기쁨, 행복을 다시 맛볼 수 없습니다. 좋은 일만 그런 것이 아닙니다. 나쁜 일, 슬픈 일, 아팠던 일 모두 다 한번 지나고 나면 시간이라는 먼지 속에 묻혀 버립니다. 다시 먼지를 걷어내어 그때 그 상황을 회복하고 싶고, 맛보고 싶고, 누리고 싶어도 다시는 돌아오지 않는 것, 이것이 인생입니다.

• 이유 있는 인생의 허무

성경을 보면 모든 것을 다 가지고 누렸던, 어떤 면에서는 이 세상에서 가장 행복한 삶을 살았던 솔로몬이라는 왕이 있습니다. 그가 아내를 몇이나 두었는지 아십니까? 천명이나 됩니다. 한마디로 눈에 들어오는 것은 다 해본 사람입니다. 그럼에도 불구하고 나이가 든 후 그가 남긴 말이 뭔지 아십니까?

"헛되고 헛되며 헛되고 헛되니 모든 것이 헛되도다……모두 다 헛되어 바람을 잡으려는 것이로다"(전 1:2, 14).

무엇이 헛되다는 것입니까? 바로 인생을 말합니다. 그런 말을 들으면 인생이 참 비참하게 느껴집니다. 제가 인생의 허무를 계속 이야기 하자면 끝이 없습니다. 제가 느끼는 허무를 이야기해도 끝이 없습니다. 여러분의 인생은 얼마나 허무합니까? 우리는 다 위장하고 살아갑니다. 허무도 없고 마치 최상의 행복을 누리며 사는 것처럼, 인생의 모든 기쁨이 다 가득 찬 것처럼 허세를 부리면서 살아갑니다. 하지만 우리는 좀 더 솔직해질 필요가 있습니다. 옷을 좀 벗고 벌거벗은 모습을 볼 필요가 있습니다.

인생의 실존은 허무입니다. 그런데 어떤 사람은 이렇게 말합니다. "죽으면 그만이지." 글쎄요. 죽으면 정말 그만일까요? 그러면 얼마나 좋겠습니까? 하지만 인생이 죽으면 그만이라고 할 때, 그 허무가 서너 배, 예닐곱 배, 아니 열 배, 백 배로 커지는 것 같지 않습니까? 인생이 그만큼 허무하다면, 죽음 다음에라도 뭔가 있어야 하지 않겠습니까? 그런데 죽으면 그만이라고 하니 도대체 인생 살맛이 납니까? 그렇게 허무한 인생을 왜 살아야 합니까? 사는 것 자체도 허무한데 죽으면 그만이라니 이게 가당키나 합니까? 왜 죽으면 그만입니까? 그럴 수 없습니다.

우리가 인생을 허무하게 느끼는 이유가 있습니다. 허무하지 않는 실체가 있기 때문입니다. 우리 앞에 놓인 인생의 그림자를 보고 허무하게 느끼는 것이지, 실체를 보게 되면 허무를 극복할 수 있습니다. 그렇다면 허무를 극복하는 실체가 뭔지 아십니까? 우리가 돌아갈 고향입니다. 즉 하나님의 나라입니다. 하나님이 준비한 영생입니다.

오늘 이 사실을 여러분에게 소개하고 싶습니다. 제가 이런 말을 하는데도 "흥, 모르는 소리. 죽으면 그만이야. 목사니까 하는 소리지" 하고 말할지 모릅니다. 의심하는 분들은 "다음 세계가 있다. 돌아갈 고향이 있다"라는 사실을 답답해서 지어낸 이야기쯤으로 생각할지 모릅니다. 괜찮습니다. 그러나 하나님이 여러분을 사랑하시면 틀림없이 귀를 열어주실 것입니다.

• 진실 공방

이런 글을 읽은 적이 있습니다. 어머니 자궁 속에서 자라고 있는 이란성 쌍둥이에 대한 이야기입니다. 물론 지어낸 우화지만 우리에게 던져주는 메시지가 있습니다. 아직 태어나기 전이니까 여자아이를 동생으로, 남자아이를 오빠로 설정하고 이야기하겠습니다.

하루는 동생이 오빠를 불렀습니다. "오빠, 난 말이야, 우리가 태어날 다른 세상이 있다고 생각해. 오빠 생각은 어때?" 그러자 무척 황당하다는 투로 "야, 그게 무슨 소리야? 알지도 못하면서. 누가 그런 소릴 해?" 하고 오빠가 화를 냈습니다. 동생은 전혀 굽히지 않고 끈질기게 자기 의견을 말했습니다. "아무리 그래도 말이야, 나는 분명히 뭔가 있다고 느껴. 여기보다 훨씬 더 넓고 빛이 환하게 비치는 그런 세상이 있다고 믿어져." 듣다 못 해 오빠는 화가 났습니다. "도대체 말 같지도 않은 소릴 왜 하니? 여긴 그런대로 살기 좋은 곳이야.

좀 좁고 어둡긴 하지만 그런대로 따뜻한 곳이야. 그리고 탯줄만 잘 붙들고 있으면 필요한 건 다 생긴다고. 우리만 만족하면 얼마든지 좋은 곳이야. 그런데 넌 무슨 뚱딴지같은 소릴 자꾸 하니? 누가 너한테 그런 소리를 했어?" 하고 동생에게 윽박질렀습니다.

오빠가 크게 화를 내자 동생은 기가 죽어서 가만히 있었습니다. 얼마나 지났을까 동생은 다시 오빠를 불렀습니다. "오빠, 난 아무래도 엄마가 계시는 것 같아. 엄마가 틀림없이 계시는 것 같다고." 오빠는 너무나 어이가 없어 큰소리쳤습니다.

"너 자꾸 나 괴롭히지 마. 너 엄마 봤어?" "나도 못 봤어." "보지도 못하고선 자꾸 그런 소리를 하니? 제발 입 좀 다물어."

또다시 동생은 오빠의 기세에 눌려 입을 다물었습니다. 한참 지나고 나서야 동생은 또 오빠를 불렀습니다. "오빠, 그런데 말이야, 가끔 꽉 죄어오는 느낌이 있어. 어떤 때는 기분이 나쁘기도 하고, 또 어떤 때는 아프기조차 해. 오빠는 안 그래?" "응. 그건 나도 그래." "그런데 난 말이야, 그 느낌이 엄마가 계신 것처럼 다가와. 그리고 넓고 환한 빛이 있는 세상으로 나갈 준비를 하라는 신호처럼 느껴져. 오빠는 안 그래?" "너 왜 자꾸 바보같이 똑같은 소릴 하니?" 하고는 동생의 말문을 막아 버렸습니다.

우리 중에도 이 오빠 같은 사람이 꽤 많습니다. 누구 말이 옳은지 우리는 압니다. 누구 말이 옳습니까? 동생 말이 옳습니다. 백 번 물어도 옳은 말입니다. 그러나 합리적으로 생각하는 오빠에게는 도무지 말 같지도 않은 소리입니다.

• 돌아갈 고향이 있습니다

오늘날 세상 사람들은 이 오빠처럼 죽음 이후 다른 세상, 우리가 돌아가야 할 고향, 즉 우리를 만드신 하나님이 계시는 곳에 관해 이야기하면, 말도 안 되는 무식한 이야기로 치부해버립니다. 또는 상식이 통하지 않는 광신자의 이야기처럼 듣는 분들이 많습니다.

인간은 어쩌다가 태어난 존재가 아닙니다. 어쩌다가 태어난 존재라면 돌아갈 곳도 없게 됩니다. 어쩌다가 태어났으니 어쩌다가 죽으면 끝나는 것입니다. 정말 우리 인생이 그렇다면 허무해서 살맛 나겠습니까? 차라리 죽는 게 낫지 않겠습니까?

저는 우리 교회 성도들 가운데 소위 세상적으로 성공한 사람도 봐왔고, 행복해서 어쩔 줄 몰라 하는 분도 봐왔습니다. 그런데 그들에게 가까이 다가가 깊이 이야기를 나누다 보면, 하나같이 슬픔과 고뇌, 아픔을 안고 있습니다.

그런 인생을 여러분이 허무하게 살다 갈 필요가 없습니다. 하나님은 우리를 소중한 존재로 만드셨습니다. 죽으면 그만이라고요? 천만에요. 하나님은 우리로 하여금 허무를 딛고 허무를 극복하여 더 나은 삶을 추구할 충분한 이유와 목표, 가치를 주셨습니다. 우리에게는 돌아갈 고향이 있기에 얼마든지 오늘의 허무를 극복할 수 있습니다. 우리가 돌아갈 영원한 나라가 있기에 오늘의 슬픔을 기쁨으로 바꿀 수 있습니다. 우리가 돌아갈 그 나라가 있기에 죽음 앞에서도 담담하게 대할 수 있습니다. 우리가 돌아갈 그 나라가 기다리고 있기에 젊었을 때의 꿈이 산산조각이 나더라도 허탈감으로 남은 인생을 살지 않습니다. 우리가 돌아갈 그 나라를 대망하기에 인생의 실패로 인해 초라한 모습을 하더라도 절대로 좌절하지 않습니다. 왜 그렇습니까? 그 나라가 있기 때문입니다. 돌아갈 나라가 있기 때문에 다른 사람보다 크게 성공해도 교만할 수 없고, 그것으로 나 자신을 과시할 수 없음을 압니다. 왜 그렇습니까? 이 세상 것들은 결국 허무한 것이기에 그것은 자랑할 것이 못 됩니다. 그래서 자랑할 필요가 없습니다.

• 우리 힘으로는 안 됩니다

여기에 한 가지 비극이 있습니다. 돌아갈 고향이 분명히 있지만, 그곳이 어딘지 우리 힘으로는 찾을 수 없고, 비록 찾았다 하더라도 우리 힘으로는 들어갈 수 없다는 사실입니다. 왜 그렇습니까? 우리는 하나님 앞에서 쫓겨난 존재이기 때문입니다. 교회에 처음 오신 분들은 이 말을 이해하기 어렵겠지만 우리는 쫓겨난 존재입니다. 창세기로 거슬러 올라가면 우리 조상이 하나님께 불순종하여 에덴동산에서 쫓겨났는데, 우리는 그 후손으로 이 세상에 태어났습니다. 그래서 세상에 태어날 때부터 하나님이 없는 세계만 알고 살았습니다. 신이라는 게 있을 것 같기도 하고 없을 것 같기도 한 이런 모호한 의식 속에서 우리는 세상을 살고 있습니다. 쫓겨난 존재인 우리는 서글프게도 하나님 앞에서 좋은 존재가 아닙니다.

그런데 우리가 돌아갈 그 나라에는 하나님이 계십니다. 하지만 아무리 문을 두드려도 열리지 않습니다. 하나님이 천사로 하여금 지키게 하셨기 때문입니다. 우리 힘으로는 들어갈 수 없습니다. 우리가 그 고향으로 다시 돌아가려면 이를 막는 장애요인을 다 제거해야 합니다. 불행하게도 우리 힘으로는 그 장애요인을 제거할 수 없습니다. 이것이 비극입니다.

1997년 미국의 경제·문화 잡지인 「워스」(Worth)가 미국의 상위 1퍼센트에 해당하는 사람들을 대상으로 흥미로운 조사를 실시했습니다. 돈으로 사기 힘든 것들을 살 수 있다는 가정 아래, 과연 그것을 갖기 위해 얼마나 투자하겠느냐는 설문이었습니다.

그런데 몇 가지 질문 중 "당신이 하나님 나라에 갈 수 있도록 해준다면 당신의 재산 중 얼마를 내놓겠는가?"라는 질문에, 평균적으로 64만 달러라는 거액이 제시되었습니다. 천국행 티켓을 살 수 있다면 64만 달러를 주고라도 사겠다는 것입니다.

그러나 돈으로는 천국을 갈 수 없습니다. 64만 달러가 아니라 640만 달러를 주어도 돈으로는 안 됩니다. 천국은 우리 힘으로 갈 수 있는 곳이 아닙니다. 그렇기 때문에 인생의 허무가 더욱 증폭될 수밖에 없습니다. 갈 수가 없기에 인생의 허무를 더 느끼는 것입니다. 이것이 우리 모두의 운명입니다.

• 유일한 대안

지금이라도 우리 인생이 끝이라고 한다면 어디로 가시겠습니까? 하나님 앞에 가서 설 수 있겠습니까? 무얼 가지고 설 수 있겠습니까? 어떻게 설 수 있겠습니까? 이 자리에는 성공하신 분도, 제 나이 정도로 인생을 사신 분도, 또 인생의 푸른 꿈을 가지고 활기차게 2, 30대를 사는 분도 계실 것입니다.

잠시 가던 길을 멈추고 한번 질문해 봅시다. 우리는 고향으로 돌아가야 합니다. 어떻게 갈 수 있습니까? 여러분은 대답을 갖고 있습니까? 만약 그곳으로 갈 수 없다면 우리는 중요한 사실을 한 가지 기억해야 합니다. 앞서 우리는 하나님 앞에 죄인이라고 말씀드렸습니다. 혹여 나는 죄를 안 지었다고 말하지 마십시오. 여러분은 하나님 없는 인생을 살았습니다. 하나님이 여러분의 주인이 아니었습니다. 여러분 자신이 주인인 삶을 살았습니다. 하나님 대신 여러분이 하나님이 되었습니다. 그것은 하나님 앞에 대단히 큰 죄입니다.

따라서 우리에게 돌아갈 고향이 없다면, 우리가 가야 할 곳은 하나입니다. 바로 우리의 죗값을 치러야 할 저주의 자리입니다. 사람은 죽음으로 끝나는 것이 아닙니다. 하나님이 말씀하셨습니다. 하나님이 죽지 않듯 하나님의 형상을 닮은 우리도 절대로 죽지 않습니다. 우리는 다른 짐승들과 달리 죽지 않는 영혼을 가졌기 때문에 이 세상을 볼 때마다 더 허무를 느낍니다.

우리 힘으로는 하나님이 계시는 고향에 갈 수 없다면 어떻게 해야 할까요? 길은 하나밖에 없습니다. 하나님이 먼저 열어 주어야 합니다. 이것이 유일한 방법입니다. 내가 밖에서 아무리 두드려도 문을 열 수 없습니다. 안에 계시는 하나님이 빗장을 풀고 문을 열어 주셔야만 내가 들어갈 수 있습니다. 그래서 하나님이 내놓으신 대안이 예수 그리스도입니다. 하나님은 우리가 죗값을 짊어진 채 영원히 저주받는 자리로 가는 것을 절대로 원하지 않습니다.

하나님은 사랑이십니다. 하나님은 우리를 만드신 분이요, 우리를 낳으신 분이요, 우리를 세상에 보내신 창조자이기 때문에 우리가 망하는 것을 원치 않으십니다. 어떻게든 살리고 싶고 어떻게든 축복된 자리로 이끌고 싶은 것이 하나님의 마음입니다. 하나님은 예수 그리스도를 통해 길을 열어 주시고 지금도 우리를 기다리십니다.

요한복음 14장 1절부터 3절까지 말씀을 보겠습니다. 예수님이 세상을 떠나시면서 제자들에게 이런 말씀을 하셨습니다.

"너희는 마음에 근심하지 말라 하나님을 믿으니 또 나를 믿으라 내 아버지 집에 거할 곳이 많도다 그렇지 않으면 너희에게 일렀으리라 내가 너희를 위하여 거처를 예비하러 가노니 가서 너희를 위하여 거처를 예비하면 내가 다시 와서 너희를 내게로 영접하여 나 있는 곳에 너희도 있게 하리라"(요 14:1-3).

이 말씀을 주목해 보십시오. "내 아버지 집에 거할 곳이 많도다."

여기에서 '아버지 집'은 어디입니까? 바로 하나님 나라를 말합니다. 즉 하나님 나라에 거할 곳이 많다고 말씀합니다. 그다음에 중요한 말씀이 있습니다. "내가 너희를 위하여 거처를 예비하러 가노니" 즉 너희가 오게 될 고향을 준비하러 간다는 말입니다. "가서 너희를 위하여 거처를 예비하면 내가 다시 와서 너희를 내게로 영접하여 나 있는 곳에 너희도 있게 하리라" 예수님의 이 말씀은 "내가 너희를 하나님이 계시는 곳으로 인도 하겠다", "내가 너희를 그 나라로 인도하기 위해서 길을 열어 주겠다"는 의미입니다. 그래서 너희는 "나를 믿으라"고 말씀하십니다. 왜 이런 말씀을 하셨을까요? 하나님이 우리를 위해서 내놓은 유일한 대안이기 때문입니다.

• 예수 그리스도에 대한 모든 것

예수님에 대해서 좀 더 설명해 드리겠습니다. 이 내용은 굉장히 중요합니다. 예수님은 하나님의 아들입니다. 예수님은 하나님 자신입니다. 그분은 천지를 창조하신 분이요, 우리 인간을 만드신 분입니다. 그분의 영광과 권위는 하나님 자신의 영광과 권위입니다. 모든 우주 만물이 예수 그리스도의 손안에서 움직입니다. 예수 그리스도는 온 우주에 충만하신 거룩한 존재입니다.

그런데 하나님이 우리를 너무나 사랑하기 때문에 예수님을 세상에 보내기로 작정하셨습니다. 우리를 하나님 나라로 데리고 오기 위해서는 길을 열어야 하는데, 그 길을 열기 위해 갈 사람이 없었습니다. 천사를 보내겠습니까? 아니면 한 인간을 불러서 시키겠습니까? 안 됩니다. 인간은 모두 죄인이기 때문에 하늘나라로 가는 길을 열 수 없습니다. 그러므로 죄가 없는 하나님 자신의 분신, 곧 예수 그리스도를 세상에 보내셨습니다.

그래서 그분이 우리와 똑같은 육신의 모습을 가지고 세상에 찾아오셨고, 천국으로 가는 길을 가르쳐주셨습니다. 그리고는 천국으로 가는 길을 닦기 위해서 스스로 십자가에 죽임을 당하셨습니다. 십자가 죽음은 이 세상에서 가장 끔찍한 사형제도로 알려져 있습니다. 손발에 못이 박힌 채 죽어가는 모습은 가장 비참하고 참혹한 모습이라고 합니다. 예수님은 십자가에 못 박힌 지 여섯 시간 만에 세상을 떠나셨지만, 어떤 사람은 일주일 동안 그 생명이 끊어지지 않고 극심한 고통을 겪습니다. 피 냄새를 맡은 곤충들이 아직 죽지 않은 사람에게 달려들어 피를 핥는 장면은 차마 볼 수 없는 장면이라고 합니다.

왜 하나님의 아들이 세상에 오셔서 이 비참한 십자가 죽음을 당하셔야 했을까요? 왜 하나님께서 자기 아들에게 십자가 죽음을 허락하셨을까요? 우리는 하나님을 무시하고 살면서 하루에도 오만 가지 악한 생각이 오가는 존재입니다. 그 악한 생각에 끌려다니면서 거짓말하고, 위선하고, 양심을 속이고, 온갖 못된 짓을 하는 존재입니다. 따라서 이 모든 죗값을 치르려면 십자가에서 저주를 받는 이런 죽음 외에는 답이 없습니다.

문제는 내가 그 저주를 피하려면 죄 없는 어떤 분이 대신 그 저주의 죽음을 당하셔야 합니다. 그런데 그 죽음을 예수 그리스도가 우리 대신 담당하셨습니다. 그분이 십자가에서 저주의 죽음을 당하셨습니다. 만약 그분이 대신 죽지 않으셨다면, 지금 나는 이 세상을 떠나자마자 흔히 말하는 지옥이라는 곳에 가서 영원토록 저주 가운데 고통 당해야 할 것입니다. 그것을 막기 위해서 하나님은 자기 아들에게 죽음의 잔을 대신 마시게 했습니다.

그리고 사흘 만에 그 아들을 무덤에서 일으키셨습니다. 예수 그리스도를 죽음에서 일으켜 부활하게 하셨습니다. 만약 그가 우리의 죄를 짊어지고 죗값대로 십자가에서 죽는 것으로 끝났다면 기독교는 존재하지 않습니다. 우리에게는 소망이 없습니다. 죽은 시체에게 무슨 소망이 있겠습니까? 그러나 하나님은 우리의 죗값을 자기 아들에게 다 짊어지게 하여 그 죗값을 완전히 치르게 한 후, 그를 다시 일으켜 살리셨습니다. 예수 그리스도는 부활하셨습니다.

예수님의 시체라도 보기 원하여 무덤을 찾아갔던 여인들은 시체 대신 천사들로부터 예수님이 부활하셨다는 놀라운 소식을 들었습니다. 그리고 돌아오는 길에 실제로 부활하신 예수님을 만났습니다. 예수님이 부활하신 것을 목격한 사람이 당시 500명이 넘었다고 성경은 기록하고 있습니다. 심지어 예수님을 십자가에 죽이라고 고함쳤던, 그리고 나중에는 예수님을 십자가에 못 박았던 그 악한 무리도 회개하고 돌아왔습니다. 하루에 3,000명이 넘는 사람들이 예수 믿고 돌아와서 부활하신 예수님 앞에 무릎을 꿇었습니다.

그들이 바보입니까? 예수님 돌아가신 지 며칠 지나지도 않았는데 사람들이 아무런 근거 없이 다시 살아났다고 말한다면 더는 거짓말을 하지 못하도록 손을 쓰지 않겠습니까? 그런데 왜 그들이 오히려 굴복합니까? 예수님의 부활이 사실이었기 때문입니다. 예수님은 부활하셨습니다. 그래서 그 후로 예수님의 무덤은 존재하지 않습니다. 예수 그리스도는 죄와 사망을 이기고 승리하셔서 우리로 하여금 하나님 나라로 들어가는 길을 열어 주셨습니다. 그분이 예수님입니다.

• 예수님을 믿기만 하면

성경 말씀 한 구절 더 보겠습니다. 예수님이 이렇게 말씀하셨습니다.

"예수께서 이르시되 내가 곧 길이요 진리요 생명이니 나로 말미암지 않고는 아버지께로 올 자가 없느니라"(요 14:6).

"내가 곧 길이요 진리요 생명이니"라고 할 때, 영어 성경으로는 '길', '진리', '생명' 앞에 정관사가 붙어서 "the way and the truth and the life"가 됩니다. 즉 유일한 길이요 유일한 진리요 유일한 생명이라는 말입니다. 예수 그리스도만이 우리가 하나님 나라에 들어가는 길이요, 그 나라에서 영원히 살 생명이요, 그 나라가 어디 있는지를 가르쳐 주는 유일한 진리라는 말입니다. 그러므로 "나로 말미암지 않고는", 다시 말해서 나를 통하지 않고는 하나님이 계시는 고향으로 갈 자가 없다고 분명히 말씀합니다. 그 살아계신 예수님이 지금 이 자리에 계십니다. 그리고 여러분의 마음을 두드리고 계십니다. 실로 놀라운 진리입니다.

그러면 우리가 어떻게 해야 하나님 나라로 들어갈 수 있습니까? 문은 열렸습니다. 길은 닦였습니다. 예수님이 열어주신 길이 있습니다. 어떻게 하면 이 길로 들어설 수 있습니까? 하나님이 우리에게 가르쳐 주셨습니다. 믿기만 하라고 말입니다. 누구를 믿으라는 것입니까? 예수님입니다. 예수님을 어떻게 믿으라는 것입니까? 예수님은 하나님이시요, 예수님은 나를 위해 십자가에 죽으신 분이요, 예수님은 죄와 죽음을 이기고 죽음에서 부활하신 분임을 믿으라는 것입니다. 예수님이 우리의 구원자요, 우리의 하나님 되심을 믿기만 하라고 가르쳐 주십니다.

다시 한 번 성경 말씀을 보겠습니다. 요한복음 3장 16절입니다. 성경에서 가장 유명한 말씀입니다. 여러분이 예수 믿고 오시면, 아마 이 말씀을 가장 먼저 외우게 될지 모릅니다. 입이 안 열려도 한번 읽어 보십시오. 읽다 보면 여러분에게 와 닿는 것이 있을 것입니다.

"하나님이 세상을 이처럼 사랑하사 독생자를 주셨으니 이는 그를 믿는 자마다 멸망하지 않고 영생을 얻게 하려 하심이라"(요 3:16).

제가 간단히 설명하겠습니다. 하나님이 저와 여러분을 너무나 사랑하셔서 자기 아들을 우리 대신 희생하셨습니다. 예수님을 우리 대신 내놓으셨다는 말씀입니다. 그것도 외아들을 말입니다. 그러므로 누구든지 그를 믿는 자마다 영원히 죗값을 치르는 저주의 고통을 겪지 않고 영생을 주신다고 하셨습니다.

영생이 무엇입니까? 우리의 고향입니다. 하나님이 계시는 곳입니다. 그곳은 죽음이 없습니다. 병도, 고통도, 허무도 없습니다. 그 영원한 나라를 우리에게 주겠으니 믿기만 하라는 것입니다. 이것이 하나님이 우리에게 주시는 메시지입니다.

우리가 믿기만 하면 우리의 모든 죄를 다 용서받습니다. 우리가 믿으면 하나님의 자녀가 됩니다. 그래서 하나님을 마음 놓고 아버지라고 부릅니다. 그뿐만 아니라 성령이 우리 안에 거하셔서 항상 우리를 인도하시고 축복하십니다. 영원히 사는 하나님 나라의 시민권을 갖게 됩니다. 이 힘한 세상을 살아갈 동안 살아계신 하나님이 우리와 동행하면서 필요할 때마다 도우시고 보호하십니다. 우리가 믿기만 하면 이 모든 일이 일어납니다.

이런 삶에 허무가 있겠습니까? 돌아갈 고향이 있는 사람에게는 허무가 존재하지 않습니다. 허무한 세상에서 더 살맛 나게 살아갑니다. 삶에 의미가 있기 때문에 다른 사람보다 훨씬 더 적극적이고 긍정적으로 세상을 살 수 있습니다.

• 차원이 다른 행복

시인 김형영은 "행복합니다"라는 제목으로 이런 시를 썼습니다.

> 행복합니다
> 마지막 돌아갈 곳이 어딘지
> 분명히 알고 사는 사람
>
> 행복합니다
> 돌아갈 곳이 어딘지 알아
> 그 길을 닦으며 사는 사람
>
> 행복합니다
> 먼 여정에도 가지고 갈 것이라고는
> 남에게 베푼 것뿐인 사람
> (중략)

예수님을 믿으면 진짜 행복, 놀라운 행복을 얻게 됩니다. 예수 그리스도를 믿고 '내가 돌아갈 고향이 있구나. 나를 만드신 하나님이 계시는 그곳으로 갈 수 있게 되었구나' 하고 확실히 알게 되면, '내 모든 죄가 하나님 앞에 용서받았구나' 하는 것을 확신하게 되면, 나도 모르게 기쁨의 샘이 솟아납니다. 불안하던 마음에 평안이 찾아옵니다. 사람들을 사랑의 눈으로 보게 됩니다. 내 앞에 있는 고통을 의미 있게 해석합니다. 지금까지 내가 자랑하고 집착했던 모든 헛된 것에서 자유로워집니다. 재산이 있어도 그 재산이 내 눈을 어둡게 하지 못합니다. 일순간의 쾌락에 나 자신의 인격을 던지지 않습니다. 이렇게 사람이 바뀝니다. 의미 있는 인생을 살게 됩니다. 우리 모두 이런 삶을 발견하고 싶지 않습니까?

제가 미국에서 유학할 때만 해도 유학생이 많지 않았는데, 당시 미국에서 공부하는 한국 학생을 보면 두 가지 유형으로 나뉘게 됩니다. 한 부류는 어떻게든 미국에서 정착하려고 마음먹은 학생들입니다. 그들은 공부보다는 미국 생활을 즐기며 사는 데 관심이 많습니다. 또 한 부류는 공부를 마치면 반드시 한국에 돌아가기로 마음먹은 학생들입니다. 그들은 고국으로 돌아가 뭔가 이바지하겠다는 꿈을 가지고 학업에 임합니다. 그런 학생들은 공부하는 태도도 다르고, 유학 생활하는 모습도 다릅니다. 돈이 없어 접시 닦는 일을 병행하면서도 절대로 사람들 앞에 기죽지 않습니다. 웬만한 어려움이 있어도 극복해냅니다. 전자에 해당하는 학생들과는 자세가 확연히 다릅니다. 왜 그렇습니까? 돌아갈 곳이 어딘지 알기 때문입니다.

우리 인생도 마찬가지입니다. 내가 돌아갈 곳이 하나님이 계시는 그곳임을 아는 사람은 허무 앞에 절대 무릎 꿇지 않습니다. 마음에 기쁨이 있습니다. 평안이 있습니다. 살고 싶은 의욕이 있습니다. 선한 일을 위해 목숨이라도 바칠만한 용기가 있습니다. 이것이 예수 믿는 사람입니다. 예수를 믿으면 이런 삶을 삽니다.

여러분 가운데 기독교에 대해 비판적인 시각을 가지신 분도 있을 것입니다. 그런 분들을 보면 예수 믿는 사람 중 하필 냄새만 피우는 안 좋은 사람을 만난 경우가 많습니다. 예수를 믿은 후 멋지고 아름답게 변화된 사람도 많은데 하필 이상한 사람을 만나 교회에 대해 이런저런 비판을 하게 되는 것입니다. 하지만 여러분 자신을 위해서는 굉장히 불행한 일입니다.

예수 믿고 내가 돌아갈 곳을 분명히 아는 사람은 25평짜리 아파트에 살아도, 100평짜리 아파트에 살아도, 아파트의 크기에 의해서 행복이 좌우되지 않습니다. 궁궐도 좋고 초막도 좋습니다. 내 주 예수를 모신 곳이면 그 어디나 하늘나라입니다. 인생을 살아도 돌아갈 그 나라를 바라보며 살기 때문에 25평짜리 아파트도 하나님 나라가 되는 것입니다. 또한 죽음을 보는 눈도 달라집니다. 죽음은 어차피 우리가 거쳐야 할 과정입니다. 하나님 나라에 들어가기 위해 통과해야 할 과정입니다.

• 서로 다른 삶과 죽음

한 유명한 실례를 소개하겠습니다. 1899년 미국에서 아주 유명한 두 사람이 같은 해에 죽었습니다. 한 사람은 드와이트 무디(Dwight L. Moody)라는 사람이고, 또 한 사람은 로버트 잉거솔(Robert G. Ingersoll)이라는 사람입니다. 두 사람은 몇 가지 면에서 비슷한 점이 있습니다. 둘 다 예수 믿는 집안에서 태어나 어렸을 때부터 예수를 믿었고, 탁월한 연설 솜씨로 가는 곳마다 수많은 사람들을 불러모으며 존경을 받은 점입니다.

하지만 영향력 있는 정치가이자 유명한 변호사이기도 한 잉거솔이 무신론자였던 반면, 무디는 가는 곳마다 사람들에게 예수를 전하는 전도자였습니다. 무디는 절망에 빠진 사람들이 예수님을 만나 소망을 갖게 하고, 이 세상의 허무 앞에서 비참할 정도로 찢긴 사람들에게 하나님 나라의 영광을 소개해 주어 그들의 삶을 새롭게 하는 일에 인생을 보낸 사람입니다. 그들이 자기를 만나 예수님을 믿었기 때문에 새로운 삶의 의미와 기쁨을 발견한 수십만 명의 사람들을 유산으로 남긴 사람입니다.

그런데 두 사람은 좀 다른 데가 있습니다. 잉거솔의 경우, 내가 보지 못한 것을 믿을 수 없다는 입장의 불가지론자이자 자연주의자였습니다. 그는 하나님의 존재를 인정하지 않았습니다. 게다가 탁월한 연설 능력과 영향력 있는 위치 때문에 가는 곳마다 젊은이들을 오염시켰습니다. 하나님이 없으며 성경에 있는 모든 내용은 우화요 만들어진 신화라고 주장했습니다. 그래서 많은 젊은이들로 하여금 예수님을 믿지 못하도록 하는 데 큰 공헌을 한 인물입니다. 이런 점에서 두 사람은 근본적으로 다릅니다.

특히 잉거솔의 경우 무디보다도 나이가 많이 아래였지만 갑자기 세상을 떠났습니다. 그의 아내는 남편을 잃은 충격에 그를 떠나 보내지 못하고 며칠 동안 남편의 시체를 방안에 둔 일로 화제를 모으기도

했습니다. 그가 죽자마자 그의 유품은 다 소각되었습니다. 비보를 접한 사람들은 한결같이 슬픔에 젖었습니다. 그는 죽어서 어디로 갔을까요?

반면 무디는 1899년 12월 22일 새벽, 마지막 겨울을 맞게 됩니다. 밤사이 그는 더욱 쇠약해진 모습이었는데, 눈을 뜨자 또박 또박 말하기 시작했습니다. "땅이 물러나고 하늘이 내 앞에서 열리는구나." 그 말에 곁에 있던 아들이 말합니다. "아버지, 꿈을 꾸시는군요?" 그러자 무디는 대답합니다. "아니야, 이건 꿈이 아니야. 정말로 아름다운 광경이구나. 뭐라고 말할 수 없을 만큼 좋아. 이것이 죽음이라면 정말 달콤한 것이구나. 하나님이 나를 부르고 계셔. 나는 가야 해. 나를 붙잡지 마렴." 그리고 이것이 그의 마지막 말이었습니다. 그가 어디로 갔을까요? 무엇을 보았기에 그가 죽음 앞에서 그렇게 황홀해 했을까요?

• 돌아갈 고향이 있는 인생

다음은 1970년 2월 10일, 우리나라 여성지도자의 대명사로 손꼽히는 김활란 박사의 유언장 내용입니다.

"나는 인간의 생명이란 영원불멸 하다는 것을 믿고 날마다 하나님께서 힘 주시는 대로 더 좋은 생명의 길을 찾기 위해 살았습니다. 흙에 속한 육체의 기능이 퇴폐하여 심장이 멈춘다고 해서 내가 죽는 것은 아닙니다. 육체가 없어졌다고 해서 나를 죽은 사람으로 취급하는 장례식은 절대로 싫습니다. 세상에서 체험할 수 없었던 더 풍성한 생명의 길로 또 더욱 화려한 승리의 길로 환송해 주는 환송예배를 장례식 대신 해주시기 바랍니다. 거기에 적합하게 모든 승리와 영광과 생명의 노래로 엮은 웅장하고 신나는 음악회가 되기를 원합니다."

그가 어디로 가길래 이렇게 황홀한 고백을 했을까요? 장례식은 그의 유언대로 학교 교수들과 학생들, 그를 아꼈던 많은 분들이 모여 베르디의 "개선의 기쁜 노래", 하이든의 "하늘은 주의 영광을"이라는 승리의 노래가 울려 퍼지는 가운데 치러졌습니다.

예수 그리스도는 허무한 우리 인생이 영원한 의미를 갖도록 해줍니다. 예수님이 계시기에 우리에겐 돌아갈 고향의 길이 열려있습니다. 그분의 손을 붙들고 믿기만 하면 우리는 하나님이 계시는 그곳으로 들어갈 수 있습니다. 그래서 우리는 오늘도 살맛 나는 인생을 사는 것입니다. 이런 인생을 살고 싶지 않습니까? 우리 모두 예수 믿고 이런 의미 있는 삶을 출발할 수 있길 바랍니다.

02 두번째 질문:
# 누가 당신을 하나님께 인도할 수 있습니까?
_(요 14:6)

사람이 걸어가는 길 앞에는 두 길이 있습니다. 그 두 길을 피하고 제 3의 길을 택할 수는 없습니다. 둘 중 하나만 택해야 합니다. 마태복음 7장 13-14절에 이런 말씀이 있습니다.

"좁은 문으로 들어가라 멸망으로 인도하는 문은 크고 그 길이 넓어 그리로 들어가는 자가 많고 생명으로 인도하는 문은 좁고 길이 협착하여 찾는 자가 적음이라"_(마 7:13-14).

하나는 생명으로 인도하는 좁은 길이 있고, 다른 하나는 멸망으로 인도하는 넓은 길이 있습니다. 제가 하는 이야기가 아닙니다. 저는 보지 못했습니다. 그러나 하나님께서 말씀하십니다. 좁은 길과 넓은 길이 있다고 말입니다. 왜 좁은 길이라고 합니까? 걸어가기 어렵기 때문입니다. 이 길은 예수를 믿는 길이라고 하나님은 말씀하십니다. 반대로 왜 넓은 길이라고 합니까? 이 길은 가기가 쉬워 많은 사람들이 거기로 가기 때문입니다. 이 길은 예수를 안 믿는 길입니다.

그래서 세상을 보면 안 믿는 사람이 훨씬 많습니다. 그리고 겉으로 보기에 예수 믿는 사람이 안 믿는 사람에 비해 더 힘들게 삽니다. 주일마다 교회에 와야 하고 신앙생활을 하는 데도 여러 가지 제약이 많습니다. 그럼에도 불구하고 사람들이 그리로 갑니다. 이유가 무엇일까요? 종착지가 중요하기 때문입니다. 그 길 끝에 생명이 있는데, 성경은 이를 구원이라고도 합니다. 또 하나님과 더불어 영원히 사는 축복이라고도 말합니다. 이 길 끝에는 생명이 있습니다. 하지만 넓은 길의 끝에는 파멸, 멸망이 있을 뿐입니다. 이것은 없어지는 게 아닙니다. 사라지는 게 아닙니다. 영원히 죄 짐을 지고 그 죗값을 물어야 하는 고통스러운 결과입니다. 이것을 멸망이라고 합니다.

• 두 가지 길

우리에게는 분명히 두 길이 존재합니다. 하나는 생명으로, 다른 하나는 멸망으로 인도하는 두 길이 있습니다. 우리는 이것을 잘 모르지만 천지 만물을 창조하신 하나님, 인간을 창조하신 하나님, 그리고 시공을 초월해서 존재하시는 하나님, 이 하나님은 무덤 이편의 세계와 무덤 저편의 세계를 환히 내려다 보고 계시기 때문에 우리에게 분명한 정보를 전해 주십니다. "너희는 무덤 저쪽의 세계를 보지 못했으니까 아무것도 없다고 스스로 판단을 내리고는 마음 놓고 사는지 모르지만, 무덤 저쪽에는 두 길이 있다. 사람은 둘 중 하나의 길을 선택해 가야 한다." 잊지 말아야 할 것은 두 길을 선택하는 과정이 죽음 이후가 아닌 무덤 이편에서부터 시작된다는 사실입니다.

어느 길이 더 복된 길입니까? 누구나 다 영원히 사는 길이 있다면 그 길을 가고 싶어 할 것입니다. 하나님은 사랑이시기 때문에 우리가 망하는 길로 가는 것을 절대로 원치 않으십니다. 영원히 사는 축복의 길, 구원의 길로 가길 간절히 바라십니다. 요한복음 3장 16절을 보십시오. 우리가 이 길을 가길 하나님이 얼마나 원하시는지 잘 나와 있습니다.

"하나님이 세상을 이처럼 사랑하사 독생자를 주셨으니 이는 그를 믿는 자마다 멸망하지 않고 영생을 얻게 하려 하심이라"(요 3:16).

"하나님이 세상을", 여기에서 '세상' 대신 '나' 혹은 '우리'로 바꿔 보십시오. 하나님이 우리를 너무 사랑하셔서 독생자, 곧 자기 외아들을 주셨다고 말씀합니다. 우리 대신 자기 아들 예수 그리스도를 희생하셨다는 것입니다. 그 이유가 무엇입니까? 예수님을 믿는 자마다 멸망하는 길이 아닌 영생을 얻는 길로 가도록 하기 위해서라고 말씀합니다. 그만큼 하나님은 우리가 구원받기를, 우리가 영생 얻는 길을 걸어가길 원하십니다.

그런데 심각한 문제가 하나 있습니다. 영생의 길이 좋은 건 알지만, 우리 스스로 그곳을 택할 수도 없고 걸어갈 수도 없다는 것입니다. 우리에게 있는 어떤 선을 통해서도 영생을 얻을 수 없다는 것입니다. 우리의 능력으로 그것을 소유할 수 없다는 것입니다. 다시 말하면 우리 힘으로는 하나님 앞에 나갈 수 없다는 것입니다. 하나님은 존귀하신 창조자입니다. 그리고 영으로 계시는 신입니다. 그만큼 너무 광대하신 분이어서 우리가 그분 앞에 직접 나아간다는 것은 상상할 수가 없습니다.

더 심각한 문제는 하나님이 거룩한 분이기 때문에 절대로 죄를 가까이하지 못한다는 점입니다. 따라서 죄가 조금이라도 있는 사람은 하나님 앞에 접근할 수가 없습니다. 만약 접근하면 구약시대처럼 하나님에게서 불이 나와 다 죽게 됩니다. 하나님은 그만큼 거룩하십니다. 반면 우리는 그렇게 거룩하지 못합니다. 우리에게는 죄가 있습니다. 그러므로 내가 아무리 영생을 얻고 싶어도 내 손으로, 이 몸으로는 영생을 얻을 수 없습니다.

• 인간의 악한 속성

우리가 얼마나 악한지 성경은 다음과 같이 말씀합니다.

"만물보다 거짓되고 심히 부패한 것은 마음이라 누가 능히 이를 알리요마는"(렘 17:9).

이 말씀은 읽으면 금방 알 수 있습니다. 만물보다 거짓되고 심히 부패한 것은 무엇입니까? 마음입니다. 누구의 마음입니까? 내 마음입니다. 의사가 환자를 보고 진단을 하듯, 하나님도 우리 마음을 보고 이처럼 진단하십니다. 그 진단서에 이렇게 쓰여있습니다. "세상 만물 가운데 제일 거짓되고 부패한 것이 사람의 마음이다. 이 세상에서 가장 더러운 건 마음이다. 모든 악이 그 썩은 마음에서 나온다. 이 세상이 이렇게 더러워진 것도 썩은 마음 때문이다."

문명이 발달하고 살기가 더 좋아지면 사람이 좀 선해져야 하지 않습니까? 그런데 요즘 인간이 얼마나 고약한지 인터넷만 접속해도 알 수 있습니다. 사람들이 추구하는 것을 한번 보십시오. 잘 살면 잘 살수록 돈을 벌면 벌수록 절대 한 여자로 만족하지 못합니다. 엉뚱한 짓을 하고 오만 가지 죄를 다 범합니다. 그러면서도 경건한 척하는 인간들이 한둘이 아닙니다. 그게 다 어디에서 비롯된 것입니까? 썩은 마음에서 비롯된 것입니다. 하나님이 우리 마음을 진단할 때, 문제 있다고 할 만한 사람이 얼마나 될까요? 바로 다입니다. 우리가 선한 것 같이 보이는 것은 악을 범하는 사람들처럼 아직 그런 환경에 놓이지 않았기 때문입니다. 어떤 환경에 동일하게 노출되면 우리는 다 비슷비슷합니다. 하나같이 마음이 악합니다. 그러니 이런 마음을 가지고 어떻게 하나님 앞에 나아갈 수 있습니까?

그런데 참 놀라운 사실이 있습니다. 분명 하나님은 우리가 죄인이고 우리의 마음이 부패하여 절대로 하나님을 만날 수 없다고 말씀하셨는데, 정작 우리는 그렇게 생각하지 않는다는 것입니다. 우리는 은근 자신을 선하다고 생각합니다. 이 정도 양심적으로 살면 하나님 앞에 떳떳하게 나아갈 수 있다고 하는 약간의 망상이 있습니다. 살면서 크게 잘못한 일이 없다고 생각하기 때문에 교회에서 죄인이라는 소리를 들으면 너무나 싫어합니다. 여러분 가운데서도 그런 분이 있을 것입니다.

• 선함과 악함의 기준

물론 자신을 선하다고 여기는 게 나쁜 건 아닙니다. 다만 우리가 나 자신을 선하다고 여기는 그 평가기준이 잘못된 것입니다. 얼마든지 선한 분들이 있을 수 있고, 법이 없어도 살만한 분들이 있습니다. 지금까지 남을 속이지 않고 사신 분도 있습니다. 가난하게 살아도 뇌물을 취하지 않고 자존감을 지키며 사는 분도 있습니다. 다 좋은 것입니다. 우리가 볼 때 선입니다. 그러나 자신의 선함을 평가하는 기준이 잘못됐습니다. 다른 사람과 비교하면, 사람끼리 비교하면, 저 사람보다 내가 선하다고 말할 수 있습니다.

그러나 우리는 선인지 악인지를 판단할 때, 그 기준을 사람에게 두면 안 됩니다. 하나님을 표준에 놓아야 합니다. 하나님이 보시기에 내가 얼마나 선하냐가 중요합니다. 저 사람에 비해서 내가 얼마나 선하냐 하는 것은 큰 의미가 없습니다. 세상에서는 존경받을 만한 가치가 있을지 모르지만, 영생을 얻는 문제에 대해서는 무가치한 것입니다. 내가 얼마나 선하냐 하는 것을 제대로 분별하려면 하나님이 제시해 놓은 기준에 맞추어 나를 봐야 하기 때문입니다.

그런데 하나님이 정해놓은 기준에 따라 나 자신을 보면 선한 것이 하나도 없습니다. 하나님이 기뻐하시는 선은 어떤 것일까요? 그것은 곧 하나님을 하나님으로 대우하고 하나님께 진정한 경배를 드리는 것이라고 말씀합니다. 하나님께서 명령한 것은 다 순종하는 것이라고 말씀합니다.

• 교만의 죄

지금까지 교회를 다니지 않았던 분들도 조용히 생각해보십시오. 하나님을 기쁘시게 하고자 아침부터 고민해본 적이 있습니까? 하나님이 나에게 원하시는 것을 실천하기 위해 땀 흘려 본 적이 있습니까? 그런 적이 없을 것입니다. 내가 하나님이 되어 내 중심으로 살아오지 않았습니까? 솔직히 이야기합시다. 강남에 사는 분치고 자존심 없는 사람이 어디 있습니까? 그 자존심이라는 뿌리를 들여다보면 전부 자기가 하나님이 되어 있습니다. 자기를 위해서 살고 자기를 기쁘게 하려고 살았지, 하루라도 하나님을 기쁘게 하려고 산 사람이 없습니다.

우리는 하나님 앞에서 선한 것이 하나도 없는 존재입니다. 그런데도 나는 선하다고 스스로 인정합니다. 내가 그래도 양심적으로 살아왔고, 이만큼 다른 사람도 구제했으며, 이런저런 선한 일도 했다고 하나님 앞에 가서 자랑할 수 있다는 교만을 갖고 있습니다. 이건 하나님이 너무나 싫어하는 죄입니다. 교만만큼 하나님이 싫어하는 죄가 없습니다. 스펄전이라는 위대한 설교자가 이런 말을 했습니다. "하나님이 다른 죄는 손가락으로 다루시지만 교만은 팔을 걷어붙이고 다루시고, 탐심에 대해서는 무거운 심판을 내리시지만 교만에 대해서는 열 배로 심판하신다."

그만큼 하나님은 교만을 싫어하십니다. '나는 선하다. 만일 하나님이 계시더라도 이 정도면 얼마든지 하나님 앞에 설 수 있다'라고 은연중에 생각하진 않습니까? 이러한 생각은 교만을 싫어하시는 하나님에 대한 공공연한 도전과도 같습니다. 그 자체가 벌써 죄입니다.

여러분이 선하고 지금까지 양심적으로 사신 것에 대해 인정합니다. 우리끼리는 얼마든지 인정받고 존경받을 수 있습니다. 그러나 하나님 앞에는 안 됩니다. 하나님이 안 된다는데 여전히 내가 선하다고 생각한다면, 그건 하나님이 가장 싫어하는 교만의 죄를 범하는 것입니다. 이거야말로 어리석은 짓입니다. 이런 우리의 죄 때문에 우리는 하나님 앞에 갈 수도 없고, 구원을 얻을 수도 없으며, 장차 영원한 영생을 누릴 수도 없게 되었습니다.

• 중간 역할의 중요성

이런 우리의 무능하고 절망적인 상황을 놓고 하나님께서 깊이 고민하셨습니다. 거룩한 하나님이 죄인을 끌어안는다, 거룩한 하나님이 죄인을 의인처럼 용납해준다는 것은 하나님 입장에서 자기모순과도 같습니다. 이 자기모순을 극복하고 불쌍한 인간을 하나님께서 받아들일 길이 있을까요? 하나님이 자신의 거룩을 해치지 않으면서 우리를 받는 방법은 무엇일까요? 장고 끝에 하나님이 내놓은 지혜가 뭔지 압니까? 바로 중보자입니다. 중보자는 중간 역할을 하는 분입니다. 하나님은 하나뿐인 예수님을 중보자로 내세웠습니다. 그래서 예수님으로 하여금 중간 역할을 하도록 했습니다. '중보자'라는 단어가 여러분에게 낯설게 들리겠지만 성경에 나오는 단어입니다.

이와 관련하여 한 구절을 더 보겠습니다.

"하나님은 한 분이시요 또 하나님과 사람 사이에 중보자도 한 분이시니 곧 사람이신 그리스도 예수라"(딤전 2:5).

"사람이신 그리스도 예수"라고 할 때, 예수님은 원래 하나님입니다. 그런데 우리와 하나님 사이에 관계를 맺어주기 위해서, 다시 말하면 죄 많은 우리가 죄 없는 거룩한 하나님께 나아갈 수 있도록 길을 열어주기 위해서 중보자로 이 세상에 오셨습니다. 이것은 굉장히 중요합니다. 중보자 되신 예수님의 역할과 그분을 통해서 우리가 받는 축복을 깨닫게 되면, 여러분의 생이 바뀔 것입니다.

　미국 집회를 앞두고 장거리 전화 한 통을 받았습니다. 미국 백악관 국가장애위원회 정책차관보로 계시는 강영우 박사님이었습니다. 이런저런 이야기를 나누다가 숨은 일화 하나를 듣게 되었습니다. 노무현 대통령이 처음으로 미국을 방문할 당시, 부시 대통령의 노 대통령에 대한 인상이 그리 좋지 않았던 모양입니다. 반미주의자라는 오해를 받을 정도였으니 노 대통령의 입장에서도 고민하지 않을 수 없었을 것입니다. 그래서 사전에 부정적인 선입견을 지우고 좋은 분위기 가운데 회담이 진행될 수 있도록 중간 역할을 부탁받았다고 합니다. 그래서 그분이 할 수 있는 한 최선을 다했고, 첫 번째 회담이 큰 탈 없이 끝났다고 합니다. 사실 중간에서 누가 어떻게 길을 열어 주느냐 하는 것은 굉장히 중요합니다. 이에 따라 일의 성패가 좌우될 수 있기 때문입니다. 신분의 차이가 클수록 더욱 그러합니다.

　제가 지금 청와대 울타리 앞에 서 있으면 바로 그 안으로 들어갈 수 있습니까? 못 들어갑니다. 그런데 수년 전 제가 청와대에 갈 일이 있었습니다. 어떻게 청와대로 들어가는 줄 아십니까? 어떤 중간 역할을 하는 분이 퇴계로 어디에서 만나자고 연락이 왔습니다. 그래서 그곳에서 대기 중인 차에 타니까 청와대 경비초소를 지날 때도 전혀 문제가 안 됩니다. 바로 통과해서 대통령 앞까지 가는 것입니다. 이처럼 중간 역할이 굉장히 중요합니다.

• 예수님이 하신 일

하나님이 얼마나 높으십니까? 여러분이 믿든 안 믿든 한번 대답해 보십시오. 하나님이 높습니까, 안 높습니까? 성경에 보면 하나님은 창조자이십니다. 따라서 만든 분과 만들어진 존재는 아예 수평선 상에 놓고 생각할 수도 없습니다. 마치 자기가 만든 인형을 놓고 자기와 똑같다고 주장하는 사람이 없는 것처럼 말입니다. 인형이든, 로봇이든 아무리 제 할 일을 다 해도 만들어진 존재는 상품일 뿐입니다. 그것으로 끝나는 것입니다.

하나님이 얼마나 높으십니까? 어떻게 우리가 그분 앞에 직접 나아갈 수 있습니까? 아무리 선해도 나아갈 수 없습니다. 그런데 선하지도 않은 악한 우리가 어떻게 하나님 앞에 직접 나아갈 수 있습니까? 우리에게는 이상한 교만이 있습니다. 하나님 앞에 당당히 나아갈 수 있다는 은근한 자부심이 있습니다.

하나님은 그것을 싫어하십니다. 그래서 예수님을 가운데 세우셨습니다. 그분이 하나님과 우리 사이를 다리 놓아 주시려면 하늘에 앉아 계셔선 안 됩니다. 그래서 사람의 몸, 우리와 같은 모습 그대로 세상에 오셨습니다. 문제는 우리가 하나님을 만날 수 없는 가장 큰 원인인 죄. 하나님이 미워하는 죄가 우리에게 있다는 사실입니다. 따라서 예수님이 우리를 하나님 앞으로 인도하려면 일단 죄 문제를 어떻게든 해결해야 합니다. 하나님은 공의로운 분이기에 죄를 선이라고 할 수 없습니다. 죄는 죄이기 때문입니다.

그래서 예수님은 우리의 죄를 해결해주기 위해 대신 짊어지기로 했습니다. 예수님은 죄가 없는데도 우리 죄를 대신 짊어지기로 했습니다. 그리고 십자가에서 죗값을 치르기 위해 못박혀 죽으셨습니다. 이것이 십자가의 죽음입니다. 다른 사람의 이야기가 아닙니다. 내 죄를 위해서 죽으셨습니다. 내 죄를 짊어지고 죽으셨습니다.

"예수는 우리가 범죄한 것 때문에 내줌이 되고 또한 우리를 의롭다 하시기 위하여 살아나셨느니라"(롬 4:25).

이 말씀대로 예수님은 사흘 만에 부활하셔서 자신의 의를 우리의 의가 되도록 해 주셨습니다. 그래서 예수님은 죄인이 되고 나는 의인이 되었습니다. 즉 예수님은 내 죄를 대신 짊어지고 형벌을 받으심으로 죄인이 되었고, 대신 예수님에게 있는 의를 내게 주었습니다. 이제 내가 하나님 앞에 의인이 된 것입니다. 따라서 사흘 만에 부활하신 주님께서 나를 이끌고 하나님 앞으로 가면, 하나님은 예수님 때문에 나를 죄인으로 보시는 게 아니라 의인으로 보십니다.

기가 막힌 사실이 아닐 수 없습니다. 이것이 중보자가 되신 예수님이 하신 일입니다. 이 사실을 마음에 담고 생각해 보십시오. 내가 하나님 앞에서 영원히 사는 축복을 누릴 수 있도록 아무 죄 없는 하나님의 아들 예수님이 내 죄를 대신 짊어져 주셨고, 그 결과 내 죄는 없어지고 오히려 예수님에게 있는 의로움이 나의 의로움이 되어 예수 이름만 가지면, 예수 이름만 빌리면 내가 하나님 앞에 나갈 수 있게 되었다는 말입니다. 얼마나 놀라운 일입니까? 쉽게 표현하면 나의 이 누더기 같은 옷은 예수님이 걸치고, 예수님이 입고 있는 흰옷을 내가 입게 된 것입니다. 이제 하나님 앞에 들어가면 하나님은 나를 죄 없는 사람으로 받아주시게 됩니다. 예수님이 그 일을 하셨습니다. 그러므로 예수님만이 하나님이 인정하는 유일한 구원자입니다.

• 믿는 자의 특권

요한복음 14장 6절 말씀을 보겠습니다.

"예수께서 이르시되 내가 곧 길이요 진리요 생명이니 나로 말미암지 않고는 아버지께로 올 자가 없느니라"(요 14:6).

예수님만이 우리를 하나님 앞으로 인도할 수 있는 유일한 구원자입니다. 하나님이 인정하시는 유일한 구원의 길은 예수 그리스도입니다. 그러므로 우리가 해야 할 일은 이 예수님을 나의 구원자로 받아들이는 것입니다. 믿는 것입니다. 신뢰하는 것입니다. 그분에게 나를 맡기는 것입니다. 이것이 내가 구원받는 길입니다.

사도행전 16장 31절 말씀을 따라 읽겠습니다.

"주 예수를 믿으라 그리하면 너와 네 집이 구원을 받으리라 하고"(행 16:31).

예수님만 믿으면 어떤 죄인이라도, 또 자기가 선하다고 생각하는 어떤 교만한 사람이라도 그 많은 죄를 하나님이 다 씻어주십니다. 그 이유가 무엇입니까? 십자가에 못 박히신 예수님 때문입니다. 예수의 피로 우리 죄를 다 덮어 주시고 우리를 무조건 죄 없는 사람으로 받으셔서 하나님이 계시는 영원한 나라로 인도하십니다. 이것을 구원이라고 말합니다. 이것을 일컬어 좁은 길을 가는 것이라고 말합니다. 이것을 일컬어 영생을 얻는다고 말합니다. 그래서 이 중보자 되신 예수님이 우리에게 이렇게 중요합니다.

예수님을 의지하지 않으면 우리는 하나님 앞에 갈 수 없습니다. 구원받을 수 없습니다. 만일 여러분에게 '예수님이 나를 위해 죽으시고 사흘 만에 부활하셔서 나를 하나님 앞으로 인도하시는 구원자가 되셨구나. 이제 내가 그분을 전적으로 따라가야겠다. 그러면 내가 구원을 얻는다고 하니 그분을 믿어야겠다'는 마음이 생긴다면, 이것은 놀라운 하나님의 축복입니다. 예수님을 믿기만 하면 내 모든 죄를 하나님이 용서해 주실 뿐만 아니라 하나님을 아버지라고 당당히 부를 수 있는 자녀의 특권을 누리게 됩니다. 예수 믿는 사람은 마음 놓고 하나님을 다 아버지라고 부르지 않습니까? 예수님을 믿기만 하면 무조건 하나님을 아버지라고 부를 수 있습니다. 하나님이 우리에게 그런 축복을 주셨습니다.

그리고 하나님의 아들딸이기 때문에 하나님 나라에 있는 모든 축복과 영광을 상속받을 수 있습니다. 이것을 일컬어서 구원이라고 합니다. 우리가 구원받으면 하나님 나라에 있는 모든 것이 내 것이 됩니다. 이 얼마나 놀라운 일입니까?

• 천국의 기쁨

이렇게 구원을 받으면 세상에 있을 때부터 여러 가지 면에서 달라집니다. 죽은 다음 천국에 가는 것만이 전부가 아닙니다. 천국은 아직 들어가지 못하지만, 예수 믿는 순간 이 세상에서 천국에서 누릴 아름다운 축복들을 조금씩 맛보는 기가 막힌 생활을 할 수 있습니다.

예를 들어 예수 믿으면 다른 사람을 사랑할 수 있는 마음이 생깁니다. 미워하던 사람을 용서해 주는 마음이 생깁니다. 그래서 부부 사이에 놀라운 변화가 일어나고, 부모 자식 사이에 새로운 행복이 찾아옵니다. 이 세상에서 천국의 아름다운 복을 조금씩 맛보게 됩니다.

예수 믿으면 기이한 기쁨을 맛봅니다. 세상이 주지 못하는 기쁨이 있습니다. 돈으로 살 수 없는 기쁨이 있습니다. 큰 집에 사는 사람이 모르는 기쁨이 있습니다. 소박하게 살아도 부자처럼 사는 만족을 누립니다. 전에는 절대 감사할 수 없었던 일도 이제는 감사할 줄 아는 사람이 됩니다. 이처럼 천국 생활을 미리 맛보게 됩니다. 하나님 나라의 생활을 미리 맛보게 됩니다.

또한 예수 믿으면 이 세상에서부터 하나님이 미워하는 죄는 점점 멀리하게 됩니다. 그래서 점점 더 예수님처럼 선해집니다. 남 보기에는 바보 같고, 거짓말 하나 못해서 많은 것을 손해 보는 것 같아도 하나님이 보실 때는 엄청난 부자가 됩니다.

고린도후서 6장 10절 말씀을 보겠습니다.

"근심하는 자 같으나 항상 기뻐하고 가난한 자 같으나 많은 사람을 부요하게 하고 아무 것도 없는 자 같으나 모든 것을 가진 자로다"(고후 6:10).

이 구절을 보면 예수 믿는 사람의 독특한 면을 발견할 수 있습니다. 앞서 저는 이를 가리켜 이 세상에서부터 하나님 나라의 행복을 조금씩 맛보는 것이라고 언급한 바 있습니다. "근심하는 자 같으나 항상 기뻐하고", 참 독특한 표현입니다. 다른 사람들이 보기에는 헤어나올 수 없는 근심에 싸여 절망하며 살 것 같아도 그들이 모르는 기쁨이 있습니다.

오늘 여러분을 인도하신 옆자리에 계신 분들이 바로 그런 사람들입니다. 저도 마찬가지입니다. 어려운 일을 당하면 근심합니다. 남편이 실직당하면 근심합니다. 그러나 하나님 앞에 엎드려 간절히 기도하고 나면 마음에 기쁨이 생깁니다. 그래서 다른 사람 보기에는 근심하는 것 같아도 사실은 기쁨을 가지고 살아갑니다. 하나님은 우리에게 항상 기뻐하라고 말씀하셨습니다. 충분히 가능한 이야기입니다.

여러분도 이렇게 살고 싶지 않습니까? 하루가 멀다 하고 근심 걱정이 산더미처럼 쌓이는 이 세상에서 남모르는 기쁨 가운데 살고 싶지 않습니까? 이 땅에서 천국 생활을 하고 싶지 않습니까? 예수 믿고 하나님의 자녀가 되면 이 세상에서 그런 삶이 가능해집니다.

또 있습니다. "가난한 자 같으나 많은 사람을 부요하게 하고", 이 구절을 주목해보십시오. 겉으로 보기엔 가난하지만 많은 사람을 부요하게 하는 자라고 말씀합니다. 보기에는 수입도 별로 없고, 집도 작고, 여러모로 평범한 사람인데 어떻게 많은 사람을 부요하게 할 수 있을까요? 자기가 알고 있는 예수님을 다른 사람에게 전하여 천국의 행복을 나누기에 가능합니다. 비록 적은 수입이지만 일부를 떼어 좋은 일에, 선한 일에 남모르게 쓰기 때문에 다른 사람을 부요하게 하는 것입니다.

이어서 "아무 것도 없는 자 같으나 모든 것을 가진 자로다"라는 말씀을 보십시오. 겉으로 보기엔 없는 게 너무 많은데, 실상은 전부 다 가진 사람이라고 말씀합니다. 어떻게 이 일이 가능합니까? 온 우주 만물을 통치하시는 하나님이 내 아버지이기에, 아버지에게 있는 것이 다 내 것이 됩니다. 따라서 마음이 부자입니다. 그래서 진짜 예수 믿는 사람은 인색하지 않습니다.

• 천국 생활 맛보기

수십 년 전 예수를 잘 믿는 한 일본사람이 처음으로 나이아가라 폭포를 보게 되었다고 합니다. 물줄기가 쏟아져 내리는 장관 앞에 그만 자기도 모르게 "우리 아버지 정말 대단하시다! 우리 아버지 정말 대단하셔!" 하고 외쳤다고 합니다. 그러자 그 말을 들은 사람들이 "당신 아버지가 누구십니까?" 하고 물었다는 이야기가 있습니다. 그도 그럴 것이 나이아가라 폭포가 미국 땅에 있지만 미국사람의 것이 아닌 천지만물을 만드신 하나님 아버지의 것이기 때문입니다.

우리는 없는 것 같지만 모든 것을 다 가진 남 모르는 부자입니다. 예수 믿는 사람은 세상 사람이 모르는 무언가를 마음속에 누리고 사는 사람입니다. 하나님은 우리가 천국에 들어가기 전 이 험한 세상을 살 동안 다양한 위로를 주십니다. 우리가 천국에 들어갈 약속을 가진 사람이기 때문에 미리 맛보게 하십니다. 여러분도 이런 생활을 하고 싶지 않습니까? 혼자서 벌벌 떨지 마십시오. 예수 믿고 하나님을 아버지로 모시고 살아 보십시오. 그러면 걱정하지 안 해도 됩니다. 남편 분들도 기죽어서 다니지 마십시오. 하나님을 모시고 살아 보십시오. 그러면 하나님이 다 알아서 해주십니다. 예수 믿는 것을 아주 우습게 생각하는데 전혀 그렇지 않습니다.

1970년대에 베스트셀러로 기독교계에 널리 알려진 멀린 케로더스(Merlin R. Carothers)라는 분이 있습니다. 젊은 시절 그는 감옥을 제 집 드나들 듯 살았던 아주 불량한 사람이었습니다. 한번은 가출옥 기회가 주어져 집으로 돌아왔습니다. 집에서 꿈 같은 시간을 보내다가 이제 이삼 일 후 또 감옥으로 돌아갈 생각을 하니 눈 앞이 캄캄했습니다. 그래서 기간 연장을 부탁하려고 담당검사를 찾아갔습니다. "검사님, 한 이틀만 좀 더 연장해주시면 안되겠습니까? 그러면 꼭 돌아오겠습니다."

그러자 검사는 깜짝 놀라면서 말했습니다. "아니, 아직 그 사실을 모르고 있었소? 트루먼 대통령께서 당신이 전쟁에서 세운 공적을 인정하여 특별사면을 했소. 당신은 이제 자유인이오. 다시 감옥에 돌아오지 않아도 됩니다." 그가 이 말을 듣고 얼마나 기뻤겠습니까? '내가 특별사면을 받았구나! 나는 이제 죄수가 아니구나! 내 모든 전과 기록은 다 말소되었구나!' 마치 하늘을 날듯이 기뻤을 것입니다.

우리 입장이 그와 크게 다르지 않습니다. 그는 전쟁에서 세운 공적 때문에 특별사면을 받았지만, 우리는 십자가에서 죽으신 예수님 때문에 특별사면을 받은 사람입니다.

멀린은 예수님을 믿은 후, 예수님 때문에 자기의 모든 죄가 하나님 앞에서 특별 사면 받은 것을 알게 되었습니다. 전과자요. 포악한 공수대원이요. 도박꾼이요. 암시장 거래꾼이요. 수단과 방법을 가리지 않고 돈을 모으던 포악한 사람이 예수님 때문에 자신의 모든 죄가 용서받았음을 깨닫게 되었습니다. 그는 가만 있을 수 없었습니다. '내가 하나님께 엄청난 은혜를 입었는데 더는 돈에 매여 살 수 없지." 그리고는 가방 속에 든 마약 팔아서 번 돈, 거짓말 해서 번 돈, 사기 쳐서 번 돈 모두를 화장실 변기 아래로 던져버렸습니다. 가방이 텅텅 비었습니다. 순식간에 빈털터리가 된 그는 "돈 뭉치가 쏟아질 때마다 내 가슴 저 속에서부터 기쁨이 홍수처럼 밀물처럼 솟아오르는 것을 느꼈다"고 고백했습니다.

그의 심정을 이해할 수 있겠습니까? 돈보다도 귀한 것에 눈을 뜬 것입니다. 불의한 방법으로 번 더러운 돈을 다 던지자 돈으로부터 자유로워진 것입니다. 하나님이 주신 기쁨이 마음 속에 해일처럼 밀려오는 이것이 천국을 맛보는 삶입니다. 나중에 그는 군목이 되어 많은 군인들을 하나님께로 인도하는 일에 크게 쓰임 받았습니다. 우리가 예수를 믿으면 이처럼 세상에서 천국을 맛보며 살게 됩니다.

• 어디로 가시겠습니까?

가정의 행복을 원하십니까? 예수를 믿으십시오. 아내를 볼 때마다 이 세상에서 가장 아름다운 여인으로 눈에 들어오길 원합니까? 예수를 믿으십시오. 그러면 눈이 바뀌어 버립니다. 제게는 아내가 세상에서 가장 뛰어난 사람입니다. 사람이 바뀌었기 때문입니다. 천국 맛을 보니까, 내 안에 예수님이 계셔서 나로 하여금 예수님을 모시고 사는 사람이 되니까 이런 변화가 나타납니다. 옛날 같으면 투정을 부리거나 신경질을 냈을 일도 오히려 감사하게 됩니다.

　이제 우리도 언젠가 죽게 될 것입니다. 죽고 싶지 않다고 영원히 버틸 수 있는 사람은 없습니다. 다 죽습니다. 죽고 나면 하나님이 보낸 천사가 와서 나를 데리고 갑니다. 기억에 남는 임종 가운데 믿음 좋은 한 할머니가 생각납니다. 그분은 죽음을 앞두고도 얼굴에 기쁨이 만연한 채 찬송을 흥얼거리셨습니다. 그러더니 "천사가 내 방에 들어왔어. 천사가 날 데리러 왔어" 하는 말을 남기고 숨을 거두셨습니다. 세상에 이런 죽음이 어디 있습니까?

우리 역시 천사를 따라 하나님 앞으로 가게 될 것입니다. 그때 우리는 죄인이 아닌 의인으로 하나님 앞에 서게 될 것입니다. 하나님께서는 옆에 계신 예수님 때문에 우리를 죄인으로 여기지 않으십니다. 나를 자기 아들로 받으시는 것입니다. 그리고 하나님이 계시는 영원한 나라에서 영원토록 찬송하고 기뻐하며 경배하고 예배하며 살게 됩니다. 이것이 예수 믿는 사람에게 주어지는 축복입니다. 나중에 이 세상 떠나면 어디로 가시겠습니까? 두 길밖에 없습니다.

저는 죽음 앞에서 이를 부득부득 갈면서 벌벌 떨다가 숨을 거두는 분도 보았습니다. 아무리 잘난 사람이라도 나이 앞에서는 맥 못 씁니다. 아무리 대단한 사람이라도 죽음 앞에서는 어쩔 수 없습니다. 그런데도 뭔가 대단한 것처럼 교만하다면 그것은 자기를 속이는 것입니다.

우리는 하나님의 자녀입니다. 예수를 믿고 하나님을 나의 아버지로 모시고 살면, 이 세상에서부터 천국을 맛보며 살게 됩니다. 그리고 이 세상을 떠나면 우리는 예수님의 인도를 받아 하나님 앞으로 들어가 영원히 그 땅에서 찬송하며 살게 됩니다. 이 아름다운 축복을 소개하기 위해서 여러분을 모셨습니다. 다시 묻습니다. 죽으면 어디로 가시겠습니까?

03 세 번째 질문:
왜 믿어야 합니까?
(출 12:21-25)

이 시간에는 믿음이 무엇인가, 또 왜 믿어야 하는가에 대해 여러분과 말씀을 나누고 싶습니다. 사람들에게 이 믿는 것이 얼마나 어려운지 모릅니다. 어떤 사람에게는 믿는 것이 죽기보다 더 어렵습니다. 이렇게 말씀 드리는 이유는 죽으면서까지 믿지 않기 때문입니다. 그만큼 죽는 것 보다 더 어려운 문제이기도 합니다. 생명을 바꿀 정도의 값을 치러야 겨우 믿는 사람들이 있습니다. 그럼에도 불구하고 기독교는 믿음이 아니면 도무지 문을 열고 들어갈 수 없는 종교입니다. 기독교만큼 믿음을 강조하는 종교가 없습니다.

나중에 여러분이 성경을 보면 아시겠지만, 예수님의 말씀과 예수님이 세상에 계실 동안 행하신 일을 기록한 성경이 네 권입니다. 즉 마태복음, 마가복음, 누가복음, 요한복음입니다. 이 성경에서 제일 많이 나오는 단어가 뭔지 아십니까? 바로 믿음, 믿으라는 말인데 235번 이상 나옵니다. 그만큼 믿음은 기독교에서 중요한 역할을 합니다. 그런데 이 믿음을 갖기가 힘드니 난감하기 짝이 없습니다.

그래서 하나님은 여러분을 이 자리에 초청하셨고, 이제 여러분이 참된 믿음을 소유하길 간절히 바라십니다. 저는 하나님의 손에 들린 작은 도구일 뿐입니다. 하나님께서 제 입을 통해 왜 믿어야 하는지, 믿음이 무엇인지를 여러분에게 설명하고자 하십니다. 제 설명을 듣고 여러분의 마음이 열려 믿게 된다면, 이 세상에서 가장 큰 축복을 받은 사람임이 분명합니다. 죽으면 죽었지 못 믿는 사람이 너무나 많은데, 내가 믿게 되었다면 기적 아닙니까? 이것만큼 놀라운 축복이 어디 있겠습니까? 하나님은 여러분 모두가 이 축복을 소유하길 기다리고 계십니다.

• 죽기보다 어려운 것

유학시절 몇 년 동안 공부하면서 전도했던 일들이 지금도 기억납니다. 공부하다가 머리가 아프거나 주말에 여유가 생기면, 그 당시 교포 사회에서 똑똑하다는 분들을 찾아다니며 전도하곤 했습니다. 그 가운데 지금까지도 잊히지 않는 두 분이 있습니다.

한 분은 미국에서 물리학을 전공하여 박사학위를 받은 뛰어난 인재였습니다. 나이가 40대 초반쯤 되는데, 좋은 직장에 들어가 한창 역동적으로 미국생활을 하고 계신 분이었습니다. 하루는 이분을 찾아가서 한두 시간 정도 예수님에 관해 이야기도 하고 질문도 주고받았습니다.

그런데 나중에 그분이 이런 말씀을 하는 게 아닙니까? "목사님이 아무리 설명해도 제가 안 믿어지는 걸 어떡합니까? 제 이웃집에 국제결혼을 한 부인이 있는데, 어느 날 자동차 사고로 평생 장애인이 될지도 모를 중상을 입고 병원에 입원하자 예수를 믿더라고요. 저도 차라리 자동차 사고라도 났으면 좋겠습니다. 좀 믿을 수 있게 말입니다. 목사님, 안 믿어지는 걸 어떻게 합니까?"

그 말에 제가 말문이 막혀버렸습니다. 자동차 사고라도 나서 믿을 수 있다면 좋겠다니, 너무 기가 막힌 이야기 아닙니까? 그러니 제가 무슨 재주로 믿게 하겠습니까? 그분과 밤새도록 토론을 하겠습니까? 그분 이야기가 지금도 제 귀에 맴돕니다.

또 한 분은 1970년대에 미국에 와서 몇 년간 고생 끝에 전문의 자격을 취득한 후, 미시간에 있는 꽤 큰 도시에서 병원을 개업하여 한창 승승장구하던 분이었습니다. 그런 분에게 전도했는데, 대뜸 하는 말이 "내가 하나님을 믿을 바에 내 주먹을 믿겠소" 하는 것이 아니겠습니까? 그래서 저도 '그래, 주먹이 얼마나 세나 두고 보자" 하고 기다렸습니다.

한편 그에게는 하버드 의대에 다니는 외아들이 있었습니다. 마침 어버이날이 다가오자 아들은 동부에서 미시간까지 비행기를 타고 날아왔습니다. 부모님을 기쁘게 해드리기 위해 준비한 꽃도 드리고 효자 노릇을 톡톡히 했던가 봅니다. 부모는 먼 길도 마다치 않고 온 아들이 너무나 사랑스럽고 자랑스러워 미국에서 최고급이라고 할 수 있는 스포츠카를 사주었습니다.

차를 선물 받은 아들이 가만있을 리가 없습니다. 여자친구와 한바탕 드라이브하고, 다음 날에는 여자친구 어머니까지 태워 신나게 달렸습니다. 그런데 잠시 정신을 딴 곳에 두었는지 사거리에서 대형 트레일러가 지나가는 걸 못 보고 달리는 바람에 그만 트레일러 밑으로 들어가버렸습니다. 결국 그 자리에서 세 사람은 즉사했습니다.

어려서부터 교회를 다닌 그 아들의 사고 소식을 접한 근처 한인교회는 비통에 빠진 부모를 찾아와 위로해 주었고 장례식을 치러주었습니다. 장례식 석상에서 그 아버지가 뭐라고 말했는지 아십니까? "헛된 세상 아무것도 아니군요. 이제 저도 예수를 믿기로 했습니다. 예수를 믿겠습니다." 한번 생각해 보십시오. 믿는 것이 얼마나 어렵습니까? 하나밖에 없는, 그야말로 생명보다 소중한 아들을 잃고 나서야 겨우 믿으니 말입니다.

• 정체성을 지켜낸 이스라엘

이제 시곗바늘을 거꾸로 돌려 4,300년 전으로 돌아갑시다. 우리 머리로는 도무지 상상도 할 수 없는 굉장히 먼 과거입니다. 그 시대로 돌아가면 실제로 있었던 굉장한 사건 하나를 만나게 됩니다. 그 사건을 통해 우리는 믿음이 무엇인가를 배울 수 있고, 왜 믿어야 하는가를 이해할 수 있습니다.

여러분은 '유대인', 또는 '이스라엘 사람'이라고 할 때 어떤 인상을 받게 됩니까? 전 세계적으로 퍼져 나가 지금도 심심치 않게 만날 수 있는 사람이 유대인입니다. 수많은 민족 가운데 가장 끈질긴 민족을 하나 뽑으라면 유대인을 듭니다. 가장 우수한 두뇌를 지적하라고 하면 마찬가지로 유대인을 듭니다. 세계에서 가장 우수한 두뇌집단이요, 가장 막강한 경제력을 가진 집단이 유대인 집단입니다. 유대인 가운데서 얼마나 많은 노벨상 수상자가 나왔습니까?

그런데 그보다 더 우리를 놀라게 하는 것이 있습니다. 지난 수천 년 동안 나라를 잃고 전 세계에 흩어져 나그네 생활을 하면서도 그들은 혈통을 잃지 않았습니다. 말을 잃지 않았습니다. 종교를 잃지 않았습니다. 즉 혈통과 언어, 종교를 유지하면서 지금까지 살아남은 민족이 유대인입니다. 얼마나 지독한 민족인지 모릅니다.

이 유대 민족이 4,300여 년 전에 지금의 이집트로 내려가 살다가 그 나라의 노예가 되어 버렸습니다. 430년 가까이 노예생활을 하면서 나중에는 악명 높은 이집트의 통치자 바로의 폭정에 시달렸습니다. 그가 얼마나 지독한 통치자였는지, 아예 유대 나라 사람들을 멸족하려고 사내아이만 낳으면 전부 나일 강에 던져 악어 밥이 되게 했습니다. 그뿐만 아니라 어른들은 새벽부터 저녁까지 흙을 이기고 벽돌을 구우면서 라암셋이라는 성을 쌓는 중노동에 동원되어 혹사당했습니다.

유대 민족은 날마다 하늘을 바라보며 자기 조상의 하나님께 피

눈물을 쏟듯 부르짖었습니다. "아브라함의 하나님이여, 이삭의 하나님이여, 야곱의 하나님이여, 우리가 죽게 되었나이다. 구원해 주옵소서" 그러나 이스라엘 자력으로는 이집트의 무서운 속박에서 해방될 수 없었습니다.

400년이 넘도록 다른 나라의 식민지로 있다 보면, 웬만한 족속은 정체성을 잃게 되고, 심지어 존재마저 잃기 마련입니다. 그런데 유대민족은 얼마나 끈질긴 민족인지 혈통, 언어, 종교까지 다 그대로 보존하고 있었습니다. 그럼에도 자기들의 힘으로는 이집트에서 도무지 해방될 길이 없었습니다. 하늘에서 기적이 내리지 않고는 소망이 없었습니다.

우리나라가 35년 동안 일제강점기로 있던 때와 비교해보십시오. 당시 애국지사도 많았지만, 일본에 동화된 사람이 얼마나 많았습니까? 아마 10년만 더 그런 상황이 계속되었다면 심각한 문제에 빠졌을 것입니다. 50년이 못 미치는 세월에도 정신적으로나 민족적으로 모든 면에서 혼란을 겪은 우리나라와 달리, 이스라엘이 430년 가까이 버텼다는 것은 실로 대단한 일입니다.

• 구원의 길

그럼에도 불구하고 그들에게 구원의 길이 보이지 않았습니다. 이스라엘 백성들은 계속해서 하나님께 눈물로 부르짖었고, 하나님은 그들의 부르짖음을 들으셨습니다. 그래서 모세라는 사람을 지명하셨고, 이스라엘을 이집트에서 해방하는 일에 그를 지도자로 세우셨습니다. 하나님은 모세를 사용하여 자신의 백성인 이스라엘을 이집트에서 구원하고자 집요하게 일하셨습니다.

먼저 이집트 왕에게 계속 압력을 넣었습니다. "이스라엘 백성을 해방해라. 만일 네가 끝까지 고집하고 내 말을 거스르면 너희 나라를 심판하겠다." 그런데도 이집트 왕이 계속 고집 피우자, 처음에는 이집트의 종교를 쳤습니다. 이집트 사람들이 하나님처럼 믿는 나일 강을 피바다로 만들기도 하고, 그들이 우상으로 섬기는 개구리를 온 천지에 가득하게 만들어 견디기 힘들 정도로 재앙을 내리셨습니다. 또 우박과 메뚜기를 보내 곡식과 짐승을 쳐서 온 국가가 초토화될 정도로 재앙을 내리기도 하고, 사람들의 정신을 혼란에 빠트리기도 했습니다. 어떤 때는 사흘 밤낮으로 짙은 어둠을 허락하셔서 그야말로 백성들이 공포에 떨도록 하셨습니다.

하지만 이집트 왕 바로는 하나님이 재앙을 내릴 때마다 이스라엘을 내보겠노라고 승복하다가도, 하나님이 재앙을 거두시면 다시 마음이 바뀌었습니다. 결국 하나님은 최후수단을 동원하기로 했습니다. 곧 그 나라에 있는 모든 장자를 다 죽이는 것입니다. 하나님은 미리 경고하셨습니다. "네가 끝까지 이스라엘 백성을 내보내지 않으면 너희 집안에 있는 장자뿐 아니라 이집트 땅에 있는 모든 가정의 장자를 전부 쳐서 생명을 빼앗겠다." 여전히 바로는 끄떡도 하지 않았습니다.

하나님은 이집트 사람들에게는 장자가 죽는 재앙을 내리기로 하셨지만, 자기 백성인 이스라엘 사람들에게는 이 죽음을 피하는 길을 가르쳐주셨습니다. 그 구체적인 방법이 우리가 읽은 성경 말씀에 나와 있습니다. 쉽게 풀어 설명하면 이렇습니다. "자, 너희는 이달 열흘에 1년 된 숫양이나 숫염소를 골라라. 조금이라도 흠이 있으면 안 된다. 가장 깨끗하고 흠이 없는 놈을 골라서 열나흗날까지 준비해두어라. 그리고 그날 밤에 그 양을 잡아라. 식구가 많으면 한 마리로 충분하고, 식구가 너무 적어서 한 마리를 다 먹을 수 없으면 이웃사람과 함께 한 마리를 잡아라. 그런 다음 우슬초 묶음을 가져다가 그 피를 대문 문지방에 뿌려라. 잡은 고기는 방에 들어가서 식구들과 둘러앉아 불에 구워서 먹어라. 밤새도록 절대 문을 열고 나오면 안 된다. 천사를 보내서 이집트 사람들의 장자를 죽일 때, 너희 집 문지방에 피가 뿌려져 있는 것을 보면 너희 집에는 들어가지 않고 넘어갈 것이다." 그래서 이날을 넘어간다는 의미를 담아 유월절(Passover)이라고 합니다.

이스라엘 백성들에게 주신 하나님의 약속은 이렇습니다.

"내가 애굽 땅을 칠 때에 그 피가 너희가 사는 집에 있어서 너희를 위하여 표적이 될지라 내가 피를 볼 때에 너희를 넘어가리니 재앙이 너희에게 내려 멸하지 아니하리라"(출 12:13).

"우슬초 묶음을 가져다가 그릇에 담은 피에 적셔서 그 피를 문 인방과 좌우 설주에 뿌리고 아침까지 한 사람도 자기 집 문 밖에 나가지 말라 여호와께서 애굽 사람들에게 재앙을 내리려고 지나가실 때에 문 인방과 좌우 문설주의 피를 보시면 여호와께서 그 문을 넘으시고 멸하는 자에게 너희 집에 들어가서 너희를 치지 못하게 하실 것임이니라"

(출 12:22-23).

따라서 이 어린 양은 이스라엘 사람들의 장자를 살리기 위해서 대신 죽어야 하는 속죄양이 된 것입니다. 장자가 죽는다는 것은 소름 끼치는 재앙이었습니다. 한 가정도 피할 수 없었습니다. 만약 제가 그 시대에 살았다면 제가 먼저 죽었을 것입니다. 제가 장자이기 때문입니다. 그다음 제 큰아들이 죽고, 손자가 죽을 것입니다. 한마디로 한 집안에 남자 셋이 동시에 죽는 것입니다. 그 시대 사람들은 대부분 대가족이니까 장자만 죽어도 한 가정에 적어도 두서너 명이 한꺼번에 죽는 것입니다.

이 얼마나 무서운 재앙입니까? 이런 재앙을 목전에 두고 하나님께서 이스라엘 백성에게는 살 길을 가르쳐주셨습니다. 이집트 사람들에게는 그 길을 가르쳐주지 않으셨습니다. 다만 이스라엘 사람들의 신이 우리 집안의 장자를 칠 것이라는 소문을 접한 이집트 사람들은 공포에 떨었을 것입니다. 아마 어떤 사람은 나일 강에 가서 제물을 갖다 놓고 살려달라고 제사를 지내는 사람도 있었을 것이고, 또 어떤 사람은 장자를 둘러업고 이집트 국경을 넘어 다른 나라로 도망가는 사람도 있었을 것입니다. 별의별 방법을 동원해서라도 살아남으려고 몸부림쳤을 것입니다. 그러나 하나님은 그들에게 살 길을 가르쳐주지 않으셨습니다.

• 이것이 믿음입니다

하나님의 말씀을 받는 이스라엘 백성의 입장에 서보면, 믿음이 무엇인지를 배울 수 있습니다. 하나님은 이스라엘 백성에게 "양을 잡아라. 피를 발라라. 저녁에 집안에서 구워 먹어라. 문을 열고 나오지 마라. 그러면 천사가 너희 집은 피를 보고 넘어가리라. 그러면 너희가 산다"라고 약속하셨습니다.

믿음이 무엇입니까? 하나님의 이 말씀을 신뢰하는 것입니다. 하나님의 말씀을 진리로 받아들이는 것이 믿음입니다. 믿음이 무엇입니까? 하나님이 시키는 대로 순종하는 것입니다. 양을 잡으라고 했으니 양을 잡는 것입니다. 피를 바르라고 했으니 피를 바르는 것입니다. 먹으라고 했으니 방안에서 먹는 것입니다. 문을 열고 나가지 말라고 했으니 나가지 않는 것입니다. 이 말씀대로 순종하는 것이 믿음입니다.

믿음이 무엇입니까? '피를 발랐으니 우리 아빠가 죽지 않을 것이다. 우리 집 큰아들이 죽지 않을 것이다. 우리 집 큰 손자도 죽지 않을 것이다. 피를 발랐으니 우리 집은 안전하다'라고 확신하는 것입니다. 다시 묻습니다. 믿음이 무엇입니까? 하나님이 말씀하신 그대로 받아들이는 것입니다. 옳다고 그대로 긍정하는 것입니다. 그런 다음 그 말씀대로 순종하는 것입니다. 이어서 그 말씀대로 하면 구원받게 됨을 확신하는 것입니다. 이것이 믿음입니다.

이스라엘 백성들은 이 믿음을 가질 필요가 있었습니다. 하나님은 하나님이십니다. 인간은 인간일 뿐입니다. 하나님은 창조자요, 우리는 피조물입니다. 하나님은 영이시요, 우리는 육체를 가진 존재입니다. 하나님은 거룩하신 분이지만, 우리는 죄 가운데 있습니다. 하나님은 완전하신 분이지만, 우리는 불완전한 존재입니다. 하나님은 신실하고 거짓이 없지만, 우리는 거짓투성이입니다. 하나님은 영존하시는 분으로 시작도 끝도 없는 무한한 존재이지만, 우리는 태어나 죽는 유한한 존재입니다. 하나님은 전지전능하지만, 우리는 그렇지 못합니다. 우리는 한계 속에서 사는 존재입니다. 감히 하나님과 비교가 안 됩니다.

따라서 하나님과 우리의 관계를 이으려면 무조건 믿는 것밖에 다른 도리가 없습니다. 하나님과 다투겠습니까? 하나님을 설득하겠습니까? 아니면 하나님과 토론이라도 벌이겠습니까? 서로 비슷해야 토론도 할 수 있고, 옳고 그름을 따질 수도 있습니다. 그런데 하나님과 우리 사이는 도무지 메울 수 없는 간격이 있습니다. 이 두 관계를 이을 방법이 무엇입니까? 무슨 대안이 있습니까? 못난 우리가 하나님을 믿는 것 외에 다른 도리가 있습니까?

• 운명적인 선택

한 예로 이런 가정이 있다고 생각해 봅시다. 남편이 아내에게 말합니다. "여보, 오늘 14일 맞지? 모세가 양을 잡으라고 한 날인데……. 그리고 피를 바르라고 했어. 그러니 어서 양을 잡읍시다." 그러자 아내가 대답합니다. "아이고, 당신도 참 어리석네요. 그게 말이나 되는 소리에요? 한번 생각 좀 해보세요. 문에 양의 피를 발랐다고 죽을 사람이 안 죽을 수 있겠어요? 도대체 그런 미신 같은 소리가 세상에 어디 있어요? 모세 말이 다 틀린 건 아니지만 가끔 좀 이상할 때가 있어요. 당신도 가려서 들으세요." 남편은 겸연쩍은지 주저하다가 다시 묻습니다. "그런가? 그럼 어떻게 하면 좋겠소?" 그러자 아내는 다시 한 번 쐐기를 박습니다. "어떻게 하긴 어떻게 해요. 그냥 문 닫고 집 안에 앉아 있으면 되는 거죠."

보통 남자와 여자가 싸우면 누가 이깁니까? 옛날에도 여자가 이긴 모양입니다. 결국 이 남편은 아내 말에 따릅니다. "당신이 정 그렇다면 할 수 없지." 그리고는 양 잡는 일을 포기하고 그대로 방에 들어갑니다. 밤이 무르익자 그는 문을 슬그머니 열고 나가 무슨 일이 있나 주위를 둘러본 후 다시 들어옵니다. 그래도 마음이 불안하여 큰아들에게 신신당부합니다. "너 오늘 저녁에 좀 조심하거라. 너무 깊이 잠들면 안 되니까 웬만하면 눈 똑바로 뜨고 정신 차리고 있어라." 그리고는 또 문밖으로 나가 무슨 일이 없나 동태를 살핍니다.

한번 생각해 보십시오. 이 사람이 정상입니까? 잘했다고 볼 수 있습니까? 결국은 죽음의 길을 택했을 뿐입니다. 천사가 내려와서 피를 보고 넘어간다고 했는데, 그 피를 바르지 않았으니 분명 그 집에는 장자가 죽는 재앙이 들어올 수밖에 없습니다. 만약 우리가 그런 식으로 하나님의 말씀을 불신한다면, 스스로 죽음을 자초하는 결과를 가져오게 됩니다.

이제 여러분에게 질문하겠습니다. 그 시대 그 장소에 내가 있다고 생각해 보십시오. 여러분이라면 어떻게 하시겠습니까? 그때 그 환경에 여러분이 계셨다면 어떻게 했겠습니까? 하나님의 말씀을 그대로 믿고 순종하여 피를 바르고, 문을 잠근 채 집안에 모여 식구들이 고기를 구워 먹으며, 그 밤을 기도하면서 넘기겠습니까? 아니면 무슨 말 같지도 않은 소리냐며 여러분 마음대로 하시겠습니까?

• 피하고 싶은 운명

오늘 우리는 똑같은 상황에 놓여 있습니다. 이스라엘 백성이 이집트의 노예가 되어 도무지 자기 힘으로는 해방될 수 없었던 것처럼, 오늘 우리 역시 불행하게도 사탄의 노예가 되어 있습니다. 마귀의 노예가 되어 있습니다. 여러분이 인정하든 인정하지 않든 이것은 사실입니다. 모든 인간은 보이지 않는 악령의 역사에 지배되고 있습니다. 그러니 이 세상이 얼마나 요지경이 되어 가고 있습니까?

우리가 부인할 수 없는 사실은 사람들이 잘살수록, 자칭 하나님이 될 만큼 똑똑해질수록 점점 더 악해지고 있다는 점입니다. 선한 것이 승리할 것 같고, 악이 점점 줄어들 것 같다가도 결국 세상은 점점 무서운 죄악의 소굴이 되어갑니다. 그 이유가 무엇입니까? 이 세상이 사탄의 지배 아래 있기 때문입니다. 모든 사람이 마귀의 손아귀에 잡혀있기 때문입니다. 우리 힘으로는 도무지 이 쇠사슬을 끊고 도망도 갈 수 없습니다.

마귀는 끊임없이 우리의 탐욕을 자극합니다. 돈을 버는 사람은 버는 대로 정욕을 자극하기 때문에 돈 돈 하면서 심연 깊숙이 빠져들어 갑니다. 쾌락을 추구하는 사람은 쾌락의 맛을 볼수록 점점 더 무서운 쾌락을 추구하는 지옥 속으로 빠져들어 갑니다. 왜 그렇습니까? 마귀가 우리의 탐욕을 계속 충동질하기 때문입니다. 왜 충동질합니까? 우리가 보이지 않는 악한 영의 지배를 받기 때문입니다.

그 결과 우리는 죄인이 되었습니다. 하나님이 준비하신 지옥으로 가야 할 운명을 맞게 되었습니다. 이렇듯 현실이 다 말해 주고 있는데 이를 부인할 수 있습니까? 양심적으로 이야기해 봅시다. 어려서부터 선하게 가르쳐온 자녀들이 크고 나서도 선하던가요? 생각하는 것이 선합니까? 뭔가 악한 세력이 우리를 지배하고 있기 때문에 뜻대로 되지 않습니다. 그러므로 우리에게 절실한 문제는 이집트와 같은 무서운 사탄의 손아귀에서 자유롭게 되는 것입니다. 해방되는 것입니다. 여기에서 빨리 빠져나가 사는 길을 찾는 것입니다. 성경에는 이것을 '구원받는다'라고 말합니다.

하나님께서 이 구원의 길을 우리에게 가르쳐 주셨습니다. 이스라엘 백성에게 피를 바르라고 한 것처럼 우리에게 구원의 길을 가르쳐 주셨습니다. 사탄의 권세에서 우리를 해방하기 위해 짐승을 잡은 것이 아니라 자기 아들 예수 그리스도를 잡았습니다. 그 아들을 잡아 십자가에 달았습니다. 그래서 누구든지 십자가에서 우리 대신 피 흘려주신 예수 그리스도에게 달려가 그분을 붙잡고 "주여, 나를 구원해주옵소서"라고 고백하기만 하면, 하나님께서 예수님이 흘리신 그 피를 보시고 우리의 죄를 없는 것처럼 취급해 주시고 우리의 생명을 살려주신다고 약속하셨습니다.

그러므로 십자가는 이스라엘 백성들이 문지방에 발라놓은 어린양의 피와 같습니다. 우리가 십자가에서 죽으신 예수 그리스도를 마음에 모시기만 하면, 마치 이스라엘 백성들이 문지방에 피를 발랐을 때처럼 죽음의 신이 들어올 수 없습니다. 사탄이 더는 우리를 지배할 수 없습니다. 이렇게 하나님이 오늘 우리에게 살 길을 열어 주셨습니다. 사탄으로부터 자유롭게 해주셨습니다.

• 무엇을 믿을 것인가?

우슬초로 양의 피를 찍어 발랐던 이스라엘 백성들과 달리 우리는 예수님의 피를 발라야 합니다. 그렇다면 예수님의 피를 바른다는 것이 무엇을 말합니까? 곧 믿는 것입니다. 예수님이 나를 위해 죽으신 하나님의 아들이라는 사실을 믿는 것입니다. 예수님만 붙들면 내 모든 죄가 용서받는다는 것을 믿는 것입니다. 하나님께서 나를 사탄의 권세에서 구원하시고, 영원히 하나님과 더불어 살 수 있는 영생을 주신다는 것을 믿는 것입니다. 이것이 믿음이요, 피를 바르는 것입니다.

그러므로 예수 믿는 사람은 다 예수의 피를 가지고 있습니다. 예수님의 피를 믿기 때문에 그렇습니다. 하나님의 아들인 예수님이 나 대신 죽으셨다, 나 대신 어린양이 되어 피를 흘리셨다, 나를 살리기 위하여 그의 피가 내 문지방에 발려졌다는 것을 믿기 때문에 모든 예수 믿는 사람은 예수의 피를 가지고 있습니다. 그 피를 보고 감히 마귀가 접근하지 못합니다. 그 피를 보고 악한 세력이 지배하지 못합니다. 그래서 예수 믿는 사람은 죄에서 해방되었다고 말합니다. 예수 믿으면 죽음에서 자유롭게 되었다고 말합니다. 예수 믿는 사람은 영생을 얻었다고 말합니다.

"아들을 믿는 자에게는 영생이 있고 아들에게 순종하지 아니하는 자는 영생을 보지 못하고 도리어 하나님의 진노가 그 위에 머물러 있느니라"(요 3:36).

우리를 위해 대신 십자가에서 피 흘리시고 그 피를 우리 마음의 문지방에 발라주신 예수 그리스도를 하나님의 아들로 믿는 사람은 영원히 사는 영생을 얻게 되고, 하나님의 아들에게 순종하지 않는 사람은 하나님의 심판이 그 머리 위에 머물러 있다고 말씀합니다.

한번 이집트 사람들의 처지를 생각해 보십시오. 하나님은 미리 경고하길, 정해진 밤에는 모든 장자를 죽이겠다고 했습니다. 아마도 이집트 사람들은 재앙을 피할 방법을 몰라 우왕좌왕했을 것입니다. 바로 왕도 설마 하며 버텼을 것입니다. 지금 그들 위에 머물러 있는 것이 무엇입니까? 하나님의 심판이, 하나님의 진노가, 보이지 않는 하나님의 죽음의 칼이 그들 위에 임하여 있습니다.

마찬가지로 오늘 이 세상에 사는 많은 사람들 위에, 믿는 것이 죽는 것보다 더 어렵다고 생각하는 사람들 위에 하나님의 진노가 머물러 있음을 알아야 합니다. 언젠가 하나님께서 이 땅을 심판하실 때, 언젠가 하나님께서 그 사람을 불러가실 때, 구원받을 기회를 잃어버린 불행한 자가 된다는 것을 알아야 합니다.

믿음이란 하나님께서 가르쳐주신 그대로 믿는 것입니다. 믿음이란 십자가에 못 박혀 죽으신 예수님에게로 달려가는 것입니다. 믿음이란 예수님만 붙들면 영원히 살 수 있다고 확신하는 것입니다. 그러므로 믿느냐 믿지 않느냐는 우리가 사느냐 죽느냐를 결정하는 중요한 문제입니다. 믿으면 살고 믿지 않으면 죽습니다. 믿느냐 믿지 않느냐는 여러분의 손에 달려 있습니다.

• 선택은 내 몫이다

1829년에 조지 윌슨(George Wilson)이라는 사람이 우편물 절도와 살인 혐의로 교수형을 선고받게 되었습니다. 그런데 영향력 있는 친구들의 청원으로 앤드루 잭슨(Andrew Jackson) 대통령은 모든 기소를 취하하고 특사를 내렸습니다. 그래서 주임 판사가 교도소를 찾아가 조지 윌슨에게 이 기쁜 소식을 전했습니다. 그런데 희한한 일이 벌어졌습니다. 그가 한마디로 거절해버린 것입니다.

전혀 예기치 않은 상황이 벌어지자 주임 판사는 대통령의 사면장을 받아들여 석방해야 할지, 아니면 본인의 의사대로 사형을 시켜야 할지 고민하다가 결국 대법원으로 판결을 넘겼습니다. 그리고 대법원은 다음과 같이 결론을 내렸습니다. "법원은 죄수가 사면의 혜택을 요구하지 않으면 그 혜택을 줄 수 없다. …… 그것은 그에게 주어지는 것이다. 그것은 그의 재산이다. 그리고 그는 그것을 자기 좋을 대로 받아들일 수도 혹은 받아들이지 않을 수도 있다." 당시 대법관 존 마셜(John Marshall)도 이렇게 기록하고 있습니다. "사면은 은혜를 베푸는 행위로서 법을 집행하도록 위임을 받은 권력으로부터 나온다. …… 그는 그것을 거부할 수 있으며 …… 법원에서 우리는 그에게 그것을 강요할 권한이 없다."

이 이야기는 오늘 우리에게 굉장한 진리를 가르쳐줍니다. 하나님이 자기 아들을 십자가에 못 박아 그 피로 우리를 살리고 싶어도, 우리가 그 아들을 믿으려 하지 않으면 아무 소용이 없습니다. 따라서 여러분이 결단해야 합니다. 예수님만 믿으면 여러분의 모든 죄가 용서받는다고 하나님은 선언하십니다. 예수님만 믿으면 여러분에게 하나님의 자녀가 되는 특권을 주시겠다고 말씀하십니다. 예수님만 믿으면 우리가 하나님과 더불어 영원히 살 수 있다고 말씀하십니다. 죽음을 정복하고, 사탄의 권세를 짓밟는 승리자가 되게 해주시겠다고 약속하십니다.

그런데도 어떤 이유에서건 '아무리 하나님이 약속했어도 나는 받아들일 수 없어' 하고 거절하면 하나님도 별수 없습니다. 그런 사람은 살릴 수 없습니다. 그러므로 여러분이 이 시간 깊이 생각하여 마음에 결론을 내려야 합니다. 하나님이 나에게 구원의 길을 주셨는데 이걸 받아들일 것이냐 받아들이지 않을 것이냐, 즉 내가 예수를 믿을 것이냐 믿지 않을 것이냐는 여러분이 결정해야 합니다.

사도행전 16장 30절을 보면, "내가 어떻게 하여야 구원을 받으리이까?" 하고 묻는 사람이 있었습니다. 그때 이렇게 말씀하셨습니다. "주 예수를 믿으라 그리하면 너와 네 집이 구원을 받으리라"(행 16:31). 예수를 믿으면 너도 살고 네 가족도 산다는 말씀입니다. "너를 대신해 십자가에 죽으시고 3일 만에 부활하셔서 모든 인류에게 길이요 진리요 생명이 되신 예수를 믿어라. 그를 바라보라. 그를 의지하라. 그를 향해 달려가라. 그러면 너는 구원 얻는다. 너만 구원 얻는 게 아니라 네 가족도 구원 얻는다"라고 하나님이 선언하셨습니다. 오늘 이 놀라운 하나님의 약속을 꼭 받아들이길 바랍니다.

04 네 번째 질문:
당신은 용서받아야 할 사람 아닙니까?
(눅 7:36-50)

아주 오래 전 이야기를 잠시 나누고자 합니다. 2,000여 년 전 유대 나라 어느 마을에 부잣집이 하나 있었습니다. 정원이 아름답게 꾸며져 있는 그 집의 주인은 바리새인이었는데, 당시 유대 나라에서 엘리트에 속하는 사람이었습니다. 하루는 예수님을 식사 자리에 초대했고, 예수님은 제자들과 함께 그 집을 방문했습니다.

라디오나 텔레비전이 없던 시절이어서 유명한 사람이 마을에 오면 사람들이 모여들었습니다. 어떤 사람인지 구경도 하고, 또 무슨 말을 하는지 듣기 위해 식사하는 자리를 중심으로 빙 둘러서 자리를 같이 하는 게 그 당시 유대 나라의 아름다운 관습이었습니다. 유대 나라 사람들이 식사하는 장면을 영화나 그림을 통해 봐서 아시겠지만, 우리처럼 의자에 똑바로 앉아서 식사하지 않습니다. 특이하게도 비스듬히 반쯤 누워 왼팔로는 몸을 지지하고 오른손으로는 음식을 집어먹습니다. 그런 자세로 빙 둘러앉으면 다리는 전부 뒤로 빠져 나오게 됩니다.

이와 같은 식사 현장에 무리 속에 섞여 있던 초라한 여인 한 명이 예수님의 발 옆으로 다가왔습니다. 그리고는 느닷없이 무언가를 꺼내 뚜껑을 열고 예수님의 발에 부었습니다. 순식간에 향기가 진동했습니다. 당시 여인들이 아끼고 소중하게 여기는 향유를 예수님의 발에 부은 것입니다. 그녀는 자신의 긴 머리채를 당겨 예수님의 발을 씻습니다. 그것도 부족해 예수님의 발에 입을 맞춥니다. 눈에는 눈물이 뚝뚝 떨어집니다. 얼마나 진기한 풍경입니까? 우리로선 상상도 하지 못할 풍경입니다.

이를 본 주인 바리새인은 예수님을 속으로 비웃고 멸시했습니다. '대단한 사람인 줄 알았더니 저 여자가 와서 저렇게 하는데도 가만히 있구먼. 저 여자가 어떤 여자인지 알았다면 망신스러워서라도 호통을 쳐서 쫓아버릴 텐테…….' 그녀는 주위의 시선과 조롱에 아랑곳하지 않고 자기 할 일을 다 했습니다. 예수님은 그 여인이 하는 대로 발을 내맡겨 놓았습니다.

• 두 가지 유형

이 장면을 조용히 마음에 담아 보시길 바랍니다. 여기에서 한 가지 짚고 넘어가야 할 부분이 있습니다. 예수를 대하는 사람들의 마음가 짐을 보면 두 가지 유형이 있습니다. 하나는 집주인인 바리새인 형이 있고, 다른 하나는 이 여인 형이 있습니다. 제가 볼 때 여러분도 이 두 가지 유형으로 나뉠 수 있다고 생각합니다.

바리새인 유형은 어떤 유형입니까? 그가 예수님을 초청한 이유에 대해서는 성경에 정확히 나오지 않습니다. 어쩌면 예수님이 너무 초라하게 다녀서, 또는 예수님이 제대로 못 먹는 것 같아서 한 끼 대접하려고 초대했는지 모릅니다. 아마 여러분 중에도 지인분이 계속 교회에 가자고 하니까 동정해서 나오신 분이 있을 것입니다. "내가 한 번 가준다. 계속 조르는 게 안쓰러워 딱 한 번 가준다"라는 식으로 말입니다. 그래도 할 수 없습니다. 일단 이 자리에 나온 게 중요합니다.

과연 바리새인이 어떤 마음으로 예수님을 초대했을까요? 어쩌면 예수님이 소문대로 얼마나 유명한지 한 번 실험해보기 위해 초대했을 수도 있습니다. 마치 오늘 이 자리에 나오신 분들 가운데 "어디 한 번 들어보자. 무슨 소리 하나 한번 보자" 하는 마음으로 앉아 계신 분들처럼 말입니다.

예수님은 그 당시 인기 절정에 있었습니다. 누가복음 7장의 사건이 전개될 때만 해도 예수님의 인기는 최고 절정에 있었습니다. 따라서 이 바리새인이 유명세를 타고 있는 예수님을 모셔서 한번 우쭐대고 싶었는지도 모릅니다. 어떤 이유에서건 그는 예수님을 모셨음에도 손님에게 마땅히 베풀어야 할 예의를 갖추지 않았습니다.

유대 나라 사람들은 귀빈이 오면 세 가지를 꼭 했습니다. 먼저 발 씻을 물을 대야에 담아 주인이 직접 또는 하인을 시켜 발을 씻어 주었습니다. 요즘처럼 구두를 신고 다녔던 것도 아니고 건조한 날씨로 인해 조금만 걸어도 발이 금세 더러워졌기 때문입니다. 또한 귀빈이 들어오면 반드시 머리에 향료를 뿌려 주어 예의를 갖췄고, 입이나 뺨을 맞춰 환영의 뜻을 표현했습니다. 그런데 이 바리새인은 예수님을 초대하고도 이 세 가지 중 어느 하나도 하지 않아 큰 결례를 범했습니다.

예수님에게 나아오는 사람들 가운데에는 이 바리새인처럼 행동하는 사람들이 있습니다. 은근히 냉대하거나 비판하고, 어디 한번 두고 보자는 식으로 지켜보거나 혹은 동정하는 심정으로 예수님을 대하는 사람들이 있습니다. 만일 이 자리에 그런 분이 계신다면 뭔가 잘못되었음을 알고 넘어가는 게 좋습니다.

그러면 앞서 언급한 바리새인 형과 여인 형 중 어떤 형이 더 좋을까요? 바로 후자입니다. 여인은 간절한 마음으로 예수님 찾아왔습니다. '사랑을 드립니다' 하는 마음으로 주님을 찾았습니다. 그리고 향료를 주님께 부어서 자신의 마음을 완전히 드렸습니다. 이 정도의 마음을 가지고 주님을 찾아온다면 이미 문제가 해결된 사람입니다. 그런 사람에게는 예수 믿으라는 말을 할 필요가 없습니다. 왜 그렇습니까? 이미 믿을 각오를 하고 나왔기 때문입니다. 여러분도 이런 마음으로 나왔으면 좋겠습니다.

아직 예수님이 누군지 잘 몰라서 "나는 예수 믿겠습니다" 하고 말하지 못하더라도 한 가지는 꼭 간직하시길 바랍니다. '내가 이 자리에 왜 왔나? 예수님에 대해 뭔가 알고 싶은 게 있어서 내가 따라 나온 건 아닌가? 아직 해결하지 못하는 마음의 문제로 너무 답답해서 많은 사람이 다니는 교회에 한번 나온 건 아닌가?' 하는 생각이 든다면 오늘 한번 예수님을 진지하게 찾아보도록 합시다. 바로 이러한 자세가 여인의 마음입니다. 이 마음을 가진다면 하나님께서 오늘 여러분을 절대 실망시키지 않으리라고 확신합니다.

• 죄 사함을 받으라

예수님을 간절하고 진지하게 찾은 이 여인에게 예수님은 세 가지 선물을 주셨습니다.

첫째는 죄 용서의 선물을 주셨습니다. 48절을 보면, 예수님은 이 여인에게 "네 죄 사함을 받았느니라"고 말씀하십니다. 눈물로 발을 씻기고 있는 그 초라한 여인에게 왜 예수님은 느닷없이 이런 말씀을 하시는 걸까요? 사전에 그녀가 마음을 털어놓은 것도, 자신이 죄를 고백한 것도 아닌데 말입니다. 예수님은 사람을 보실 때 외모를 보지 않습니다. 사람의 마음을 보시는 분이 예수님입니다.

오늘 이 자리에 계시는 예수님도 마찬가지입니다. 우리 눈에는 이 자리에 계시는 예수님이 안 보이지만, 영이신 예수님은 이 자리에 충만하십니다. 여러분 한 명 한 명을 보고 만나고 계십니다. 그러나 여러분이 어떤 옷을 입었는지는 보지 않습니다. 여러분의 사회적인 지위도, 겉모습도 보지 않습니다. 다만 마음을 보고 내면에 숨겨져 있는 문제가 무엇인지 꿰뚫어 보십니다.

　주님은 눈물을 흘리며 발을 씻기고 있는 이 여인의 내면에 어떤 고민이 있는지, 어떤 문제가 있는지, 무엇이 그녀에게 가장 고통스러운지를 꿰뚫어 보셨습니다. 그리고 그녀에게 가장 필요한 것이 죄 사함임을 아셨습니다. 그래서 "네 죄 사함을 받았느니라"고 선언하신 것입니다.

　우리가 상식적으로 생각해도 이 여인은 동네 사람들로부터 죄인 취급을 받던 사람입니다. 성경학자들도 대부분 이 여인을 창녀로 봅니다. 만약 그 해석이 옳다고 합시다. 그 당시 마을이라고 해봐야 얼마나 되겠습니까? 불과 몇천 명 사는 조그마한 마을인 만큼 그녀의 신분을 모르는 사람이 없었을 것입니다. 그러니 어른이나 아이 할 것 없이 손가락질받으며 얼마나 따돌림을 받았겠습니까? 마을 사람들이 물을 길을 때는 감히 우물 곁에 다가가지도 못하고, 인기척을 살펴 사람이 없을 때만 물을 길어왔을 것입니다. 이 얼마나 초라한 형편입니까?

　주님은 죄의식이 이 여인의 영혼을 갈기갈기 찢어놓고 있음을 보고 계셨습니다. 여인은 창녀 노릇을 그만두자니 생활이 힘들고, 계속 그 일을 하자니 가슴을 찢는 고통, 죄의식, 공포가 사라지지 않아 견디기 힘들었습니다. 그래서 '예수님은 내 마음의 고통을 알아줄지 몰라. 한번 나가 보자' 하는 마음으로 주님 찾아왔는지 모릅니다. 아니나 다를까 예수님은 그녀의 마음을 꿰뚫어 보셨고, "네게 가장 필요한 것이 죄 용서이구나. 네 죄 사함을 받았느니라"는 말씀으로 마음의 고통을 풀어 주셨습니다. 죄의식이나 죄책감은 정서 불안을 일으킵니다. 자기만 당하는 고통이라고 생각하여 극심한 고독에 빠지게 되고, 나중에는 질병까지 일으킵니다.

모 의학 잡지에서 현대인의 질병 중 60%가 정신적인 문제에서 온다는 글을 봤습니다. 그 정신적인 문제 중 하나가 죄의식으로 인한 갈등과 불안, 공포입니다. 우리는 타고날 때부터 죄인입니다. 다 함께 죄인이 되었기 때문에 한 배를 탄 사람들입니다. 하지만 우상숭배를 한다고 해서 특별히 내가 죄인이라고 생각하진 않습니다. 왜 그렇습니까? 온 천하가 우상숭배를 상식으로 생각하기 때문입니다.

뇌물을 주고 부정을 저질러도 전혀 마음에 가책을 받지 않습니다. 돈을 벌기 위해서 눈에 불을 켜는 세상에 내가 폭리 좀 취한 게 뭐 그리 잘못이냐고 생각합니다. 사들인 땅으로 자산을 굴려 돈 좀 번 게 무슨 큰 잘못이냐고 합니다. 시장에서 손님에게 바가지를 씌워 몇 푼 더 번 게 무슨 문제냐고 따집니다. 그렇게 못 하는 놈이 바보라고 생각하기 때문에 전혀 죄의식을 느끼지 않습니다. 내가 번 돈으로 먹고 쓰고 즐기는데 과소비가 무슨 잘못이냐고 항변합니다. 일반적으로 함께 범하는 죄는 죄의식이 별로 없습니다. 오늘날 이것이 문제입니다.

• 죄책감에서 벗어나려면

이와 달리 죄 가운데 나만 유독 나쁜 사람처럼 느껴지는 개인적인 죄가 있습니다. 비밀스러운 죄가 여기에 해당할 수 있는데, 이런 죄는 우리에게 강한 죄의식을 가져다줍니다. 하나님은 용서하실지 몰라도 스스로 용서가 안 되어 잠을 설치기도 하고 불안에 떨기도 합니다. 이런 죄가 쌓이게 되면 심각한 결과를 가져옵니다. 바로 예수님을 찾아온 여인처럼 말입니다.

수년 전 한 자매가 저를 찾아왔습니다. 그 자매는 행복한 가정에서 자라나 마음에 드는 남자와 결혼하여 아이까지 낳았습니다. 그런데 결혼 후 남편이 돌변했습니다. 연애할 때는 이상형이라고 생각했는데, 결혼하고 나니 괴팍한 성격의 소유자였습니다. 처음에는 참았지만, 1년 정도 지나자 더는 못 견딜 정도로 고통스러웠습니다. 그러던 중 사업차 출장을 떠난 남편에게 병이 생겼습니다. 급히 병원에 입원했지만, 의사의 진단 결과 얼마 못 산다는 일종의 사형 선고가 내려졌습니다. 순간 아내는 자기도 모르게 '차라리 잘됐다. 그러면 내가 얼마나 자유로울까? 앞으로 몇십 년 같이 살 생각하면 가슴이 답답했는데 잘 됐다' 하는 마음이 들었다고 합니다.

그런데 어찌 된 일인지 열흘쯤 지나서 남편은 다시 살아났습니다. 서서히 회복되더니 나중에는 건강을 되찾아 퇴원하게 되었습니다. 그 후로 이 아내의 마음속에 무서운 죄책감이 들기 시작했습니다. '내가 사람인가? 이런 마음을 가지고 어떻게 이 남자와 살겠는가?' 남편을 쳐다볼 수 없을 정도로 날마다 고민하고 괴로워하다가 나중에는 정신 질환이 생겼습니다. 정신과 치료를 받아도 별 효과가 없습니다. 그러자 담당 의사는 약물 처방 대신 이같이 조언했다고 합니다. "약을 먹어도 이렇다 할 효과가 없으니, 목사님을 한 번 찾아가 보시지요." 그래서 찾아온 게 저였습니다. 이런 사람에게 제일 중요한 과제가 무엇이겠습니까? 죄 용서함을 받는 것입니다. 죄 용서함을 받고 모든 고통과 갈등, 불안과 공포에서 깨끗이 해방되는 것입니다.

오늘날에도 죄 사함을 받는 축복을 몰라 죄책감에 눌려있는 사람들이 한두 명이 아닙니다. 다른 사람에게 말하지도 못하고 혼자 고통 받고 괴로워하는 사람이 너무 많습니다. 예수를 안 믿어도 그런 분이 있습니다. 아내에게 항상 미안해하는 남편이 있습니다. 또 남편에게 항상 미안해하는 아내가 있습니다. 자식을 볼 때마다 고개를 들 수 없는 부모가 있습니다. 반대로 남몰래 무서운 죄를 지어도 전혀 죄책감이 없는 사람도 있습니다. 내가 무슨 잘못을 했느냐는 식입니다.

그러면 어느 쪽이 더 좋을까요? 죄책감이 없는 사람이 좋겠습니까, 죄책감으로 고통받는 사람이 좋겠습니까? 하나님이 보시기에는 죄책감으로 고통받는 사람이 훨씬 소망이 있습니다. 만일 많은 죄를 짓고도 죄책감이 없다면 '내가 정말 큰일 났구나' 하고 생각해야 합니다. 이런 사람은 불행한 사람입니다. 반대로 마음속에 무언가가 있습니까? 오히려 그게 좋습니다. 예수님 찾아온 여인처럼 예수님을 붙들면 오늘 이 자리에서 문제를 해결 받을 수 있습니다. 죄는 용서 받아야 합니다. 그래서 예수님은 이 여인에게 "네 죄 사함을 받았느니라"고 말씀하셨습니다.

여러분이 죄 용서를 받아야 한다면 누구에게 받아야 합니까? 흔히 아버지에게 범한 죄는 아버지에게 용서받고, 사회에서 범한 죄는 판사에게 용서받으면 된다고 생각합니다. 물론 그것도 필요합니다. 그러나 궁극적으로 하나님에게 용서받아야 합니다. 우주 만물을 만드신 분이 하나님이요, 여러분이 예수를 믿든 안 믿든 우리를 만드신 분도 하나님이요, 여러분에게 생명을 주신 분도 하나님이요, 여러분에게 짧은 생을 허락하신 분도 하나님입니다. 여러분이 가진 모든 재물과 재능, 기회도 온 우주의 주인 되신 하나님에게서 왔습니다. 이를 시인하든 부인하든 상관없습니다. 이것은 기정 사실입니다.

이 세상에 주인 없는 물건은 하나도 없습니다. 우주에 대해서도 주인 없이 방랑아처럼 떠돌아다니는 것쯤으로 생각한다면 큰 착각입니다. 모든 것이 하나님에게서 왔고, 내 몸도 하나님의 것입니다. 그러므로 내가 무언가 잘못을 했을 때는 궁극적으로 하나님에 대한 거역입니다. 심지어 사람에게 한 조그만 거짓말이라도 그 뒤에 하나님이 계신다는 사실을 알아야 합니다. 또한 하나님께 죄를 지은 것과 같으므로 반드시 하나님으로부터 용서받아야 합니다. 그래야 내 마음에 평화가 오고 죄로 인한 모든 고통이 사라지게 됩니다. 단순히 사람에게 용서를 빌었다고 해서 문제가 해결되지 않습니다.

• 다섯 가지 자격

죄를 사하는 권세를 가지려면 다섯 가지 자격을 갖추어야 합니다. 누가 죄를 사할 수 있습니까? 본문 말씀에서 알 수 있듯이 예수님에게 죄를 사할 수 있는 권세가 있습니다. 그러려면 예수님에게 다음 다섯 가지 자격이 꼭 있어야 합니다.

첫째, 자기 자신이 하나님이어야 합니다. 둘째, 죗값을 치러야 합니다. 죄는 반드시 형벌을 받아야 하기 때문입니다. 죗값을 치를 수 있는 사람이라야 죄를 용서할 수 있는 자격이 있습니다. 셋째, 죄의 사슬에서 죄인을 빼낼 수 있어야 합니다. 죗값만 치르고 끝나는 것이 아니라 죄로부터 자유를 줄 수 있는 능력이 있어야 합니다. 넷째, 한번 용서하면 그 용서가 영원토록 유효할 수 있는 능력을 가진 사람이어야 합니다. 시간이 흐를수록 용서의 효력이 없어진다면 그것은 용서가 아닙니다. 다섯째, 하나님이 인정하는 사람이어야 합니다.

그렇다면 이 다섯 가지를 모두 구비한 분이 누굴까요? 바로 예수 그리스도이십니다. 예수님이야말로 하나님이요. 인간을 위해 친히 인간이 되어 찾아오신 하나님이요, 우리의 죗값을 홀로 십자가에서 다 짊어지신 분입니다.

여러분이 알든 모르든 상관없습니다. 하나님의 아들이 이 세상에 오셔서 내가 지은 모든 죗값을 십자가에서 대신 짊어지시고 형벌을 받으셨습니다. 나 대신 하나님에게 버림을 당하고, 나 대신 입에 담을 수 없는 고통과 치욕을 당하셨습니다. 나 대신 내가 지옥에서 받아야 할 모든 저주를 홀로 받으셨습니다. 이처럼 내 죗값을 대신 치러주신 분이기 때문에 그분은 죄를 사할 수 있는 권세가 있습니다. 그뿐만 아니라 죽으신 후 3일 만에 다시 살아나셨습니다. 오늘 용서받아도 내일 또 죄를 지을 수 있고, 날마다 죄의 세력에 질질 끌려다닐 수밖에 없는 우리를 죄의 권세에서 완전히 자유롭게 하고자 부활하셨습니다. 죄의 권세, 사탄의 권세, 죽음의 권세를 짓밟고 살아나셔서 이제는 이 세상에서 죄 아래 고통받는 모든 사람을 구원할 능력자가 되셨습니다.

그뿐만이 아닙니다. 예수님은 의인이기 때문에 의인의 피는 영원합니다. 한 번 십자가에 죽음으로 우리의 모든 죄는 영원히 용서받습니다. 그 용서는 영원히 유효합니다. 또한 하나님 앞에서 우리를 위해 대제사장으로서 지금도 일하고 계십니다. 그러므로 하나님이 인정하시는 죄 용서의 자격을 가진 자는 예수님 한 분밖에 없습니다. 하나님 곁에 서 계시는 예수님밖에 없습니다. 이 다섯 가지 조건을 예수님만이 다 갖추고 계십니다.

• 죄 용서 이후

그래서 예수님은 그 여인을 보고 "네 죄 사함을 받았느니라"고 말씀하신 것입니다. 물론 주변에 있는 사람들은 "이가 누구이기에 죄도 사하는가"(49절) 하고 의아해 할 정도로 예수님에 대해 잘 몰랐습니다. 그러나 예수님은 유일하게 죄를 용서할 수 있는 자격을 가지신 분입니다. 그분이 죄를 용서하면 모든 죄는 다 씻겨집니다. 그분이 한 번 용서하면 그것으로 끝납니다.

여러분 중에는 이 말이 거짓말처럼 들리는 분도 있을지 모릅니다.

죄 용서의 은혜는 실제로 체험해봐야 압니다. 죄 때문에 고통받고 괴로워하던 사람도 예수를 믿고 나서 자신의 죄를 다 고백한 후 하나님의 말씀을 통해 죄 용서를 확신하고 나면, 그다음부터는 마음이 기쁘고 가볍고 말로 형언할 수 없는 뭔가가 찾아옵니다. 이를 통해 내 죄가 용서받은 것이 확실함을 체험하게 됩니다.

만약 그럴만한 능력이 없는 용서라면 하나의 겉치레일 뿐 실제로 내게 아무런 영향도 미치지 않습니다. 그런데 하나님이 하시는 용서이기 때문에 당장 죄 씻음 받은 사람의 마음에 뭔가가 찾아옵니다. 달라지는 것이 있습니다. 어떤 사람은 병이 낫습니다. 어떤 사람은 새까맣던 얼굴이 하얘집니다. 어떤 사람은 잃어버린 웃음을 다시 찾습니다. 놀라운 일이 일어납니다.

여러분 가운데 주님 앞에 죄를 고백하고 싶은 분이 있습니까? 옆에 있는 형제에게 말할 필요가 없습니다. 마음으로 주님을 찾으십시오. '예수님, 내 마음을 고통스럽게 하는 죄를 아시죠? 내 양심의 아픔을 아시죠? 내가 지은 죄 때문에 천벌이 내리지 않을까 근심하며 공포에 떠는 나를 아시죠? 사람에게 말할 수 없는 나만 아는 죄, 내가 나를 용서할 수 없는 죄를 아시죠? 주님, 용서해 주십시오. 정말 주님이 나를 위해서 내 죄 때문에 십자가에서 죽으시고, 나를 죄에서 끌어내시기 위해 3일 만에 살아나신 하나님이라면 용서해 주십시오.' 이렇게 마음으로 기도하십시오.

그러면 예수님이 뭐라고 할까요? "이놈아, 그렇게 해서 용서받을 줄 아느냐?"라고 말씀하실까요? 천만에요. 예수님이 그 여인에게 하신 말씀을 떠올려보십시오. 주변 사람들은 아무도 몰랐지만, 여인은 예수님께 다가가 자기 죄를 마음으로 고백했을 것입니다. 그러자 마음을 보시는 예수님께서 묻지도 않고 "네 죄 사함을 받았느니라"고 말씀하신 것입니다.

이 시간 여러분에게도 예수님이 그 말씀을 하실 것 같습니까? 안 하실 것 같습니까? 분명 그 말씀을 하십니다. 여러분의 귀에는 안 들리겠지만, 영의 귀는 그 말을 알아들을 수 있습니다. 주님의 그 음성을 듣고 집에 돌아가 어떤 일이 일어나는지 보십시오. 마음에 어떤 변화가 일어나는지 지켜보십시오.

• 진짜 평화

예수님이 여인에게 주신 두 번째 선물은 평안입니다. 예수님은 여인에게 이렇게 말씀하셨습니다. "네 믿음이 너를 구원하였으니 평안히 가라"(50절). 죄를 용서받으면 제일 먼저 찾아오는 게 마음의 평안이 아닌가 생각합니다. 죄가 내 마음을 괴롭힐 때는 고독과 번민이 떠나지 않았습니다.

어느 대학 교수가 52,000명의 미국인을 대상으로 조사한 결과에 의하면, 여자가 남자보다 고독과 고뇌를 많이 느낀다고 합니다. 그 가운데 43퍼센트에 해당하는 여성들이 가장 큰 마음의 고통으로 고독을 꼽았습니다. 고독이 무엇입니까? 마음에 평안이 없는 상태입니다. 마음에 평안을 잃어버린 사람들은 공허하고 고독하고 초조해합니다. 이런 상황을 벗어나기 위해 어떤 사람은 즐기는 일에 하루를 보내고 한 해를 보냅니다. 또 어떤 사람은 돈 버는 일에 정신없이 뛰어듭니다. 그런가 하면 어떤 사람은 명예욕을 사로잡혀 밤낮없이 뛰어다닙니다. 저마다 마음에 평안이 없는 상태를 메우려고 노력합니다.

한 잡지에 재미있는 광고 문안이 있어서 적어 왔습니다. 한번 들어보십시오. "우연히 거울에 비친 자신의 모습에서 차 한 잔을 마주하고 혼자만의 시간에 들면 문득 나 자신 남은 것 하나 없이 삭막하고 쓸쓸한 느낌으로 스스로 고독해지곤 하는 나" "새봄의 길목에 선 여자, 가슴부터 따스해지고 싶은 그런 여자, 그녀를 위한 니트 패션" 광고라는 게 한편으론 허황하면서도 묘한 설득력을 갖고 있습니다. 니트 패션이 뭔지 모르겠지만, 거울 앞에서 고독을 느끼는 여자가 고급 옷을 사 입는다고 해서, 니트 패션의 옷을 입는다고 해서 고독이 물러갈까요? 마음에 평안이 올까요?

한번은 아내가 전도하기 위해 아파트에 사는 40대 주부를 찾아갔습니다. 그분에겐 애완견 두 마리가 있는데, '애' 또는 '애들'이라고 부르며 애지중지 키우고 있었습니다. 전도를 시작하자 그분은 결혼 전까지만 해도 교회 생활을 열심히 했다고 털어놓았습니다. 그런데 결혼하고 나서 전혀 교회에 못 나가고 있었습니다.

이유인즉슨 '애들', 즉 애완견 때문이었습니다. 애완견 두 마리가 어찌나 짖어대는지 같은 동에 사는 아파트 주민들이 시끄럽다고 해서, 낮에는 이 애들을 꼭 껴안고 집을 지키는 것입니다. 그러다 보니 낮에는 외출도 어려운데, 그냥 이 애들을 양쪽에 안고 있으면 마음이 편안해진다는 것입니다. 답답한 마음에 아내는 예수 믿고 구원받는 것과 애완견 중 하나를 선택한다면 무얼 택하겠느냐고 물었다고 합니다. 마음속 공허가 얼마나 심하면 애완견을 꼭 끌어안고 그 속에서 평안을 누린다고 말할까요? 이것이 현대인의 모습입니다.

우리가 꼭 명심해야 할 사실은, 가출한 아이가 마음에 평안을 얻으려면 부모 품에 돌아와야 한다는 점입니다. 우리 역시 마음에 평안을 얻으려면 하나님의 품으로 돌아와야 합니다. 그분이 우리의 창조자요, 우리의 아버지요, 우리를 보호하시는 분이요, 우리가 가진 모든 것의 주인이기에 그분의 품에 돌아왔을 때 비로소 마음에 평안을 얻을 수 있습니다.

그러면 어떻게 돌아올 수 있습니까? 예수님을 통해서 내 죄 사함을 받아야 합니다. 그리고 하나님의 품에 안기면 내 마음에 평안이 용솟음치는 새로운 삶을 맛보게 됩니다. 애완견을 품에 안고 느끼는 평안은 거짓 평안입니다. 아무리 고급스러운 옷을 입고 마음이 평안한 것처럼 으스대도 그것은 거짓말입니다. 하나님의 품에 돌아와 안길 때 비로소 마음에 고요한 평화가 찾아옵니다.

찬송가에 보면 참 멋있는 가사가 있습니다. 410장(구 468장) 3절과 4절 가사를 읽어드릴 텐데 잘 들어보십시오.

나 주님께 영광 돌려 참 평화가 넘치도다 주 하나님 은혜로써 이 평화

누리도다

이 평화를 얻으려고 주 앞으로 나아갈 때 주 예수님 우리에게 이 평화 주시도다

(후렴) 평화 평화 하나님 주신 선물 그 놀라운 주의 평화 하나님 선물 일세

하나님이 주시는 평화라야 진짜 평화입니다. 예수 믿으면 이런 평안이 우리 마음을 사로잡습니다. 예수님 앞에 나오는 사람은 죄 사함을 받은 다음, 이 평화를 선물로 받습니다. 이 시간에 여러분도 이 평화를 꼭 얻으시길 바랍니다.

- 심판을 믿습니까?

제가 여러분에게 한번 묻겠습니다. 교회에 처음 나오신 분, 아직도 예수를 안 믿으시는 분에게 묻습니다. 여러분 생각에 앞으로 얼마나 더 살 것 같습니까? 50년이 지나면 아마 우리 가운데 살아남을 사람이 거의 없을 것입니다. 50년 후에 누가 이 자리에 앉아 있을까요? 그때 되면 이 자리에 아무도 없습니다. 또 한 가지 묻겠습니다. 그다음 어떻게 하시겠습니까? 어디로 가시겠습니까? 아마 한 번도 생각해 보지 못했을 것입니다. 지금 사는 것도 머리 아픈데 굳이 50년 후까지 생각해야 하느냐고 반문할 것입니다. 그러나 넉넉히 잡아서 50

년 후인지, 5년 후 이 가운데 몇 명이 없어질지 모릅니다. 아무도 모릅니다.

구원이 무엇입니까? 아침 안개 같고 들의 풀 같은 이 한 생이 끝난 다음, 하나님이 우리에게 주시는 너무나 행복하고 황홀하고 의롭고 아름다운 영원한 생명이 있습니다. 이것이 구원입니다. 그 여인은 예수님을 찾아와 구원을 얻었습니다. 구원이 무엇입니까? "한 번 죽는 것은 사람에게 정해진 것이요 그 후에는 심판이 있으리니"(히 9:27). 이 말씀처럼 예수 안 믿고 이 세상을 살다가 죽으면 심판이 기다리고 있습니다. 이 말을 거짓말로 듣지 마십시오. 거짓말이 아닙니다. 전 세계 23억의 크리스천들이 믿는 하나의 위대한 진리는 심판에 관한 것입니다. 이 많은 크리스천들이 믿고 있는 심판을 거짓말이라고 생각합니까?

이 세상에서 많은 사람들을 해치고, 많은 사람들의 가슴에 한을 품게 한 죄인들이 있다고 합시다. 그들이 죽을 때까지 고통 한 번 느끼지 않고 살다가 죽어서도 아무런 심판 없이 그것으로 끝난다면 마음이 후련하겠습니까? 세상이 그렇게 돌아가야 정상이라고 생각합니까? 의롭게 살고자 애쓰고 정직하게 일하는 사람은 이 세상에서 가난을 면치 못하고 고생만 하다가 끝나는 일이 많습니다.

그 사람들이 억울하게 세상을 떠나도, 이후에 아무것도 없다고 생각합니까? 그런 사고방식이 어떻게 여러분의 마음을 편안하게 할 수 있겠습니까? 전혀 그렇지 않습니다. 죽음 이후에 하나님의 심판이 기다리고 있습니다. 이 심판은 무서운 심판입니다. 한번 들어가면 다시는 돌이킬 수 없습니다. 그러한 심판에서 구원받는 것이 바로 예수님이 말씀하는 구원입니다. 여러분은 그 심판에 대해 어떻게 대비하고 있습니까?

• 왜 믿지 못합니까?

제가 잘 아는 유명한 목사님께 들은 이야기입니다. 목사로서 사역하다 보면 임종이 가까운 사람들을 자주 만나게 되는데, 한번은 예수를 잘 믿는 분의 임종을 지켜보게 되었다고 합니다. 그런데 죽을 때 보니까 그분의 믿음이 헛것이더라는 것입니다. 그렇지 않고서야 죽을 때 그렇게 겁을 먹고 벌벌 떨며 소리 지르지는 않는다는 것입니다. 왜 소리를 지릅니까? 죄를 용서받지 못한 사람이기 때문입니다. 자기를 인도할 구원자를 못 찾았기 때문입니다. 그러나 이미 때는 늦었습니다.

죽음이 임박한 사람들을 자주 보는 사람은 이것만은 분명히 확신합니다. 인생은 숨이 끊어지는 것으로 끝나지 않는다는 것입니다. '그다음 세계가 있다. 그 세계는 선악을 갈라놓는 심판이 기다리고 있다'는 것을 분명히 인지하고 있습니다.

전 아직도 이해하지 못하는 게 있습니다. 예수님께서 "죄를 용서해 주겠다. 마음에 평안을 주겠다. 죽으면 영원한 나라에 들여 보내 주겠다"고 하는데도 왜 싫다고 합니까? 기분이 언짢아도 잘 들어 보십시오. 여러분의 마음에 있는 어떤 죄의식을 깨끗이 고쳐 주겠다고 해도 왜 마다합니까? 돈을 달라는 것도 아니고 오히려 평안을 주겠다는데 왜 싫다고 합니까? 여러분이 해결하지 못하는 영원한 나라의 문제, 즉 영원히 사는 축복을 믿기만 하면 주겠다고 하는데도 왜 거절합니까? 믿는데 무슨 돈이 들어갑니까? 밑천이 들어갑니까? 예수님을 나의 주님, 나의 구원자로 믿으면 되는데 왜 믿지 못합니까? 주님만이 내 죄를 용서하실 분이요, 나를 하나님 나라로 인도하실 분이라는 이 믿음 하나면 된다는데 왜 안 믿습니까?

• 거절해선 안 됩니다

최근에 저는 매우 충격적인 이야기를 들었는데, 얼마나 가슴이 답답하던지 가끔 숨이 막힐 정도였습니다. 제가 잘 아는 분의 친구 가정 이야기입니다. 그 집은 아들만 있는 집안인데, 딸을 키우고 싶어 다섯 살 된 여자아이를 입양했다고 합니다. 아이가 얼마나 예쁘고 성격도 좋은지, 그 아내분은 이런 딸이라면 한 명 더 키울 수도 있겠다고 생각할 정도였습니다. 그뿐만 아니라 나 같이 못난 사람이 딸을 키우면서 얼마나 변했는지 모른다고 말할 만큼 딸의 성격에 감동했다고 합니다. 고3인 딸은 그때까지도 자신이 입양된 사실을 전혀 몰랐습니다. 하루는 딸이 서점 가서 책을 사야 한다며 돈 좀 달라고 했습니다. 평소 돈을 달라거나 뭘 해달라고 말한 적이 없었기에 엄마는 흔쾌히 돈을 주었다고 합니다.

그리고는 그날 일이 있어 비행기를 타고 부산에 내려갔다가 저녁이 되어 돌아오게 되었습니다. 그런데 그때까지도 딸이 집에 오지 않은 것입니다. 보통 대여섯 시쯤이면 집에 도착해 오빠들 저녁 식사를 준비해 놓고, 책상에서 자기 공부를 하는데 말입니다. 불길한 생각에 딸 친구들 집으로 전화를 돌렸습니다. 그러자 친구들은 수업을 마치고 책 사러 가자고 하는 걸 바빠서 같이 못 갔다며, 아직도 안 왔느냐고 되물었습니다. 그날 밤 사방으로 수소문하며 찾았지만, 딸은 돌아오지 않았습니다. 하루, 이틀, 사흘, 그리고 어느덧 한 달, 두 달이 지나도 소식이 없었습니다.

그로부터 1년쯤, 그 아버지의 친구가 어느 술집에서 딸 닮은 아이를 봤다며 한번 가보라고 하는 것이었습니다. 혼란스러운 마음을 진정하며 아버지는 술집을 찾아갔습니다. 그런데 아니나 다를까 그곳에 자기 딸이 있는 것입니다. "너 여기 웬일이냐? 얘야, 자초지종을 이야기해주렴. 어떻게 해서 여기 왔니? 갚아야 할 돈이 있니? 우리가 다 갚아 줄 테니 같이 돌아가자." 그러자 딸은 담배 연기를 뿜으면서 단번에 거절했습니다. "제 발로 걸어왔어요. 전 안 나갈래요. 제가 돌아가서 엄마, 아빠에게 무슨 유익이 있겠어요? 오빠들은 또 어떻고요? 저는 여기서 행복해요." "너 하루 얼마 버니?" "다 제하고 나면 7,000원 벌어요."

딸 뒤로 보이지 않는 마수의 세력이 얼마나 큰지 알 수 있지 않습니까? 자기 발로 걸어 들어왔다니, 그리고 행복하다니, 다시 안 돌아간다니 그게 말이 됩니까? 그러고 나서 그 부모는 그만 병이 났습니다.

이것이 오늘 우리 사회입니다. 한번 대답해 보십시오. 그 딸 아이가 지금 잘하는 것입니까, 잘못하는 것입니까? 집에 안 가겠다. 나는 내 인생 살 테니까 엄마, 아빠는 걱정하지 말라고 버티는 것이 잘하는 것입니까, 잘못하는 것입니까? 당연히 잘못하는 것입니다. 앞으로 2, 30년 후를 내다본다면 어떻게 그 생활을 지속할 수 있겠습니까? 엄마, 아빠를 만난 이상 차라리 이곳을 떠나려다 죽는 한이 있더라도 그 생활을 청산하는 것이 내가 사는 길이요, 엄마, 아빠를 위하는 길입니다. 그런데 지난 1년 동안 얼마나 자포자기를 했는지, 얼마나 절망을 했는지, 얼마나 세뇌를 당했는지 딸 아이는 완전히 딴사람이 되어버렸습니다. 부모가 볼 때 얼마나 답답한 일입니까?

하나님이 보실 때도 오늘 이런 사람들이 있습니다. 예수 안 믿고 그 자리에 있으면 이 딸 아이의 처지밖에 안 되는데도 나는 괜찮다고, 행복하다고, 이 생활로 만족한다고 하면서 안 믿으려고 합니다. 나중에 몇십 년 지나 생명이 끝나면, 또는 예수님이 재림하시면, 그 후에 자기에게 돌아올 운명이 얼마나 무섭고 끔찍한지 모릅니다. 더 늦기 전에 "주여, 날 구원해 주소서. 내가 이 자리에서 벗어나길 원합니다" 하고 주님 앞으로 달려와야 하지 않겠습니까? 왜 죄를 용서해 주겠다는데도 거부합니까? 왜 마음의 평안을 주시겠다고 하는데도 거부합니까?

지구는 얼마 남지 않았습니다. 자연환경은 계속 파괴되고 있습니다. 주님 오실 날은 점점 다가옵니다. 세상의 역사는 길지 않습니다. 종말을 향해 점점 다가가고 있습니다. 이 시간이 마지막 기회입니다. 믿음만 가지면 됩니다. "주여, 내가 믿겠습니다" 하고 고백하십시오. 믿음만 가지면 죄도 씻어 주시고, 평안도 주시고, 하나님 나라에서 영원히 사는 축복을 거저 주신다고 합니다. 거절하지 마십시오. 그것은 스스로 자기 무덤을 파는 일입니다.

05 다섯 번째 질문:
목숨을 잃으면 무슨 유익이 있습니까?
(막 8:36-37)

이미 우리 기억에서 사라진 지 오래된 한 사람의 이야기로 시작하겠습니다. 서양사를 공부하다 보면 한 번쯤 읽고 지나가는 인물이 있습니다. 곧 샤를마뉴(Charlemagne) 대제입니다. 지금으로부터 약 1,200년 전에 살았던 사람인 만큼 우리에게 큰 감동을 줄 만한 인물은 아닙니다.

하지만 당시 지금의 프랑스, 베네룩스 3국, 오스트리아, 스위스, 독일의 서쪽, 이탈리아 북쪽을 통일하여 기독교를 믿는 초강대국 나라로 만든 장본인입니다. 그는 '유럽의 아버지 왕'이라는 별칭이 붙을 정도로 유럽 역사에서 굉장히 중요한 인물입니다. 또한 10여 년 전 유럽 연합(EU)이 유로라는 공통적인 통화를 쓰고 출입국을 자유롭게 허용하면서, 유럽공동체의 이상을 맨 처음 이룬 인물로 재평가받기도 했습니다.

200여 년 전 이 황제의 무덤이 공개되었습니다. 다시 말해서 죽은 지 1,000년이 지난 사람의 무덤을 개봉한 것입니다. 그런데 발굴 작업을 하던 일꾼들이 무덤 안으로 들어가다가 소스라치게 놀랐습니다. 화려한 왕복을 입은 황제의 몸이 앉은 자세를 취하고 있는 게 아닙니까? 머리에는 왕관을 쓰고 왼손에는 홀을 쥐고 있었는데, 무릎 위에는 성경책이 펴져 있었습니다. 그의 오른 손가락이 가리키고 있는 성경 구절을 보니까 마가복음 8장 36절이었습니다. "사람이 만일 온 천하를 얻고도 자기 목숨을 잃으면 무엇이 유익하리요" 쉬운 말로 바꾸면 온 세상을 자기 손에 쥐고 흔들어도 죽으면 무슨 소용이 있느냐는 말입니다.

그는 그리스도를 믿는 신앙을 힘껏 전파하는 것이 그가 하나님께 받은 사명이라고 믿을 정도로 신앙이 좋았다고 합니다. 유럽을 정복하고 초강대국을 세운 그가 왜 이 성경 구절을 가리킨 채로 마지막 모습을 남겼을까요? 여기에 상당한 메시지가 담겨 있다고 생각합니다. 아무리 천하를 호령하는 군주라도 죽을 때는 아무것도 가지고 갈 수 없음을 후세에 전하기 위해서가 아닐까 생각합니다.

• 목숨보다 중요한 것

목숨만큼 소중한 것은 없습니다. 우리 목숨은 하나뿐입니다. 대용할 수도 없고, 빌려올 수도 없고, 그렇다고 새로 만들 수도 없는 하나밖에 없는 소중한 것이 바로 목숨입니다. 이런 말이 있습니다. "재물을 잃으면 내가 가진 것의 일부를 잃은 것이지만, 명예를 잃으면 내가 가진 것의 반을 잃은 것이지만, 건강을 잃으면 내가 가진 것의 전부를 잃어버리는 것이다." 다시 말해서 목숨을 잃으면 다 잃어버리는 것과 같습니다. 그만큼 우리에게 목숨은 중요합니다.

그래서 그런지 요즘 현대인들을 보면 최대의 관심사가 건강입니다. 얼마나 건강에 대해서 신경을 쓰는지 밤이고 낮이고 생각하는 게 건강인 것 같습니다. 건강에 좋다, 몸에 좋다 하면 무엇이든지 먹는 한국판 몬도가네(Mondo Cane) 현상을 곳곳에서 목격할 수 있습니다. 이것을 꼭 나쁘다고 말할 순 없지만, 사람들이 너무 건강에 집착하다 보니 이해할 수 없는 행동을 하게 되는 것 같습니다. 그래서 지난 몇 년 사이 우리나라 기업 가운데 급신장한 품목을 보면 건강식품을 빼놓을 수 없습니다. 1970년대만 해도 한국인의 기대수명은 62-63세에 불과했지만, 오늘날은 80세 전후로 늘어났습니다. 그만큼 건강에 신경을 쓰고 삶의 질이 높아졌다는 반증일 것입니다. 앞서 언급한 말씀을 다시 생각해 봅시다.

"사람이 만일 온 천하를 얻고도 자기 목숨을 잃으면 무엇이 유익하리요."(막 8:36).

예수님이 하신 이 말씀의 의미가 무엇일까요? 이 세상에서 목숨을 잃으면 다 소용없으니까 어떻게든 건강 조심해서 7, 80년 아니 90

년까지 살다 가라는 의미일까요? 만약 그렇다면 기독교는 속물 종교에 지나지 않습니다. 예수님이 말씀하신 것이 그런 의미라고 한다면, 이 자리에 와서 예수님의 말씀을 들을 필요가 없습니다. 건강에 이상만 없다면 거의 7, 80세까지 살 수 있는데, 굳이 여기까지 와서 한두 시간 동안 듣기 거북한 이야기를 들을 필요가 없습니다. 만약 그런 식으로 이 말씀을 해석한다면 기독교는 존재할 이유가 없습니다.

이 말씀의 의미는 바로 이것입니다. 목숨을 잃으면 세상에 있는 것을 다 잃는 것처럼, 구원을 놓치면 모든 것을 다 놓치게 된다는 의미입니다. 육신의 생명을 잃어버리면 땅에 있는 모든 것을 다 놓치고 마는 것처럼, 영원히 사는 영생을 소유하지 못하면 진정으로 얻어야 할 것을 놓치고 마는 가장 원통하고 비참한 존재가 된다는 의미입니다. 바로 앞 구절에 이 내용이 나옵니다.

> "누구든지 자기 목숨을 구원하고자 하면 잃을 것이요 누구든지 나와 복음을 위하여 자기 목숨을 잃으면 구원하리라"(막 8:35).

35절에서 주님이 말씀하시고자 하는 내용은 이것입니다. "영원히 사는 영생을 위해 7, 80년이라는 생을 버려야 한다면 아낌없이 버려라. 차라리 영생을 소유하는 사람이 되라"는 말입니다. "아무리 세상에서 잘 먹고 내 마음대로 7, 80년을 산다 해도 영원히 사는 생명을 놓쳐버리면, 그 사람은 모든 것을 놓치는 사람이 된다. 따라서 세상에서 목숨을 버리는 한이 있더라도 영생만은 버리지 않도록 해라"는 의미를 이 말씀에 담고 있는 것입니다.

우리에게 있어서 심각한 문제는 육신의 목숨을 잃으면 모든 것을 놓치는 줄 알면서도, 영원히 사는 영생을 얻지 못하면 진짜 모든 것을 놓치는 줄 모른다는 사실입니다. 사람의 수명은 평균 7, 80년입니다. 그 후로 몇십 년을 더 산다 해도 그것은 연명하는 수준이기에 큰 의미가 없습니다. 그러나 영생은 영원히 사는 것입니다. 어떤 게 더 중요합니까? 어떤 게 더 가치가 있습니까? 어떤 게 더 목숨을 걸만한 가치가 있다고 생각합니까?

하나님께서 여러분을 이 자리에 초대한 이유가 뭔지 아십니까? "7, 80년 동안의 생을 위해서 목숨을 걸지 말고 영원을 위해서 목숨을 거는 지혜로운 사람이 되라." 이 말씀을 하시기 위해서입니다. 사람이 잘 깨닫지 못하기 때문에 영원을 위해서 목숨을 거는 사람이 되라고 하나님이 여러분을 이 자리에 초대하셨습니다.

• 생명의 주인

이를 위해 다음 다섯 가지를 꼭 기억하고 마음에 담으시기를 바랍니다. 7, 80년 인생에 목숨을 걸기보다 영원히 사는 인생에 목숨을 거는 지혜롭고 복된 자가 되기 위해서 꼭 알아야 할 다섯 가지 사실입니다. 어렵지는 않지만 중요합니다. 무슨 새로운 말씀도 아닙니다. 하지만 여러분이 귀를 열고 이 말씀을 마음에 잘 담는다면, 영원을 소유하는 복된 사람이 될 것입니다.

첫 번째는 생명의 주인이 내가 아니고 하나님이라는 사실을 꼭 알아야 합니다. 하나님은 창조자입니다. 생명을 만드신 분이요. 생명을 보존하시는 분이요. 생명을 주관하시는 만유의 주가 되십니다. 이분이 하나님입니다. 우주와 그 가운데 있는 모든 만물을 창조하실 뿐만 아니라 인간에게 생명과 호흡을 허락하시는 분이 하나님입니다.

오늘날 현대인들이 어느 정도 살만해지고 의학이 발달하면서 수명이 길어지자, 생명의 주인 되신 하나님을 자기 생각에서 추방해버렸습니다. 이것이 서양인의 사고입니다. 즉 하나님이 필요 없다는 말입니다. 옛날 고대 사회의 사람들처럼 문명화되지 않은 사람들에게나 신이 필요하지, 오늘날의 현대인에게는 필요하지 않다는 것입니다. 그리고는 하나님의 존재를 자기 생각에서, 자신의 생활에서 추방해버렸습니다.

미국 유기 농업의 선구자였던 로데일(J.I.Rodale)이라는 사람이 있습니다. 그는 자연식품 애창자로 가공식품을 멀리하고 자연식을 하면서 사람들에게 건강을 과시하는 일에 한 생을 바쳤습니다. 그는 사망하기 몇 주 전, 「뉴욕타임스」와 가진 인터뷰에서 "내가 지금 72세인데, 설탕에 중독된 택시 운전사에게 치어 죽는 경우가 아니라면 100세까지 살 것"이라고 호언장담했습니다. 기사가 나간 후 TV 토크쇼에서도 인터뷰 요청이 들어왔습니다. 그런데 녹화 당일 자신의 인터뷰를 마친 후, 그곳에서 쓰러져 심장마비로 사망했습니다.

다시 한 번 묻습니다. 생명의 주인이 누구입니까? 하나님입니다.

좀 건강하다고요? 스스로 속지 마십시오. 생명은 내 것이 아닙니다. 이 사실을 우리가 깊이 명심해야 합니다.

• 목숨보다 중요한 것

두 번째로 목숨보다 더 중요한 것이 있다는 사실을 꼭 기억해야 합니다. 육신의 목숨보다 더 중요한 것이 있습니다. 그것이 무엇인지 아십니까? 영생입니다. 성경 원어로 말하면 '조에'(ζωη)인데, 이는 영원히 사는 생명을 말합니다. 목숨보다 더 중요한 것 영생입니다. 이 생명은 절대 아프지 않습니다. 늙지도, 죽지도 않습니다. 하나님과 함께 영원히 사는 생명입니다. 생명의 주인이신 하나님과 아름다운 교제를 나누며 영원토록 사는 생명입니다.

만일 영생이 있다는 것을 여러분이 인정한다면, 그다음 문제는 쉽게 풀립니다. 예수님이 우리에게 이런 약속을 하셨습니다.

"내가 그들에게 영생을 주노니 영원히 멸망하지 아니할 것이요"(요 10:28).

영생이 있다는 사실을 알아야 합니다. 현대인들은 오만이 머리끝까지 가득 차 있습니다. 생명공학이 급속도로 발전하면서 복제를 통해 영생도 가능하다고 서슴없이 내뱉습니다. 이에 하나님께서 무엇이라고 말씀합니까?

"너는 흙이니 흙으로 돌아갈 것이니라"(창 3:19).

이 명령에 거역하여 수명이 다해도 죽지 않고 지금까지 살아있는 사람이 있습니까? 아무도 없습니다. 지금도 우리나라는 하루 평균 650명 이상의 사람들이 죽고 있습니다. 전 세계적으로도 하루에 수십만 명이 죽습니다. 죽음 앞에 거역할 사람은 아무도 없습니다.

"모든 육체는 풀이요 그의 모든 아름다움은 들의 꽃과 같으니"(사 40:6).

모든 인간은 잠시 파랗게 돋아난 들풀처럼 살다 갑니다. 그중에는 아름다운 꽃을 피우는 풀처럼 화려하게 성공한 사람도 있고, 명예와 부귀를 누리다 가는 사람도 있습니다. 하지만 모든 인간은 아침에 피었다가 저녁이 되면 지는 풀의 꽃과 같다고 주님은 말씀하십니다. 그 명령과 자연법칙을 어기고 꽃처럼 화려한 인생을 영원히 사는 사람이 어디 있습니까? 아무도 없습니다.

저처럼 인생의 가을을 맞게 되면, 인생이 얼마나 덧없고 허무한가를 날마다 느낄 것입니다. 인간은 아무것도 아닙니다. 한때 아름다웠던 여인도 별수 없습니다. 그때는 정신없이 따라다녔지만, 지금 생각하면 왜 그랬나 하는 생각이 들지 않습니까? 인생이란 게 정말 허무하기 짝이 없습니다. 한때 크게 성공하여 하늘의 새라도 떨어뜨릴 정도로 천하를 호령하던 사람이 지금 어디 있습니까? 사람들 앞에서 한껏 우쭐거리게 했던 그 많은 재산이 그를 얼마나 행복하게 하던가요? 인생은 아무것도 아닙니다.

하나님이 우리를 만드실 때는 아침에 피었다가 저녁에 지는 꽃처럼 잠시 7, 80년의 인생을 살다 가도록 우리를 만든 것이 아닙니다. 하나님은 우리를 자기 형상으로 만드셨다고 하셨습니다. 자기 형상으로 만들었다는 것은 우리 얼굴에 있는 코가 하나님에게도 있고, 하나님에게 있는 귀가 우리에게도 있다는 의미가 아닙니다.

하나님의 형상 중 가장 중요한 것은 영생입니다. 영원히 사는 것입니다. 하나님에게는 죽음이 없습니다. 그 영원한 생명을 우리에게 주셨다는 말입니다. 그러므로 우리의 존재는 7, 80년 살다가 영원히 사라지는 존재가 아닙니다. 반대로 영원히 살기 위해서 만들어진 존재입니다. 하나님이 우리를 그렇게 만드셨습니다. 그러므로 우리는 영원히 살기 위해서 지금 세상을 사는 것입니다.

어느 것이 중요합니까? 잠깐 있다가 가는 세상의 생명입니까? 아니면 하나님과 더불어 영원히 사는 생명입니까? 당연히 후자가 더 중요합니다. 그런데 왜 사람들은 이 사실을 모르는 걸까요? 왜 사람들은 이 이야기를 해도 받아들이려 하지 않는 걸까요? 왜 부인하고, 반대하고, 비판하는 걸까요? 이상하지 않습니까? 이렇게 좋은 이야기, 중요한 이야기를 하면 할수록 사람들은 오히려 바보 취급하고 달려듭니다. 무엇이 잘못돼도 한참 잘못된 것입니다. 목숨보다 더 중요한 것이 있다는 사실을 꼭 기억하십시오.

• 힘으로 얻을 수 없다

세 번째로 목숨보다도 더 중요한 이 영생은 우리 힘으로 얻을 수 없다는 사실을 꼭 알아야 합니다. 우리 힘으로는 얻지 못합니다. 왜 그런지 아십니까? 이미 놓쳤기 때문입니다. 우리 손에서 떠났습니다. 우리 조상 아담과 하와가 죄를 지으면서 우리 역시 함께 죄를 범했습니다. 우리 조상 아담과 하와가 죄를 범할 때 우리는 그의 허리에 있었다고 말씀합니다. 아담과 하와는 인류를 대표하는 존재입니다. 따라서 그런 대표성을 지닌 자가 죄를 범하고 하나님께 저주를 받아 영생에서 추방됨으로 우리도 같은 운명에 처하게 된 것입니다.

예를 하나 들어보겠습니다. 알다시피 제가 옥씨(玉氏)입니다. 물론 우리 집안은 왕씨(王氏) 후손이 아니라고 생각됩니다만, 고려 말 개성 왕씨(開城王氏)가 이성계의 탄압을 피해 점을 하나 찍어 옥씨로 변성했다고 전해 내려옵니다.

그런데 만약 제가 왕씨 가문의 자녀로 태어났다고 합시다. 고려 시대에는 왕족이었을지 모르지만, 이씨 조선 시대에는 상놈이 됩니다. 상놈 신분으로 1, 20년 정도 지났다면 아직 왕족 핏줄이 남아있을 수 있겠지만, 500년을 넘어 제가 태어날 때까지 거슬러 내려오면 저는 완전 상놈이 됩니다. 제가 잘못한 것이라도 있습니까? 이성계에게 제가 무슨 잘못을 했겠습니까? 그런데도 옥씨 집안에 태어났기 때문에 상놈이 된 것입니다. 저로선 달리 빠져나갈 방법이 없습니다. 제 의사와 상관없이 연루되었기 때문입니다. 거역하거나 부인할 수 있는 상황이 아닙니다.

　마치 인류의 대표인 아담과 하와가 하나님을 거역하고 죄를 범해 아직 태어나지도 않은 나까지 그 범죄에 연루된 것과 같은 식입니다. 그래서 우리 모두 죄인으로 태어났습니다. 물론 여러분은 무슨 말 같지도 않은 이야기냐고 반문할지 모르지만, 우리가 죄인이라는 사실은 거역할 수 없습니다.

　다른 예를 한 가지 더 들겠습니다. 요즘 젊은 엄마들을 보면 태교에 얼마나 공을 들이는지 모릅니다. 태교를 잘한다고 해서 아이가 성자로 태어나는 건 아닙니다. 그래도 태아를 위해 날마다 고상한 클래식 음악을 듣고, 유명한 성인들의 말씀이 적힌 책을 읽고, 좋지 않은 소리는 듣지도 말하지도 않으려고 조심합니다. 이렇게 열과 성을 다해 태교하면 뭔가 달라도 달라야 할 것입니다.

　그리고 10개월 후 출산하여 아이를 키웁니다. 3년쯤 지나면 아이가 자기 의견을 조금씩 표현합니다. 싫으면 고개를 가로 젓고, 좋으면 환호합니다. 그런데 좀 더 지나면 이 아이가 옆에 있는 자기 언니나 동생을 때립니까, 안 때립니까? 때립니다. 그러다 다섯 살쯤 되면 거짓말을 합니까, 안 합니까? 합니다. 도대체 태교를 어떻게 했길래 거짓말을 합니까? 욕은 또 언제 배웠는지 욕도 합니다. 이것을 놓고도 사람이 죄인이 아니라고 할 수 있습니까? 결코 부인할 수 없습니다.

　우리가 죄인인 또 하나의 이유가 있습니다. 하나님은 우리가 죄인이기 때문에 우리를 향해 흙으로 돌아가라고 말씀하셨습니다. 따라서 죽는 것을 보면 죄인이라는 것을 알 수 있습니다. 죄인이 아니라면 절대 죽지 않습니다. 아담과 하와만 죽으면 됐지 내가 왜 죽습니까? 죄인이기 때문에 죽는 것입니다. 이렇게 우리는 죄인이 되었고, 그 결과 영생을 잃게 되었습니다. 내 힘으로는 이 영생을 도로 찾을 수 없습니다. 영생을 얻는 길은 사망으로 차단되었습니다. 성경에 보면 죄를 범한 아담과 하와가 에덴동산에서 쫓겨나자마자 다시는 들어오지 못하도록 하나님께서 천사를 보내 지키도록 했다고 나옵니다.

그래서 한번 죽는 것은 사람에게 정해진 것이고, 그 후에는 심판이 있다고 말씀하셨습니다. 우리 모두 죽습니다. 그다음에는 우리의 죗값을 담당해야 할 무서운 심판이 기다리고 있을 뿐입니다. 이것이 우리의 운명입니다. 이런 이유로 우리는 얻고 싶어도 영원히 사는 영생을 자기 힘으로 얻을 수 없습니다. 내 노력으로는 절대로 얻지 못합니다. 법당에 앉아 평생 도를 닦는 스님이라 할지라도 불가능합니다. 성철 스님이 남긴 유명한 말이 있습니다. "산은 산이요, 물은 물이로다." 인간은 인간이고 죽음은 죽음이다, 즉 다 그게 그거라는 말입니다. 인간은 자기 힘으로 영생을 찾아갈 수 없습니다. 우리는 이 사실을 꼭 명심해야 합니다. 여러분이 아무리 선하다고 해도 불가능합니다. 여러분이 평생 공을 들였다 해도 불가능합니다. 영생은 이미 우리 손에서 떠났습니다.

• 하나님이 주셔야만

네 번째로 영생은 하나님이 주실 때 받을 수 있는 선물이라는 사실을 꼭 알아야 합니다. 우리 힘으로는 얻을 수 없지만, 하나님이 주시면 받을 수 있습니다. 그 이유는 영생이 하나님의 것이기 때문입니다. 하나님은 사랑이시기 때문에 죄를 범해 영생을 얻을 수 없는 인간을 보시며 늘 마음 아파하시고 괴로워하셨습니다. '어떻게 하면 저 인생을 다시 구원할 수 있을까? 7, 80년을 살다가 영원히 멸망할 수밖에 없는 저 인생을 어떻게 하면 나와 함께 영원히 사는 존재로 만들 수 있을까?' 하고 노심초사하셨습니다.

오늘 이 자리에 처음 나온 여러분을 보시며 가장 고민하는 분이 있다면 바로 하나님입니다. 하나님은 여러분이 가는 길을 훤히 알고 계시기에 잘못된 길로 가도록 내버려 두지 않으십니다. 그랬다간 다시 돌아오지 못할 수도 있기 때문입니다. 어떻게든 가던 길을 멈추고 하나님이 계신 곳으로 돌아오게 하려고 무척 고민하셨습니다.

하나님이 고민하셨다는 말이 이상하게 들릴지 모르겠지만, 실제로 고민하신 흔적이 성경 곳곳에 나타납니다. 어느 날 하나님은 자기 아들에게 말씀하셨습니다. "아무래도 안 되겠다. 사람들이 자기 힘으로 영생을 얻을 수 없으니 내가 비상수단을 동원해야겠어. 아들아, 나 대신 세상으로 가다오. 사람들의 모든 죄를 네가 대신 짊어지고 그들을 구원해다오." 하나님은 자기 아들에게 부탁하셨습니다.

그래서 예수님이 하나님의 아들로 세상에 오셨습니다. 오실 때는 하나님으로 오셨지만, 그의 모습은 우리와 똑같은 죄인의 모습, 인간의 모습으로 오셨습니다. 참사람이 되어 오셨습니다. 심지어 하나님의 아들임에도 마구간에서 태어나셨습니다. 천민이든, 죄인이든 누구든지 마음 놓고 접근할 수 있는 가장 평범한 존재로 이 땅에 오셨습니다. 심지어 괄시와 멸시마저 당할 수 있는 낮은 모습으로 세상에 오셨습니다.

그뿐만이 아닙니다. 죄의 삯은 사망이라는 말씀대로, 예수님은 우리의 죄를 대신 지기 위해서 인간이 만들어 낸 사형법 중 가장 비참하고 참혹한 십자가 형틀을 짊어지시고 그곳에 못 박혀 죽으셨습니다. 그분은 죄가 없으신 분입니다. 죄가 없으므로 우리 죄를 대신 담당할 수 있었습니다. 나면서부터 죄인인 우리의 신분을 대신 담당할 수 있었습니다. 이 세상에 태어나면서부터 입으로 범한 죄, 생각으로 범한 죄, 행동으로 범한 죄, 알고도 범한 죄, 모르고도 범한 죄 등 우리의 모든 범죄를 홀로 다 담당하시고 십자가에서 우리 대신 피 흘려 주신 것입니다. 이것이 예수님의 십자가 죽음입니다.

하나님은 예수님의 십자가 죽음을 보시고 마음에 우리의 모든 죄를 용서하시고 주 예수를 믿으라 그리하면 너와 네 집이 구원을 받으리라 하셨습니다. 예수님의 피는 죄가 없는 피이기 때문입니다. 예수님의 피는 깨끗한 보혈이기 때문입니다. 예수님은 죄가 없으므로 수십 수백억 되는 인간의 모든 죄를 혼자 다 담당할 수 있었습니다. 어떠한 죄라도 다 담당할 수 있었습니다. 그래서 하나님은 예수님의 십자가를 보시고 우리의 모든 죄를 기쁘게 용서해 주기로 작정하신 것입니다. 우리는 죄를 씻기 위해서 선한 일을 한 적도 없고, 내 죄를 용서받기 위해서 내 몸을 불태워 하나님께 드린 일도 없습니다. 그런데도 하나님은 십자가에서 흘린 예수님의 피, 즉 죽음을 보시고 나의 죄를 다 용서하기로 작정하신 것입니다.

그리고 예수님이 죽은 지 사흘 만에 하나님은 무덤을 열고 그를 일으키셨습니다. 아들이 죄 때문에 죽었습니다. 가만둘 수 있습니까? 하나님은 생명의 주인인데 예수님이 무덤에서 썩도록 내버려 둘 수 있습니까? 그럴 수 없습니다. 하나님은 그를 사흘 만에 일으키셨습니다. 무덤을 열고 부활하도록 하셨습니다.

그 결과 죄인이라는 미끼로 우리를 죽음으로 끌고 가던 악한 사탄의 권세를 짓밟으셨습니다. 우리를 죽음의 쇠사슬에서 풀어 주셨습니다. 하나님께서 이 일을 하셨습니다. 우리가 멸망 받은 것을 하나님이 오죽 싫어하셨으면, 자기 아들을 희생하면서까지 이런 비상수단을 쓰시겠습니까? 우리를 영원히 살도록 만들기 위해 하나님이 얼마나 고민하셨으면, 자기 아들을 죽음에 내놓겠습니까? 이것이 하나님의 사랑입니다. 가장 큰 위대한 사랑입니다. 진정한 사랑입니다. 나를 위해 자기 아들을 희생하신 사랑을 하나님은 우리를 위해 쏟아 주셨습니다. 그러므로 영생은 하나님이 우리에게 선물로 주실 때에만 받을 수 있습니다.

• 예수님을 믿어야만

다섯 번째로 우리가 영생을 얻으면 예수님을 믿어야 한다는 사실을 꼭 기억해야 합니다.

"주 예수를 믿으라 그리하면 너와 네 집이 구원을 받으리라"(행 16:31).

예수를 믿으면 너도 영생을 얻고 네 집도 영생을 얻을 것이라고 하나님께서 약속하셨습니다. 예수님을 믿어야 합니다. 예수님이 하나님의 아들이심을 믿어야 합니다. 예수님이 나를 위해 대신 십자가에서 죽으신 것을 믿어야 합니다. 예수님이 사흘 만에 부활하신 것을 믿어야 합니다. 예수님이 나로 하여금 하나님과 함께 살 수 있는 구원의 길을 활짝 열어 놓으신 것을 믿어야 합니다. 이것을 믿기만 하면 하나님이 우리에게 영생을 선물로 주십니다.

하나님은 우리의 신분을 묻지 않으십니다. 과거에 죄를 얼마나 많이 지었느냐 짓지 않았느냐를 따지지 않으십니다. 내가 예수를 믿기만 하면, 내가 성공자냐, 실패자냐 하는 것은 아무런 의미가 없습니다. 내 모든 죄가 용서받은 것을 믿고 예수님의 옷자락을 붙들기만 하면, 하나님은 주저하지 않으시고 나에게 영생을 선물로 주십니다.

우리에게는 영생이 있습니다. 우리는 이 땅의 삶만으로 모든 것이 끝나는 존재가 아닙니다. 하나님이 우리에게 영생을 주십니다. 예수를 믿기만 하면 이 영생을 주시겠다고 약속하셨습니다. 뒤를 돌아보지 마십시오. 핑계대지 마십시오. 눈치 보지 마십시오. 땅에 있는 것에 미련을 갖지 마십시오. 다만 믿으십시오. 믿기만 하면 영생을 얻습니다.

2001년 9·11테러로 세계무역센터(WTC)가 붕괴될 당시 실제로 있었던 이야기를 들려드리겠습니다. 미국 사람들이 80 몇 층에서부터 비상계단을 통해 탈출할 때 한 시간가량 걸렸다고 합니다. 중간에 장애인들을 배려하면서 서두르지 않고 질서정연하게 대피했기 때문입니다. 그런데 한 사무실에 근무하던 직원들이 같이 빠져나와 한참 계단을 내려가는데, 그중 한 명이 다시 올라가야겠다는 것이었습니다. 왜 그러냐고 물어보니 지갑을 두고 나왔다는 것입니다. 황당해서 여러분 지금 웃으시죠? 그래도 지금 위험하니까 내려가자고 했지만, 동료의 만류를 뿌리치고 혼자 다시 올라갔다고 합니다. 그런데 얼마 지나지 않아 빌딩이 무너지면서 함께 사라졌습니다.

인간적으로 생각하면 얼마나 어리석은 사람입니까? 지갑보다 더 중요한 게 목숨 아닙니까? 오늘 우리도 이런 바보 같은 짓을 할 수 있습니다. 우리에게 중요한 것은 영생입니다. 믿기만 하면 영생을 주신다고 하는데도 이런저런 이유로 머뭇거리다가는 결국 기회를 놓치고 마는 불행한 사람들이 너무나 많습니다.

그 빌딩이 붕괴되기 직전, 100여 층 되는 곳에서 창밖으로 보자기를 흔들던 사람을 방송에서 보셨을 것입니다. 그 사람은 살아날 수 있는 모든 길이 차단된 사람입니다. 나갈 수도 구조될 수도 없었습니다. 그럼에도 계속 구조 요청을 하다가 빌딩이 내려앉으면서 함께 영원히 사라져 버렸습니다.

이 사람은 기회를 놓친 사람입니다. 여러분도 믿으라고 할 때 믿어야 합니다. 기회는 날마다 있지 않습니다. 영원히 기회를 주시는 것이 아닙니다. 기회는 한 번입니다. 여러분이 이 자리에 오신 것은 하나님이 여러분에게 영생의 기회를 주시기 위함입니다. 예수님을 믿으면 됩니다. 믿기만 하면 됩니다. 믿으면 하나님이 주시는 선물을 받을 수 있습니다. 그러면 우리는 영원히 사는 아름다운 하나님의 자녀가 됩니다. '다음에 믿으면 되지' 하고 기회를 놓치면 나중에 보자기를 흔드는 사람처럼 될 수 있습니다. 그때는 영원히 영생을 얻을 수 없습니다.

"누구든지 자기 목숨을 구원하고자 하면 잃을 것이요 누구든지 나와 복음을 위하여 자기 목숨을 잃으면 구원하리라"
(막 8:35).

PART
2

들어야 할 복음 :
예수를 이야기하다

나를 사랑하여 나 대신 자기 생명을 주신 예수님,
3일 만에 살아나셔서 어리석은 우리를 하나님 앞으로 인도해주시는 예수님,
이 예수님을 마음을 활짝 열고 붙드십시오.
그러면 하나님께서 여러분을 안아 주실 것입니다.

제 2부_ 들어야할복음 : 예수를 이야기하다

01
사람이 되신 예수 그리스도
(눅 2:8-14)

세상을 살다가 갑자기 인생에 대해 허무감이 들면 어떤 탈출구를 통해 빠져나갑니까? 우리 가운데 인생의 허무를 한 번도 느끼지 않는 분이 있다면 조금 문제가 있다고 생각합니다. 잘 살든 못 살든, 성공했든 실패했든, 가정이 행복하든 불행하든 인생에 대해 전혀 허무를 느끼지 않는다면 문제가 있습니다. 그러나 백에 아흔아홉은 예외 없이 인생의 허무를 느낍니다.

셰익스피어는 인생에 대해 걸어가는 그림자요, 무대 위에서 제 시간을 때우고 나면 사라져버리는 초라한 배우라고 말한 바 있습니다. 왜 이렇게 이야기하는지 우리는 충분히 공감할 수 있습니다. 인생의 밑바닥에는 이러한 허무감이 짙게 깔려 있기 때문입니다. 이런 허무감이 여러분 앞에 놓여있을 때, 주로 누구를 찾습니까? 허무에서 벗어나고자 어떤 문을 향해 달려나갑니까? 이것은 우리에게 중요한 질문입니다. 누구라도 세상을 살면서 공포나 불안이 전혀 없다는 거짓말은 못 할 것입니다.

독일의 한 갤럽 조사에서 대학생들을 상대로 인생을 산다는 것에 대해 어떻게 느끼는지 질문했다고 합니다. 그러자 60퍼센트에 해당하는 학생들이 공포감을 느낀다고 답했습니다. 여러분은 공포를 느낄 때 누구를 찾습니까? 저는 여러분이 전혀 죄가 없는 사람이라고 보지 않습니다. 누구도 예외 없이 인간의 밑바닥에는 죄에 대한 불안과 가책이 있습니다.

• 일시적인 탈출구

죄에 대해 어떤 가책이나 불안도 못 느낀다면, 그 사람은 영적으로 어두운 사람이라고 할 수 있습니다. 어느 정도 영성이 있는 분들은 자기 죄를 압니다. 다른 사람은 모르지만 자기가 아는 죄가 있습니다. 남편은 모르지만 아내만 아는 죄가 있고, 아내는 모르지만 남편만 아는 죄가 있습니다. 잠을 자다가도 갑자기 생각나 자기도 모르게 신음하는 죄가 있습니다.

죄책감이 생길 때 여러분은 누구를 찾습니까? 누가 여러분을 구원해 줍니까? 사랑하는 친구가 갑자기 죽는 모습을 볼 때, 나이가 들면서 주변에 있는 사람들이 하나둘 쓰러지는 것을 볼 때, 죽음은 더는 나와 무관한 일이 아닙니다. 죽음 앞에서 여러분을 구원할 자가 누구입니까? 죽음의 공포에서 벗어나는 길은 어디에 있습니까? 당신이 이런 일을 만날 때 누구를 찾습니까? 당신이 노크하는 문은 어느 문입니까? 그냥 적당히 시간 보내면서 잊어버리려고 합니까? 아니면 모든 고통스러운 생각을 떨쳐버리기 위해 자기 나름대로 취미를 살려서 시간을 보내고 있습니까? 만일 그렇게 해서 모든 문제가 해결된다면 다행이지만, 그렇지 않다면 바보 같은 일입니다.

오늘 여러분을 이 자리에 초청한 이유가 있습니다. 인생이 허무하다고 느낄 때, 여러분이 찾아야 할 사람이 누군지 가르쳐 드리기 위해서입니다. 죽음의 공포 앞에서, 인생의 불안 앞에서, 죄로 인한 가책 앞에서 몸부림칠 때, 여러분이 두드려야 할 문이 어디 있는지 보여드리기 위해 이 자리에 모신 것입니다.

이와 관련하여 인간은 다 똑같은 문제를 안고 있습니다. 이와 같은 문제를 안고 있는 인간에게 해결책이 무엇이냐, 우리를 구원해 줄 자가 누구냐 하는 데 대해서는 사람에 따라 견해 차이가 있습니다. 대부분의 사람들은 구원자가 세상 안에 있다고 생각합니다. 나를 죄책감에서 구원해 줄 사람이 세상 사람 가운데 있다고 생각합니다. 나를 공포에서 조금이라도 막아줄 수 있는 사람이 세상에 존재한다고 생각합니다. 즉 인간 가운데 어떤 종교가나 위인, 철학자가 이 문제를 해결해 줄 수 있다고 은근히 기대한다는 말입니다. 그래서 미신이나 우상숭배에 빠지기도 하고, 또는 자기 나름대로 돌파구를 찾으려고 몸부림치기도 합니다.

그러나 한 가지 알아 두십시오. 하나님은 우리에게 그렇게 말씀하시지 않습니다. 오히려 "인간 안에서는 너희를 구원할 자가 한 사람도 없다. 세상에서는 우리를 구원할 구원자가 절대로 태어나지 않는다"고 말씀하십니다. 다시 말하면 "사람 중에는 우리를 구원할 어떤 구원자도 있을 수 없다"고 가르쳐주십니다. 복잡한 문제들에 대해 철학이 우리에게 도움이 되기도 있고, 큰 부처 앞에 가서 손을 합장하고 엎드리면 마음에 위로가 되기도 합니다. 또 여러분이 믿는 어떤 미신을 통해서 무언가 위로의 말을 들을 때에 마음이 진정될 수도 있습니다. 그러나 이 모든 것은 아스피린입니다. 아스피린은 병을 근본적으로 치료하지 못합니다.

• 예수님만이 구원자이다

본래 인간은 자기를 구원할 구원자 하나님을 찾는 강한 본능이 있습니다. 보육원에 가보십시오. 갓난아기일 때는 아무것도 모르지만, 서너 살이 되면 자기도 모르게 엄마, 아빠를 찾는 본능이 생깁니다. 하지만 엄마, 아빠가 누군지를 알 수가 없습니다. 그래서 사랑을 베풀어주는 여자를 보면 엄마로 여기고, 좀 잘해주는 남자를 보면 아빠로 생각합니다. 그러나 분명히 그 아이들은 잘못 본 것입니다. 스스로 착각한 것입니다. 인간이 우상을 찾습니까, 미신을 찾습니까, 종교를 찾습니까, 철학을 찾습니까? 진짜 하나님을 발견할 수 없으니까 잠시 다른 것을 붙들고 하나님으로 여길 뿐, 그것이 진짜 하나님은 아닙니다. 인간은 자기 스스로 하나님을 찾을 수도 없고, 구원자를 찾을 수도 없기 때문입니다. 그 이유가 뭔지 아십니까?

"기록된 바 의인은 없나니 하나도 없으며 깨닫는 자도 없고 하나님을 찾는 자도 없고 다 치우쳐 함께 무익하게 되고 선을 행하는 자는 없나니 하나도 없도다"(롬 3:10-12).

공자든 맹자든, 여기에 서 있는 저든 앉아 있는 여러분이든 하나님의 눈에는 다 진리에서 떠나 쓸모없게 된 사람이요, 하나님을 깨닫지 못하는 사람이요, 선을 행하지도 못하는 사람이요, 완전히 구제 불능의 존재입니다. 세상에 태어난 어떤 인간이든 하나님의 눈에는 다 죄인이요, 구제 불능이요, 구원자가 필요한 사람이라면, 인간 안에서 무슨 구원자가 나올 수 있습니까? 그런데 사람들은 인간에게서 구원자가 나온다고 생각합니다. 세상에 구원자가 있다고 생각합니다. 기독교는 이것을 우선으로 깨뜨립니다. 그러면 구원자가 어디에서 올 수 있습니까? 구원자는 세상 밖에서 와야 합니다. 인간이 아닌 존재에게서 와야 합니다. 이것이 가장 중요한 명제입니다.

가령 비행기를 타고 가다가 태평양에서 추락했다고 합시다. 간신히 구명보트에 의지해서 구원자를 기다리는 상황이라고 할 때, 함께 태평양에 빠진 사람들이 여러분을 구원해 줄 수 있습니까? 똑같은 신세인데 누가 누구를 구원합니까? 그렇다면 구원은 어디에서 옵니까? 밖에서 와야 합니다. 헬리콥터든, 구조선이든 밖에서 구조 인력이 와야 합니다. 같이 추락한 사람들은 서로를 구원하지 못합니다. 우리는 모두 하나님에게 죄인이요, 구제 불능의 존재이기 때문에 구원자는 세상 안에서 나오는 것이 아니라 세상 밖에서 와야 합니다. 밖에서 오신 구원자가 누군지 압니까? 예수 그리스도입니다.

바로 이것이 예수와 석가모니의 차이입니다. 예수와 마호메트의 차이입니다. 석가모니는 사람 중 하나요, 마호메트도 인간 중 하나입니다. 석가모니든, 마호메트든 부모로부터 태어났고 잘못을 저지르기도 했습니다. 인간은 다 똑같습니다. 다만 우리보다 좀 더 똑똑했고, 좀 더 깨달은 것이 많았을 뿐입니다. 그들은 결코 우리의 구원자가 될 수 없습니다. 그러나 예수는 다릅니다. 예수님은 밖에서 오신 분입니다.

• 사람의 몸으로 오시다

예수 그리스도는 인간을 찾아오신 구원자입니다. 다음 구절은 예수님이 이 세상에 태어나실 때의 상황을 기록한 이야기입니다.

"그 지역에 목자들이 밤에 밖에서 자기 양 떼를 지키더니 주의 사자가 곁에 서고 주의 영광이 그들을 두루 비추매 크게 무서워하는지라 천사가 이르되 무서워하지 말라 보라 내가 온 백성에게 미칠 큰 기쁨의 좋은 소식을 너희에게 전하노라 오늘 다윗의 동네에 너희를 위하여 구주가 나셨으니 곧 그리스도 주시니라 너희가 가서 강보에 싸여 구유에 뉘어 있는 아기를 보리니 이것이 너희에게 표적이니라 하더니 홀연히 수많은 천군이 그 천사들과 함께 하나님을 찬송하여 이르되 지극히 높은 곳에서는 하나님께 영광이요 땅에서는 하나님이 기뻐하신 사람들 중에 평화로다 하니라"(눅 2:8-14).

예수님이 세상에 태어나신 이야기는 많이 들으셨을 것입니다. 그런데 예수님의 탄생에는 몇 가지 특징이 있습니다.

먼저 예수님의 탄생은 하나님이 사람의 몸을 입고 왔다는 점에서 다릅니다. 사람이 사람으로 태어난 것이 아니고, 하나님이 인간의 몸을 입고 이 세상에 오신 것입니다.

또한 하나님이 인간의 몸을 입고 세상에 태어나셨기에 출생 방법도 다를 수밖에 없습니다. 그래서 예수님은 처녀의 몸을 빌려 성령, 즉 하나님의 신에 의해 특별한 방법으로 처녀의 태에 잉태되었고, 그 태를 빌려서 인간의 몸을 입고 이 세상에 태어났습니다. 그러므로 부정모혈의 일반적인 방법을 통해서 태어나는 모든 인간과는 근본적으로 다릅니다. 이런 의미에서 예수 그리스도에게는 육신의 아버지가 없습니다. 단, 아버지는 하나님입니다.

또 다른 점이 있습니다. 예수님이 처녀의 몸을 통해 이 세상에 태어난다는 것은, 예수님이 탄생하기 600여 년 전에 이사야라는 위대한 선지자의 입을 통해서 이미 예언된 사실입니다.

"보라 처녀가 잉태하여 아들을 낳을 것이요 그의 이름을 임마누엘이라 하리라"(사 7:14).

그래서 유대 나라 사람들은 이 이상한 탄생, 즉 처녀가 아이를 낳는 이 일이 어디에서 일어날 것인지 기대감에 넘쳐 기다리고 있었습니다. 그런데 600여 년이 지나 드디어 베들레헴에서 이 사건이 터진 것입니다. 이것이 예수님의 탄생입니다.

예수님의 탄생 실화를 듣고 "어떻게 인간이 태어나는데 남자도 모르는 여자에게서 태어날 수 있어?" 하고 도무지 믿을 수 없는 분도 있을 것입니다. 하지만 남자를 알고 태어난 인간이라면 예수님도 똑같은 사람에 불과합니다. 남자를 모르고 태어난 존재이기에 예수님의 탄생이 특별한 것입니다. 이를 믿느냐 믿지 않느냐는 여러분에게 달렸습니다. 다만 오늘 하나님께서 여러분의 마음에 믿을 수 있는 은혜를 주시면, 이 시간 하나님께서 이 사실을 받아들일 수 있도록 여러분의 마음을 열어주시면, 이미 여러분은 구원받은 사람입니다. 이것이 첫 번째 관문입니다. 반면 지금 도무지 믿을 수 없다면, 앞으로 믿기까지 시간이 걸릴지 모릅니다.

처녀가 아이를 낳았고, 그 아이가 하나님의 아들이라는 사실을 믿는 저와 또 믿지 못하는 분을 비교해 봅시다. 누가 더 합리적인 사람인지, 누가 더 과학적인 사람인지 묻는다면 제가 훨씬 더 과학적인 사람이라고 말할 수 있습니다. 왜 그런지 아십니까? 하나님은 천지 만물을 손수 창조하신 창조자입니다. 무에서 모든 우주를 창조했습니다. 옛날에는 원숭이가 사람이 되었다, 아메바가 만물이 되었다는 이상한 소리를 했지만, 지금은 과학자들조차도 분명히 창조자가 있고 세계는 창조자의 손에서 만들어졌다는 사실을 인정하는 분위기입니다. 이 세계는 분명히 창조된 작품입니다. 하나님에 의해 창조된 작품입니다.

그렇다면 창조자 하나님이 인간을 찾아오시기 위해 인간의 모습으로 오는 일이 쉬운 일입니까, 어려운 일입니까? 이 질문에 쉽다고 말하는 제가 훨씬 과학적이고 합리적이라고 말할 수 있습니다. 세상을 만든 창조자가 자신이 만든 인간의 모습을 입고 오지 못한다면 그것만큼 비과학적이고 비합리적인 사고가 어디 있겠습니까? 하나님은 온 우주의 창조자이시므로 사람의 모습으로 우리를 찾아오시는 게 그리 어려운 일이 아닙니다.

• **예수님은 곧 하나님의 아들**

이렇게 하나님이 우리 인간을 찾아오신 목적은 한 가지입니다.

> "예수께서 들으시고 그들에게 이르시되 건강한 자에게는 의사가 쓸 데 없고 병든 자에게라야 쓸 데 있느니라 나는 의인을 부르러 온 것이 아니요 죄인을 부르러 왔노라 하시니라"(막 2:17).

하나님의 아들이 왜 세상에 왔습니까? 누구를 부르러 왔습니까? 죄인을 부르러 왔다고 말씀합니다. 마음속에 죄책감을 안고 있는 사람을 부르러 왔다고 말씀합니다. 인생의 허무와 인생의 공포 앞에서 어찌할 줄 몰라 부들부들 떨고 있는 사람들을 구원하기 위해 하나님이 인간의 몸을 입고 오셨다는 것입니다.

그런데 한 가지 놀라운 사실이 있었습니다. 하나님의 아들이 인간의 몸을 입고 인간 세계에 오셨을 때는 그분의 가문을 보나, 배경을 보나, 학력을 보나, 인물을 보나 어느 것 하나 사람들 앞에 내세울 만한 게 없었습니다. 그런데 그의 입에서 나오는 말씀 하나만은 기가 막힌 것입니다. 왜 기가 막히느냐면 자기를 가리켜 하나님이라고 주장하기 때문입니다.

물론 이를 믿는 우리에게는 이상할 게 없는데, 믿지 않는 사람들의 입장에서는 미친 사람으로 보였던 것입니다. 예수님은 왜 자기를 가리켜 하나님이라고 주장했을까요? 자기가 하나님이니까 하나님이라고 주장한 것입니다. 사람의 눈에 보이는 하나님이 누구입니까? 예수님입니다. 하나님은 원래 인간이 볼 수 있는 존재가 아닙니다. 우리는 시공의 세계에 갇혀 있기 때문에 귀신도, 마귀도, 죽은 사람의 영도 보지 못합니다. 이 외에도 보지 못하는 게 많습니다.

따라서 여러분의 눈을 너무 의지하지 마십시오. 눈에 보여야만 믿겠다는 사람만큼 어리석은 사람도 없습니다. 세상에서 보이지 않는 게 얼마나 많습니까? 다 안 보입니다. 하나님도 안 보입니다. 그러나 예수님은 안 보이는 하나님이 보이도록 우리 앞에 나타나신 분입니다. 따라서 예수님이 자신을 하나님이라고 말하는 것은 지극히 당연합니다.

우주가 존재하기 전에 말씀이신 예수 그리스도가 계셨습니다. 즉 하나님은 만세 전부터, 영원 전부터 계시는 분입니다.

"태초에 말씀이 계시니라 이 말씀이 하나님과 함께 계셨으니 이 말씀은 곧 하나님이시니라"(요 1:1).

"말씀이 육신이 되어 우리 가운데 거하시매 우리가 그의 영광을 보니 아버지의 독생자의 영광이요 은혜와 진리가 충만하더라"(요 1:14).

이 말은 예수를 보니 바로 그분이 하나님의 아들의 모습이었고, 또 하나님만이 갖고 계시는 놀라운 진리와 은혜가 그에게 충만했다는 의미입니다. 바로 그분이 사람이 되신 예수님입니다. 하지만 예수님의 제자 빌립조차도 예수님에게 이런 말을 합니다.

"주여 아버지를 우리에게 보여 주옵소서 그리하면 족하겠나이다"(요 14:8).

그러자 예수님은 다음과 같이 말씀하셨습니다.

"빌립아 내가 이렇게 오래 너희와 함께 있으되 네가 나를 알지 못하느냐 나를 본 자는 아버지를 보았거늘 어찌하여 아버지를 보이라 하느냐"(요 14:9).

여기에서 아버지는 누구를 말합니까? 바로 하나님입니다. "네가 나와 함께 몇 년을 같이 살면서 왜 하나님을 보여 달라고 하느냐? 나를 본 자는 하나님을 보았고 나를 만난 자는 하나님을 만났느니라." 왜 이렇게 말씀하십니까? 사람 되신 하나님이 예수님이기 때문입니다. 그래서 예수님은 평생 자기를 하나님이라고 계속 말씀하셨습니다.

• 부인할 수 없는 사실

저나 여러분이나 이 세상에 태어난 모든 종교가들의 저서나 위대한 위인들의 전기를 다 읽어보진 않았습니다. 그러므로 우리는 전문가들의 말을 그대로 인용할 수밖에 없습니다. 비교 종교학을 연구하는 많은 전문가들의 글을 보면 한 가지 공통된 점이 있습니다. 이 세상에는 인간에게 위대한 진리를 가르쳐준 많은 종교가와 철학자들이 있었지만, 예수님 외에는 자기를 하나님으로 주장한 사람이 아무도 없다는 점입니다. 왜냐하면 하나님이 아니면서 자기를 하나님이라고 말하는 것만큼 엄청난 거짓말도 없기 때문입니다. 단 한 분 예수님만이 자기를 하나님이라고 주장했습니다.

하지만 사람들은 이러한 예수님의 주장을 가만히 듣고만 있을 수 없었습니다. 그것은 곧 하나님을 모독하는 행위였기 때문입니다. 만일 예수님이 하나님인 줄 알았다면 예수님께 그렇게 무서운 죄를 범하지 않았을 것입니다.

그들은 자기들이 기다리는 하나님이 저렇게 초라한 모습으로 올 줄 몰랐습니다. 다윗의 궁궐에서 태어나든지, 아니면 위대한 영웅으로 올 줄 알았습니다. 그 존재만으로도 무릎을 꿇고 절을 할 정도로 어떤 특별한 모습으로 찾아올 줄 알았습니다. 그래서 예수님을 거부했습니다. 하지만 예수님이 계속 자신을 하나님이라고 주장하자, 더는 참을 수 없어 죽이기로 작정하고 예수님을 체포했습니다.

일사천리로 불법 재판이 진행되었고, 예수님은 끝까지 묵비권을 행사했습니다. 그러나 주저하지 않고 대답한 말이 있습니다. "네가 정말 하나님의 아들이냐?" 즉, "네가 정말 하나님이냐?"고 묻는 재판관의 질문에 예수님은 굳게 다물었던 입을 열었습니다. "네 말이 옳도다." 이 말만은 예수님께서 끝까지 부인하지 않고 주장했습니다.

그래서 많은 성경학자들은 말하길, 예수님은 자신이 한 말 때문에 십자가에 못 박혔다고 합니다. 끝까지 묵비권을 행사했으면 죽지 않았을 텐데, 자신이 하나님이라는 그 입의 말 때문에 십자가에 못 박혔다는 것입니다. 물론 예수를 죽이려는 사람들은 이 말을 끄집어내기 위해 예수님에게 유도 질문을 던졌습니다. 그들은 알았습니다. 예수님이 이 질문만은 피하지 않고 분명 대답할 것을 말입니다. 결국 예수님은 자신이 하나님인 것을 시인했고, 그들은 예수님을 십자가에 처형할 결정적 빌미를 얻어냅니다.

• 중간노선은 없다

영국 케임브리지 대학 교수였던 C.S. 루이스가 한 말입니다. "우리는 예수님을 앞에 놓고 중간노선을 택할 수는 없다." 여기에서 중간노선이란 무엇일까요? 일반적으로 사람들은 석가나 마호메트를 가리켜 위인, 성자, 또는 위대한 종교가라고 말합니다. 이렇게 이야기하는 것이 중간노선입니다.

그런데 예수님에게는 이러한 중간노선을 가지고 접근할 수 없습니다. 따라서 어떤 노선을 택할지 양자택일을 해야 합니다. 한쪽은 예수님의 주장대로 예수님을 하나님의 아들이자 하나님으로 인정하고 그 앞에 무릎을 꿇는 길이며, 다른 한쪽은 예수님은 사기꾼이요 정신 나간 사람으로 몰아 예수를 죽인 사람들처럼 아예 예수를 부정하는 길입니다.

오늘 여기에 나오신 분들도 마찬가지입니다. 중간노선은 안 됩니다. 지금까지 학교에서 배운 어떤 상식이나 책에서 막연히 습득한 지식을 토대로 예수님을 위대한 종교가의 한 사람쯤으로 취급해왔다면, 이 시간 그러한 생각을 포기해야 합니다. 그런 식으로 예수님을 대할 순 없습니다. 자기를 하나님이라고 주장하는 사람이 어떻게 위인입니까? 그러므로 그런 예수를 발로 차버리든지 아니면 엎드려 복종하든지 양자택일을 해야 합니다. 바로 이 시간에 여러분의 태도를 결정해야 합니다.

예수님은 우리를 찾아오신 구원자 하나님입니다. 하나님이 인간의 모습을 입고 찾아오는 길 외에 다른 길이 없었느냐고 물을 수 있습니다. 다음 구절은 이에 대한 하나님의 대답입니다.

"다른 이로써는 구원을 받을 수 없나니 천하 사람 중에 구원을 받을 만한 다른 이름을 우리에게 주신 일이 없음이라 하였더라"(행 4:12).

다른 길은 없다고 말씀합니다. 다른 이에게서는 구원을 얻을 수 없다고 말씀합니다. 그래서 기독교는 약간 독선적인 데가 있습니다. 그러면 누구의 이름으로만 구원받을 수 있습니까? 성경은 예수 그리스도의 이름으로만 구원받을 수 있다고 딱 잘라 말합니다.

"예수께서 이르시되 내가 곧 길이요 진리요 생명이니 나로 말미암지 않고는 아버지께로 올 자가 없느니라"(요 14:6).

즉 나를 통하지 않고는 아무도 하나님께 갈 수 없다고 말씀합니다. 예수님 스스로 자신만이 구원자라고 주장합니다. 왜 그렇습니까? 그분만이 우리를 찾아오신 하나님이기 때문입니다.

• 이유 있는 독선

미국에서 공부할 때 힌두교도였던 교수의 강의를 들었던 적이 있습니다. 그 교수가 어떤 계기를 통해 예수를 믿게 되었는데, 힌두교에서는 인간으로서 던지는 궁극적인 질문에 대한 답을 찾을 수 없었다고 합니다. 그래서 회의를 느낀 나머지 고심 끝에 예수를 믿기로 했다는 것입니다. 그리고는 완전히 변화되어 새사람이 되었고, "구루의 죽음"이라는 글도 썼습니다. '구루'(Guru)란 정신적, 종교적 스승으로 이 책에서는 힌두교의 수도승을 말합니다. 즉 예수를 믿음으로 수도승은 죽고, 하나님의 사람으로 새롭게 태어났다는 이야기입니다.

그분이 경험한 재미있는 이야기를 하나 소개하겠습니다. 한번은 인도의 수도 뉴델리에서 택시를 잡다가 다른 승객과 합승하게 되었다고 합니다. 나중에는 운전사까지 네 사람이 탔는데, 서로 인사하면서 자신이 믿는 종교도 말하게 되었습니다. 세 사람은 힌두교, 이슬람교, 불교였고, 이 교수는 기독교여서 각기 종교가 달랐다고 합니다. 서로 신기해하면서 "우리 잘 만났다"며 농담을 주고받았습니다. 그중 한 사람이 이런 말을 건넸습니다. "우리가 종교는 다르지만 가는 종착점은 다 같지 않습니까? 한 사람은 동쪽으로, 또 한 사람은 서쪽으로, 제각각 올라가는 길은 다르지만 종착점은 다 같습니다. 그러니 우리는 모두 한배를 탔습니다." 다른 두 사람도 맞장구를 쳤습니다. "그렇고 말고요. 우리 모두 한배를 탔습니다." 그러자 이 교수가 정색하면서 이렇게 말했다고 합니다. "나는 한배를 안 탔소. 당신들은 다 한배에 탔을지 모르지만 난 다르오." 순식간에 화기애애한 분위기가 냉랭해졌다고 합니다.

사실 그 교수가 한 말이 맞습니다. 사람들은 "불교든 유교든 기독교든 다 하나다. 어느 종교든 믿어도 좋다"라고 말하지만, 그것만큼 엉터리도 없습니다. 가령 여러분이 몇천만 원을 주고 감정서까지 있는 고급 다이아몬드 반지를 샀다고 합시다. 그런데 그 반지를 본 친구들이 하나같이 "아무래도 이상하다. 가짜 같다"고 말합니다. 그러면 기분이 어떻겠습니까? 아마 감정서를 내보이며 진짜 다이아몬드임을 증명하려 할 것입니다. 그러한 행동이 독선이라고 할 수 있습니까? 감히 그를 독선적인 사람이라고 말할 수 있습니까? 아닙니다. 그런 것을 독선이라고 말할 수 없습니다.

왜 기독교에서 예수를 믿어야만 구원받을 수 있고, 우리의 구원자는 예수뿐이라고 주장합니까? 이 때문에 세상 사람들은 기독교를 독선의 종교라고 말합니다. 하지만 그렇지 않습니다. 예수라는 다이아몬드가 진짜이기 때문에 끝까지 주장하는 것입니다. 자기가 믿는 종교만이 구원에 이르는 길이라면, 이 종교도 좋고 저 종교도 좋다고 감히 말할 수 없습니다. 우리는 예수님만이 우리를 찾아오신 참 하나님이요, 참 구원자라는 사실을 믿습니다. 이 사실을 믿을 때 비로소 우리에게 구원의 길이 열립니다.

• 종의 모습으로 오신 이유

끝으로 다음 성경 구절을 통해 중요한 사실을 덧붙여 말하겠습니다.

"하나님이 세상을 이처럼 사랑하사 독생자를 주셨으니 이는 그를 믿는 자마다 멸망하지 않고 영생을 얻게 하려 하심이라"(요 3:16).

"그는 근본 하나님의 본체시나 하나님과 동등됨을 취할 것으로 여기지 아니하시고 오히려 자기를 비워 종의 형체를 가지사 사람들과 같이 되셨고"(빌 2:6-7).

예수님은 하나님이면서도 종의 모습을 입고 세상에 오셨습니다. 태어날 때도 천한 종처럼 말구유 안에서 태어나셨고, 이 세상에 살 동안에도 너무 가난해서 30년 동안 목수 일을 하며 겨우 생계를 유지하셨습니다. 그의 모습이나 가문, 그밖에 어떤 것을 보더라도 전혀 이목을 끌만한 것이 없는 천한 모습으로 오셨습니다. 성경은 '종의 형체'로 찾아오셨다고 말씀합니다.

왜 하나님이 인간을 찾아오실 때 종의 모습으로, 천한 모습으로 찾아오셨을까요? 오히려 위대한 자로, 사람들이 우러러볼 만한 존재로 오시면, 사람들이 더 쉽게 예수님을 믿고 그분 앞에 복종할 수 있지 않겠습니까? 그런데 왜 예수님은 사람들이 거들떠보지도 않고 멸시받을 수밖에 없는 모습으로 오셨을까요? 여기에 기독교의 귀한 진리가 들어 있습니다.

하나님은 황제의 모습보다 종의 모습, 가난한 자의 모습, 초라한 자의 모습으로 사람들을 찾아가는 게 더 낫다고 생각하셨습니다. 왜 그럴까요? 하나님은 염려하셨습니다. 구원자를 꼭 만나야 할 사람들이 행여나 구원자 예수님을 만나지 못할까 봐 말입니다. 그래서 가장 만나기 쉬운 방법을 택하신 것입니다. 고독한 자가 만나러 갈 수 있는 사람이 누구겠습니까? 인간의 비참함을 맛보고 있는 사람이 어떤 사람을 쉽게 만날 수 있겠습니까? 날마다 입에 풀칠하다시피 살아가는 가난한 자가 고통스러운 마음을 안고 찾아갈 수 있는 사람이 황제겠습니까? 그런 사람이 쉽게 찾아갈 수 있는 사람은 부담이 없어야 합니다. 자신과 처지가 비슷해야 합니다. 황제같이 당당하고 위엄이 많은 사람에게는 감히 나아갈 수가 없습니다.

예수님이 천한 인간의 모습을 입고 찾아오신 이유는 가난한 사람이라도 쉽게 만날 수 있도록 하기 위해서입니다. 세상에서 상처 입은 사람이라도 쉽게 찾아갈 수 있도록 하기 위해서입니다. 죄를 짓고 어찌할 줄 모르는 사람이라도 거부감 없이 마음을 열 수 있도록 예수님은 인간의 모습 중에서 가장 천한 모습으로 찾아오셨습니다.

여러분 가운데 비싼 아파트 단지에 사시는 분들이 있다면 모든 면에서 다른 사람보다 우월하다고 생각하지 마십니다. 인간의 가치는 아파트로 결정되는 것이 아닙니다. 인간의 가치는 자가용으로 결정되는 것도 아닙니다. 저도 자가용을 타고 다니는 사람이지만 오히려 아이의 손을 잡고 버스를 기다리는 엄마들의 얼굴이 훨씬 더 밝고 아름다울 때가 많습니다. 세상에서 돈 좀 벌고 잘산다고 해서 모든 면이 우월하다고, 모든 문제가 해결됐다고 생각하지 마십시오. 저도 아파트에 살면서 아파트를 오가는 수천 명의 사람들을 봐왔지만 인간은 똑같습니다.

마음은 여전히 가난하고, 다른 사람이 모르는 고민 가운데 신음하며, 남이 모르는 죄 때문에 고통스러워 합니다. 또한 늙어가는 자신의 모습을 거울에 비춰보면서 인생의 허무 앞에 한숨짓는 것이 인간입니다. '내가 이렇게 살려고 결혼했나? 한 남자의 양말이나 빨아주려고 세상에 태어났나?' 아무리 잘사는 여자도 이런 생각이 들면 분통이 터져서 못 견딥니다. 그러니 마음에 이런 짐을 안고 있는 사람이 누구를 찾아가겠습니까? 왕을 찾아가겠습니까? 천만의 말입니다. 마음이 통하는 사람을 찾아가야 합니다. 구원자는 마음이 통해야 합니다. 마음이 통하려면 부담이 없어야 합니다. 쉽게 기댈 수 있어야 합니다. 하나님께서 이것을 아시고 인간을 찾아오실 때에 화려한 모습이 아닌 종의 모습으로 오셨습니다. 얼마나 감사한 일입니까?

• 예수를 구주로 고백하는 이유

우리가 왜 예수님을 사랑합니까? 우리가 왜 예수님을 나의 구주로 고백합니까? 왜 예수님을 생각할 때마다 눈물이 솟아납니까? 예수님이 나와 똑같은 분으로 오셨기 때문입니다. 고뇌에 빠진 내 모습 그대로 주님이 오셨고, 가난으로 고통받는 나의 처절한 모습 그대로 주님이 오셨기 때문입니다. 죄 때문에 부들부들 떨고 있는 연약한 인간의 모습 그대로 주님이 나를 찾아오셨기 때문입니다. 그래서 주님을 볼 때 마치 나 자신을 보는 것 같은 동정과 위로를 느끼는 것입니다.

우리를 구원하기 위해 찾아오신 예수님은 바로 이런 분입니다.

우리 눈에 보이진 않지만, 이 자리에 계시면서 이 시간 여러분을 부르시는 예수님이야말로 여러분을 가장 잘 이해하시는 분입니다. 슬픔을 당하고 있습니까? 예수님만큼 여러분의 슬픔을 이해하는 분이 없습니다. 왜 그렇습니까? 자신이 직접 그 슬픔을 당해 보았기 때문입니다. 가난합니까? 예수님만큼 여러분의 가난을 이해하는 분이 없습니다. 그는 머리 둘 곳 없을 만큼 가난을 체험했기 때문입니다. 예수님만큼 인생의 공허와 허무감을 느껴본 사람이 없습니다. 그래서 인생의 공허감 때문에 몸부림치는 사람들을 가장 잘 이해하십니다. 예수님만큼 인간의 비애와 고통을 밑바닥까지 당해본 사람이 없습니다. 그래서 인생의 시련과 비극을 경험한 사람들을 가장 잘 이해하십니다. 오늘 이 자리에 계시는 예수님은 바로 그런 분으로 여러분과 만나길 원하십니다.

그렇다면 우리는 어떻게 해야 합니까? 예수님이 이 땅에 오셨을 때는 너무나 초라해서 자신의 자기 백성들조차도 그분을 영접하지 않았습니다. 그러나 그분은 자기를 영접하고 믿는 사람에게는 하나님의 자녀가 되는 특권을 주셨습니다.

"영접하는 자 곧 그 이름을 믿는 자들에게는 하나님의 자녀가 되는 권세를 주셨으니"(요 1:12).

예수님은 자기를 하나님으로 믿고 복종하는 사람에게는 그의 모든 죄를 다 용서하실 뿐만 아니라 그 마음에 말로 형용할 수 없는 평안을 주시고, 영원한 하나님 나라를 선물로 주신다고 분명히 약속하셨습니다.

"수고하고 무거운 짐 진 자들아 다 내게로 오라 내가 너희를 쉬게 하리라"(마 11:28).

예수님만이 우리에게 영원한 안식과 평안을 줄 수 있습니다. 여러분이 고통을 당할 때 찾아갈 수 있는 유일한 구원자, 여러분이 슬픔을 당할 때 찾아갈 수 있는 유일한 구원자, 여러분이 허무와 죄책감 속에서 몸부림칠 때 노크할 수 있는 유일한 구원자는 예수 그리스도입니다. 이 사실을 믿기만 하면 예수님은 여러분을 안아주실 것이요, 여러분에게 말로 형용할 수 없는 하늘의 축복을 안겨 주실 것입니다. 중요한 것은 믿는 것입니다. 예수님이 하나님이라는 것을 무조건 받아들이고 믿는 사람에게는 하나님께서 준비해두신 하늘의 축복을 주시겠다고 약속했습니다. 우리 모두 예수님을 영접함으로 이 모든 축복과 특권을 누리게 되길 바랍니다.

02
십자가에 달리신 예수 그리스도
(사 53:4-6)

지금으로부터 2,000여 년 전 유대 나라의 골고다 동산에서 십자가에 못 박혀 돌아가신 예수님이라는 분에 대해 여러분과 이야기를 나누려고 합니다. 누구나 다 죽음에 관해 이야기할 때는 매우 진지해지고 엄숙해집니다. 특별히 자신과 깊은 관계를 맺고 있는 분의 죽음을 회상하면서 이야기할 때는 누구나 다 숙연해지기 마련입니다. 저 역시 마찬가지입니다.

그러나 예수 그리스도의 죽음을 전할 때는 복합적인 느낌을 갖게 됩니다. 한편으론 기쁨도 있고 자랑스러움도 있고 감격도 있습니다. 왜 그럴까요? 예수님의 죽음은 아무런 의미 없는 필부의 죽음이 아닌, 독특한 의미와 분명한 목적을 가진 차원 높은 죽음이었기 때문입니다. 그래서 이 시간은 단순히 무덤에 있는 분을 생각하면서 이야기하는 시간이 아니라고 자부합니다.

예수님의 죽음에 대해서는 이미 상식적으로 다 알고 계실 것입니다. 그럼에도 먼저 말씀드리고 싶은 것이 있습니다. 자신이 어떻게 죽을지를 미리 알고 이를 위해 처음부터 자신의 인생 계획에 따라 한 걸음 한 걸음 걸어가신 분은 이 세상에 예수님밖에 없습니다. 이런 의미에서 예수님은 예정된 죽음을 죽기 위해 오신 분입니다. 그 죽음을 죽기 위해 살았던 분입니다. 그리고 그 죽음을 당하심으로써 자신의 생을 마친 분입니다. 따라서 예수님의 삶은 십자가에서 죽을 것을 중심으로 하여 그 죽음을 위해 사신 것이라고 단정 지을 수 있습니다. 그만큼 예수님에게 죽음이란 절대적인 의미가 있습니다. 아무리 유명한 성자들이라도 인생의 마지막에 어쩔 수 없이 죽음을 맞이했습니다. 처음 세상에 날 때부터 죽기 위해서, 어떤 죽음을 죽어야 한다는 목적을 가지고 살다 죽은 분들은 아닙니다. 오직 예수님만이 어떻게 죽을 것인가를 앞에 놓고 어떻게 살 것인가를 결정하신 유일한 분입니다.

• 십자가 죽음, 역사적 사건

예수님에게는 죽음이 절대적인 의미와 중요성을 갖고 있었습니다. 자신이 어떻게 죽을 것인가를 미리 아셨던 예수님은 제자들에게 자주 이런 말씀을 하셨습니다.

"보라 우리가 예루살렘에 올라가노니 인자가 대제사장들과 서기관들에게 넘겨지매 그들이 죽이기로 결의하고 이방인들에게 넘겨 주겠고 그들은 능욕하며 침 뱉으며 채찍질하고 죽일 것이나 그는 삼 일 만에 살아나리라 하시니라"(막 10:33-34).

예수님은 세상 떠나시기 전에 이미 자신이 어디서 죽을지, 언제 죽을지, 누가 자기를 죽일지, 어떤 방법으로 죽을지 정확하게 알고 계셨습니다. 이 점을 간과해선 안 됩니다. 그리고 예수님은 자신이 예언한 그대로 세상을 떠나셨습니다. 십자가에서 죽으셨습니다.

"예수를 끌고 골고다라 하는 곳(번역하면 해골이라는 뜻)에 이르러 몰약을 탄 포도주를 주었으나 예수께서 받지 아니하시니라 십자가에 못 박고 그 옷을 나눌새 누가 어느 것을 가질까 하여 제비를 뽑더라 때가 제 삼시가 되어 십자가에 못 박으니라 그 위에 있는 죄패에 유대인의 왕이라 썼고 강도 둘을 예수와 함께 십자가에 못 박으니 하나는 그의 우편에, 하나는 좌편에 있더라"(막 15:22-27).

이것이 성경에 기록된 예수님의 형장 기록입니다. 저는 여러분에게 십자가의 죽음을 비극으로 묘사하고 싶진 않습니다. 아무리 인간이 예수님의 죽음을 묘사하려 해도 묘사할 수 없습니다. 아무리 그 슬픔과 고통, 비참함과 잔인함을 묘사하려 해도 할 수가 없습니다.

다만 제가 분명히 선포하고 싶은 것은 하나님의 아들 되신 예수님이 어떻게 죽으셨는가입니다. 그분은 십자가에 못 박혀 돌아가셨습니다. 가장 저주스러운 죽음을 맞으셨습니다. 그 당시 이름난 강도 두 사람까지 양쪽에 거느리고 마치 강도의 두목이나 되는 것처럼 중간에 높이 달려 돌아가셨습니다.

여러분 가운데 이 사실이 아직도 의심스럽습니까? 교회가 만든 조작된 이야기로 들립니까? 만약 그렇게 생각하는 분이 있다면 죄송하지만 역사 공부를 다시 해야 합니다. 요즘은 그런 말을 잘 하지 않습니다. 왜냐하면 너무나 분명한 역사적인 사건이기 때문입니다. 오히려 조작이라고 말하면 무식함이 폭로되기 때문에 요즘 현대인들은 그런 말을 하지 않습니다.

따라서 성경이 그렇게 말하기 때문에라도 받아들여야겠지만, 역사적으로도 이것은 분명하게 기록된 사실이기에 의심의 여지가 없습니다. 로마 황제가 인정한 사실이요, 많은 사가들이 그 사건을 알고 있기 때문에 현대 지성인이면 이 사건을 부인하지 못합니다. 그러므로 여러분도 의심 없이 꼭 믿으시길 바랍니다

• **십자가 죽음의 이유**

예수님은 유대 나라의 예루살렘 근교에 있는 해골터, 즉 골고다라는 곳에서 강도 두 명과 함께 잔혹하게 십자가에 달려 죽으셨습니다. 보통 십자가에 달리면 건강한 사람의 경우 일주일까지도 생명이 붙어

있어 극심한 고통을 당하게 됩니다. 세상에서 가장 끔찍하고, 가장 잔혹하고, 가장 소름 끼치는 죽음이 바로 십자가 죽음입니다. 그러나 예수님은 너무 지쳐 있었고 허약했기에 여섯 시간 만에 운명하셨습니다. 이 사실을 부인하지 마십시오. 기독교는 사람이 만든 어떤 허구 위에 집을 세운 종교가 아닙니다. 기독교는 분명히 역사적인 사건 위에 세워진 종교입니다. 그러므로 예수님이 십자가에 못 박혀 돌아가셨다는 역사적인 사실을 받아들이지 않는 사람은 예수 믿는 사람이 될 수 없습니다.

나중이 팔레스타인으로 여행을 가게 되면, 예수님이 십자가를 지고 올라가셨던 언덕, 그리고 십자가에 달리셨던 골고다라는 언덕이 지금도 관광지로 남아 있음을 보게 될 것입니다. 일어나지도 않은 일로 관광지를 만들 수 없습니다. 거짓된 이야기를 가지고 사람들을 끌어들일 수 없습니다. 실제로 예수님이 십자가에 못 박혔던 그 언덕 위에 올라 그 흙을 밟아 보면서 하나님의 아들이 이곳에서 죽으셨다는 사실을 인정하게 될 날이 왔으면 좋겠습니다.

그러나 성지를 방문해야만 그 사건을 믿을 수 있는 건 아닙니다. 가장 정확하게 믿는 방법이 있습니다. 바로 이 성경에 예수님의 죽음의 현장을 네 번이나 반복하여 기록하고 있습니다. 마태복음, 마가복음, 누가복음, 요한복음, 이렇게 네 번이나 반복해서 기록하되 상세하게 기록하고 있습니다. 그리고 같은 사람이 기록한 것이 아니라 예수님의 죽음을 목격한 사람들이 각자 자기가 본 대로 기록했기 때문에 다양한 형태로 기록되어 있습니다. 그러므로 이 성경을 조용히 읽어

보십시오. 한 번 읽고 마음에 잘 들어오지 않으면 다시 한 번 읽어보십시오. 그 사건이 얼마나 거짓 없는 사건인가를 알게 될 것입니다.

사실 예수님이 십자가에 죽으셨다는 사실에 대해서는 아무도 부인하려 하지 않습니다. 다만 예수님이 죽으셨던 이유에 대해서는 보통 이렇게 말합니다. "로마의 식민지로 있던 유대 나라에서 예수님이 탁월한 지도자로 주목받았기 때문에 질투와 시기를 받아 죽었다. 또는 위험 인물로 여겨져 정치범으로 재판을 받고 십자가에서 죽었다."

그렇다면 예수 믿는 사람은 예수님의 죽음을 어떻게 받아들입니까? 바로 여기에서 믿지 않는 사람과 큰 차이가 납니다. 예수를 안 믿는 사람은 "예수라는 위대한 분이 정치범으로 잡혀 비참하게 죽은 사건이 십자가 죽음이다"라고 대답하는 반면, 예수 믿는 사람은 "예수님이 나 때문에 죽었다. 예수님은 나 대신 죽으신 분이다"라고 대답합니다. 아마 제가 손을 들어 보라고 하면 이 가운데서도 두 부류로 나뉠 것입니다. 아직도 예수님의 죽음을 세상 사람처럼 생각하고분도 있을 것이고, 또 예수 믿는 사람답게 예수님은 나 대신 죽으셨다고 대답하는 분도 있을 것입니다. 이것이 바로 차이점입니다.

다시 말하면 예수 믿는 사람과 안 믿는 사람의 차이점이요, 하나님 나라에 들어가는 사람과 하나님 나라에 들어가지 못하는 사람의 차이점입니다. 또 예수님과 인격적인 관계와 만남을 밀접하게 가진 사람과 가지지 못한 사람의 차이점입니다.

오늘 이 시간 처음으로 교회에 나오셨거나 교회에 다녔지만 예수님이 나를 위해 죽으셨다는 사실을 확신하지 못했던 분이 계시면, 이 시간을 통해서 여러분의 대답이 달라지길 원합니다. 예수님이 왜 죽으셨는가에 대한 질문 앞에 우리의 대답이 달라져야 합니다. 정말 정치범으로 죽으셨습니까? 아닙니다. 예수님은 정치 활동을 한 적이 없습니다. 정치범으로 희생된 사람이 아닙니다. 예수님은 왜 죽으셨습니까? 나 대신 죽으셨습니다. 이 사실을 이 시간에 깨달아야 합니다. 그리고 그렇게 고백할 수 있어야 합니다. 그래야만 예수 믿는다는 말을 할 수 있습니다.

• 첫 번째 죄 유형

이제부터 예수님이 왜 죽으셨는지를 좀 더 세밀하고도 구체적으로 살펴보겠습니다. 예수님이 왜 그렇게 비참하게 죽으셨는지 그 이유를 설명하려면 인간이 얼마나 흉악한 죄인인지를 밝혀야만 설명이 됩니다. 그래서 인간이 저지른 세 가지 유형의 죄를 말씀드릴 텐데, 그렇다고 해서 죄가 이 세 가지로만 구별되는 것은 아닙니다. 그러나 여러분이 이해를 위해 성경을 인용하면서 말씀드리겠습니다.

첫 번째 죄 유형입니다. 다음 성경 구절을 잘 생각하면서 보십시오.

"하나님의 진노가 불의로 진리를 막는 사람들의 모든 경건하지 않음과 불의에 대하여 하늘로부터 나타나나니 이는 하나님을 알 만한 것이 그들 속에 보임이라 하나님께서 이를 그들에게 보이셨느니라 창세로부터 그의 보이지 아니하는 것들 곧 그의 영원하신 능력과 신성이 그가 만드신 만물에 분명히 보여 알려졌나니 그러므로 그들이 핑계하지 못할지니라"(롬 1:18-20).

여기까지 설명하면, 모든 인간은 자연 만물만 봐도 그 만물을 만드신 하나님을 알 수 있다는 이야기입니다. 그다음 구절에도 매우 중요한 말씀이 나옵니다.

"하나님을 알되 하나님을 영화롭게도 아니하며 감사하지도 아니하고 오히려 그 생각이 허망하여지며 미련한 마음이 어두워졌나니 스스로 지혜 있다 하나 어리석게 되어 썩어지지 아니하는 하나님의 영광을 썩어질 사람과 새와 짐승과 기어다니는 동물 모양의 우상으로 바꾸었느니라"(롬 1:21-23).

사람이 왜 죄인인지 아십니까? 제가 첫째 이유를 말씀드리겠습니다. 인간이 죄인인 이유, 오늘 예수 믿지 않고 이 자리에 나와 계시는 여러분이 죄인인 이유, 또 저를 비롯해서 먼저 예수 믿은 우리가 모두 과거에 죄인이었던 이유는 하나님이 계신다는 것, 신이 존재한다는 것을 알면서도 그 하나님을 하나님으로 대우하지 않고 엉뚱한 것에 머리 숙여 경배하고 섬겼던 죄입니다. 이 죄에 걸리지 않은 사람은 손을 한 번 들어 보십시오. 지금까지 하나님을 하나님답게 모시고 섬기며 경배하고 순종했습니까? 어느 인간이 그렇게 했습니까? 아무도 안 했습니다. 모두 자기 자신이 하나님이고, 돈이 하나님입니다. 그래서 하나님의 존재를 완전히 무시해 버리고 하나님에게 감사하지도, 경배하지도, 영광 돌리지도 않았습니다.

대신 마음에 있는 불안과 공포를 해결하기 위해 어디를 찾아갑니까? 부처 앞이나 이상한 형상 앞에 가서 절하면서 마음에 있는 불안감을 해소하려 하지 않았습니까? 정말 하나님을 하나님답게 모셨느냐, 섬겼느냐, 감사했느냐, 순종했느냐고 물을 때 아무도 그런 사람이 없단 말입니다. 따라서 우리가 죄인 중의 죄인입니다.

자식이 고등학교 들어가서부터 철이 들자 부모에게 반항합니다. 그러더니 부모가 보기 싫어 가출하고 맙니다. 하지만 이 학생은 나쁜 짓은 하지 않았습니다. 구두닦이 하면서 부지런히 고학해서 나중에 훌륭한 사람이 되었습니다. 그렇다면 이 자식이 부모에게 죄인입니까, 아닙니까? 바로 그 점입니다.

여러분은 자신이 다 선한 줄 압니다. 그리 큰 죄를 범한 일이 없다고 생각합니다. 제가 어떤 분에게 죄가 있느냐고 물었더니, 남의 밭에 가서 마늘 뽑아 먹은 게 생각난다고 말하는 정도였습니다. 이처럼 자기 죄가 전혀 무엇인지 모르는 사람들이 많습니다. 그 이유는 특별히 지은 죄가 생각나지 않기 때문입니다. 심지어 폐결핵으로 죽어가는 한 젊은이의 임종을 지켜보며 몇 마디를 주고받는데 그런 말을 합니다. "나는 나쁜 짓 한 적이 없습니다. 6·25 때 북한에서 피난 오면서도 시체를 밟지 않고 넘어왔습니다." 시체도 밟지 않을 정도로 깨끗하게 살았다는 것입니다.

과연 무엇이 죄입니까? 하나님을 떠나 하나님을 하나님으로 섬기지 않은 게 죄입니다. 아무리 훌륭한 사람이 되었어도 가출해서 부모를 부모로 섬기지 않고 대우하지 않은 것만큼 큰 죄도 없습니다.

마찬가지로 하나님이 만드신 인간이 창조자 되신 하나님을 하나님으로 대우하지 않은 것은 무서운 죄입니다. 여러분이 손발을 꽁꽁 묶어 놓고 생각을 완전히 마비시켜서 날 때부터 죽을 때까지 나쁜 생각이나 나쁜 행동을 전혀 하지 않고 나중에 하나님 앞에 섰다 할지라도 여러분은 죄인입니다. 왜 그렇습니까? 하나님을 하나님으로 대우한 생을 살지 못했기 때문입니다. 이 사실을 꼭 알아야 됩니다.

• 두 번째 죄 유형

두 번째 죄 유형입니다. 다음 구절에서 나와 관계없는 것을 하나씩 지워 보십시오.

"또한 그들이 마음에 하나님 두기를 싫어하매 하나님께서 그들을 그 상실한 마음대로 내버려 두사 합당하지 못한 일을 하게 하셨으니 곧 모든 불의, 추악, 탐욕, 악의가 가득한 자요 시기, 살인, 분쟁, 사기, 악독이 가득한 자요 수군수군하는 자요 비방하는 자요 하나님께서 미워하시는 자요 능욕하는 자요 교만한 자요 자랑하는 자요 악을 도모하는 자요 부모를 거역하는 자요 우매한 자요 배약하는 자요 무정한 자요 무자비한 자라 그들이 이같은 일을 행하는 자는 사형에 해당한다고 하나님께서 정하심을 알고도 자기들만 행할 뿐 아니라 또한 그런 일을 행하는 자들을 옳다 하느니라"(롬 1:28-32).

나와 관계없는 것이 몇 개나 됩니까? 다섯 개 정도 되는 분은 손 한 번 들어 보십시오. 저를 비롯한 우리 모두 하나님 앞에 죄인인 두 번째 이유는 언행 심사 전부가 악하기 때문입니다. 생각하는 것, 말하는 것, 행동하는 것, 어느 것 하나 하나님 앞에 선한 것이 없습니다.

어떤 심리학자의 말에 의하면, 하루에 인간이 만 가지 이상 생각한다고 합니다. 정말 그런지는 세어보지 않았지만, 우리나라 말에도 오만 가지 생각을 한다는 말이 있습니다. 아무튼, 오만 가지 생각 가운데 전혀 더럽거나 악하지 않은 생각만 하는 사람이 천하에 어디 있습니까? 오만 가지 중 1퍼센트면 오백 가지입니다. 하루에 악한 생각을 오백 가지 했을 때, 열흘이면 오천 가지이고 백 일이면 오만 가지입니다.

앞서 성경 구절에서 죄의 목록이 나왔는데, 나와 관계없는 것을 지우려고 하니 손이 머뭇거립니다. 그래도 양심이 있기 때문입니다. 여러분이 이곳에 와서 성경을 펴놓고 읽을 때 양심이 살아나지 않습니까? 장차 하나님 앞에 한 번 서 보십시오. 양심이 벌떼처럼 살아 일어납니다. 아무도 자기를 변호해 줄 사람이 없습니다.

이처럼 인간은 악합니다. 루소는 인간이 악해지는 이유를 환경 때문이라고 했고, 또 어떤 철학자는 배우지 못해서라고 말한 바 있습니다. 하지만 200여 년이 지나고 나니 다 거짓말로 판명됐습니다. 오늘날 환경이 좋아졌는데도 인간은 더 악해지고, 많이 배웠는데도 인간의 생각은 더 무자비해지고 있습니다. 따라서 하나님 앞에 나는 죄인이 아니라고 말할 수 있는 사람은 하나도 없습니다.

- **세 번째 죄 유형**

세 번째 죄 유형입니다. 다음 성경 구절은 예수를 안 믿는 것이 죄라고 말씀합니다.

> "그를 믿는 자는 심판을 받지 아니하는 것이요 믿지 아니하는 자는 하나님의 독생자의 이름을 믿지 아니하므로 벌써 심판을 받은 것이니라"
> (요 3:18).

예를 들어 가출한 아들을 둔 아버지가 아들이 따르는 삼촌을 보내며 꼭 집에 데려오도록 부탁했다고 합시다. 그런데 아들이 삼촌을 만나자, 죽을 때까지 절대 아버지를 보지 않겠다며 무안을 주고 되돌려 보냈습니다. 가출한 것도 모자라 그 아들은 아버지에게 죄 하나를 더 보태고 맙니다. 왜 그렇습니까? 아버지가 보낸 삼촌을 거절한 것이 죄이기 때문입니다.

마찬가지로 하나님께서 그 외아들 예수 그리스도를 우리 인간에게 보내셔서 우리로 구원을 받도록 복음을 전해 주셨습니다. 그런데 예수님이 무슨 말씀을 하든 관심이 없습니다. 심지어 유대 나라 사람들은 예수님에게 돌멩이질까지 했습니다. 그렇게 해도 마음이 풀리지 않자 나중에는 아예 끌어다가 죄 없는 예수를 십자가에 못 박아 죽였습니다.

이처럼 예수 안 믿는 것도 죄입니다. 첫째는 하나님을 하나님으로 대우하지 못한 죄요, 둘째는 언행 심사 모든 것이 죄요, 셋째는 예수 그리스도를 믿지 않고 배척한 죄입니다. 이것이 전부 죄입니다. 여러분 가운데에는 이 죄라는 말이 듣기 싫어서 벌써 마음이 불편하신 분들이 있을 것입니다. 왜 죄 이야기만 하면 불편하고 분통이 터질까요? 그것은 진짜 죄인이기 때문입니다.

가령 키가 작은데 자꾸 키 작다는 소리를 듣는다고 합시다. 듣기 좋습니까, 안 좋습니까? 키 작다는 말만 들으면 기분이 나쁜 이유가 무엇입니까? 그분은 키가 작은 분입니다. 마찬가지입니다. 죄 소리만 하면 듣기 싫어합니다. 그래서 교회를 찾아가도 죄에 관해 이야기하지 않는 교회를 찾아다닙니다. 부담스럽고 싫기 때문입니다. 그래서 죄를 이야기하지 않는 교회에 사람이 더 모이는 경향이 있습니다. 저희 교회도 다소 많이 모이는 경향이 있어서 겁이 납니다. '내가 죄 소리를 많이 안 하는 건 아닌가?' 하고 말입니다.

한번은 죄 소리가 듣기 싫어서 목사에게 이렇게 말하는 분이 있었다고 합니다. "목사님, 좋은 말도 많은데 왜 하필이면 그렇게 듣기 싫은 말씀만 합니까? 죄라는 말 대신 약점이나 실수라고 하면 듣기에도 좋고 목사님도 더 유식해 보이는데 왜 죄, 죄 합니까?" 그러자 목사님이 너무 어이없어서 자기 방에 뛰어 올라가 독약이라는 라벨이 붙어 있는 병을 하나 들고 내려왔습니다. "이게 독약인데 라벨을 떼고 대신 아스피린이라고 붙여 놓을게요." 그러자 놀라서 말했습니다. "아니, 그걸 아스피린이라고 붙여 놓으면 큰일 나죠!" 마찬가집니다. 죄는 죄이지 약점이 아닙니다. 얼마나 마음속에 죄로 인해 불안감이 있으면 죄 소리를 듣기 싫어하겠습니까?

예수 믿고 죄 문제를 해결한 사람일수록 죄 이야기를 들을 때 감격합니다. 내가 죄인인 것을 알면 알수록 더 감격하고 크게 기뻐합니다. 왜 그렇습니까? 그 죄 문제가 예수님 때문에 해결됐음을 알기 때문입니다. 만일 제가 어떤 암으로 시한부 생명을 선고받은 후 기적적으로 완치됐다고 합시다. 그러면 그 암에 대한 이야기가 나올 때마다 듣기 싫겠습니까? 아니면 감격하겠습니까? 그것이 위암이든 폐암이었던 상관없이 암 소리만 나오면 감격해서 눈에 눈물이 그렁그렁할 것입니다. 그 암에서 구원받은 사실을 이야기할 때 기쁨이 솟아오를 것입니다. 왜냐하면 암에서 해방된 사람이기 때문입니다.

그러나 암 소리만 나오면 기가 죽어서 벌벌 떨고 있는 사람은 암이 있는 사람입니다. 마찬가지로 죄를 이야기하는데 날마다 듣기 싫어하는 사람은 진짜 죄인입니다. 그런 사람이 예수님 앞에 나와야 합니다. 계속 죄를 이야기해서 듣기 싫을지 모르지만, 이 자리에 잘 나오셨습니다. 예수님은 여러분 같은 분들을 지금 초청하고 계십니다.

• 죄의 결과

이제 죄의 결과에 관해 몇 가지로 정리하겠습니다. 죄를 지은 사람은 어떻게 될까요? 다 같이 따라 합니다. "하나님과 원수가 된다." 죄인은 영락없이 하나님과 원수가 됩니다. 그런데 인간이 얼마나 어리석은지 모릅니다. 자신이 하나님과 원수 된 것은 생각지도 않고, 배를 타고 가다가 파도가 무섭게 치면 자기도 모르게 "하나님" 하고 부릅니다. 원수의 입장에 계시는 하나님이 "오냐!" 할 것 같습니까? 그래서 예수님의 이름으로 드리지 않는 기도는 다 헛소리입니다. 하나님과 통하지 않습니다.

그것을 모르고 많은 사람들이 급하면 소방수 찾듯 하나님을 찾는데 오죽 답답하면 그러겠습니까? 그러나 자신의 신분이 하나님과 원수가 되어 있다면 감히 그런 일은 못 할 것입니다. 그래서 예수 믿는 사람들은 안 믿는 사람들이 급할 때 하나님을 찾는 걸 보면 안타깝게 생각합니다. 통하지도 않는 하소연을 저렇게 하고 있으니 얼마나 답답합니까? 죄인은 하나님과 원수라는 사실을 꼭 기억하십시오.

그다음 죄의 대가는 무엇입니까?

"죄의 삯은 사망이요 하나님의 은사는 그리스도 예수 우리 주 안에 있는 영생이니라"(롬 6:23).

죄인은 반드시 죽습니다. 저 역시도 죽습니다. 왜냐하면 죄의 대가는 죽음이라고 하나님이 설정해 놓았기 때문입니다. 하나님은 죄를 지은 아담과 하와에게 분명히 이야기했습니다.

"너는 흙이니 흙으로 돌아갈 것이니라"(창 3:19).

"선악을 알게 하는 나무의 열매는 먹지 말라 네가 먹는 날에는 반드시 죽으리라 하시니라"(창 2:17).

마찬가지로 사형 선고가 이미 내려져 있습니다. 그러므로 죄의 대가는 죽음입니다. 이 사실을 정확하게 이해해야 합니다.

• 세 가지 죽음

죽음에는 세 가지 죽음이 있습니다. 곧 영적인 죽음과 육신의 죽음, 그리고 영원한 죽음입니다. 예를 들어 한번 설명해보겠습니다. 지금 제 손에 국화 한 송이가 들려 있습니다. 이 꽃이 살았습니까, 죽었습니까? 아마도 "살았어요"라고 대답하신 분은 교회 처음 나온 분이고, "죽었어요"라고 대답하신 분은 교회 오래 다니신 분일 것입니다. 이 대답만으로도 완전히 구별됩니다.

이와 비슷한 예를 미시간 대학교에 다니는 교포 학생들과 나눈 적이 있습니다. 미시간에서 아주 멋진 호숫가를 사이에 두고 사나흘 동안 집회를 했는데, 학생들에게 죽음에 관해 가르치게 되었습니다. 마침 제 머리 위에 푸른 나무가 있어서, 나뭇가지 하나를 꺾어 그 가지를 들고 같은 질문을 던졌습니다. "이 나뭇가지가 살았습니까, 죽었습니까?" 그러자 한쪽에서는 "살았어요"라고 외치고, 다른 한쪽에서는 "죽었어요"라고 외쳤습니다. 그래서 저는 "여러분이 대답한 두 가지 다 맞습니다"라고 말해주었습니다.

그런데 성경이 말하는 죽음을 이것 가지고 설명하면 가장 간단합니다. 이 가지는 일단 죽었습니다. 왜냐하면 나무 둥지에서 꺾였기 때문입니다. 하지만 지금 파릇파릇 살아 있고 꽃도 피어 있는 걸 보면 살아 있다고도 할 수 있습니다. 그러다가 한 일주일 지나면 어떻게 됩니까? 노랗게 말라버립니다. 나중에는 죽습니다. 옛날에는 나무에 마른 가지들이 많으면 농부들이 그 나무를 태웠습니다.

정리해 보면 이렇습니다. 원가지에서 꺾이게 되는 단계가 있고, 얼마 후 노랗게 시들어 버리는 단계가 있으며, 그 다음에는 불 속으로 들어가는 단계가 있습니다. 인간도 마찬가지입니다. 무엇이 죽음입니까? 하나님에게서 잘려나가는 게 죽음입니다. 이것을 영적 죽음이라고 합니다. 언제 하나님에게서 잘려나갔습니까? 우리의 조상 아담과 하와가 하나님 앞에 죄를 범한 순간입니다. 그래서 그 후손으로 태어난 모든 인간은 세상에 태어날 때부터 하나님과 완전히 끊어진 관계입니다. 마치 나무에서 잘린 이 가지처럼 생명 되신 하나님으로부터 끊어져 나왔기 때문에, 인간은 살아 있지만 영적으로는 다 죽은 존재입니다.

인간이 세상에 태어나서 얼마나 삽니까? 성경에 보면 인간의 수명이 70이요, 건강하면 80이라고 했습니다. 우리나라 기대수명도 점차 늘고 있지만, 120세까지 살라고 하면 아마 고개를 내저을지 모릅니다. 지금 이 꽃이 한 일주일 동안은 이렇게 피어 있어도 생명이 있다고 생각하는 사람은 없습니다. 왜냐하면 이미 가지가 꺾인 이상 일주일 정도밖에 살지 못하기 때문입니다.

하나님은 사람이 세상에 태어나서 살아가는 70년 정도의 생을 생명으로 보지 않습니다. 하나님 보시기에는 꺾인 나뭇가지가 한 일주일 사는 것과 다를 바 없습니다. 게다가 건강하게 살지 못하고 얼마나 병 때문에 시달립니까? 많은 사람들이 세상에서 그저 젊고 건강하게 한 7, 80년 사는 게 생명이라고 생각합니다. 하지만 생명은 그런 게 아닙니다. 꽃 가지가 시들 듯 인간은 반드시 죽습니다. 육신이 죽습니다.

• 죽음의 문제를 해결하다

두 번째 죽음은 육신의 죽음입니다. 나뭇가지가 불에 들어가는 것처럼, 육신이 죽으면 그 영혼은 하나님이 준비하신 영원한 심판에 들어갑니다. 곧 지옥입니다. 이것을 영원한 죽음이라고 합니다. 한번 들어가면 나오지 못합니다. 죄의 대가는 죽음인데 영적으로 죽었고, 육신으로도 죽을 것이고, 심판과 함께 영원한 죽음이 우리 앞에 대기하고 있다는 사실을 알아야 합니다.

"한번 죽는 것은 사람에게 정해진 것이요 그 후에는 심판이 있으리니"
(히 9:27).

사람이 한 번 죽는 것은 정해진 운명입니다. 여기에서 '죽는다'는 말은 육신이 죽는다는 말이고, 죽은 후에는 심판이 있다고 말씀합니다. 이 심판은 상상만 해도 무섭습니다. 그래서 인간은 소망이 없는 존재입니다. 그래서 인간은 스스로 자신의 죄 문제를 해결할 수 없습니다. 어느 인간이 하나님 앞에 가서 "하나님이여, 당신과 나 사이에 원수 된 것을 풀어봅시다!"라고 하소연할 수 있겠습니까? 어느 인간이 감히 하나님을 찾아가서 "내 죄를 내가 다 해결했으니 이제 어디 한번 나와 손잡아 봅시다!"라고 말할 수 있느냐 말입니다. 죄인은 혼자 힘으로는 죄 문제를 해결하지 못합니다.

은행을 턴 강도들이 서로 자신의 죄를 처리하지 못하는 것처럼, 이 세상에 태어날 때부터 죄인으로 태어난 인간은 자기 힘으로 죄 문제를 해결하지 못합니다. 그러므로 속수무책입니다. 얼마나 절망적인 존재입니까? 그래서 이런 인간의 죄 문제를 해결하기 위해서 예수님이 오셨고 십자가에서 죽으셨습니다. 아래 예수님의 말씀을 보십시오.

"인자가 온 것은 섬김을 받으려 함이 아니라 도리어 섬기려 하고 자기 목숨을 많은 사람의 대속물로 주려 함이니라"(마 20:28).

여기에서 "자기 목숨을 많은 사람의 대속물로 주려 함이니라"는 말을 바꾸어 표현하면 "죽기 위해서 왔다"는 말입니다. 그러면 누구를 위해 죽는다는 말씀입니까? 바로 죄인을 위해서입니다. 죄인을 위해 죽고자 이 세상에 왔다는 것입니다. 다음 구절을 보십시오. 아주 중요한 말씀입니다.

"율법을 따라 거의 모든 물건이 피로써 정결하게 되나니 피 흘림이 없은즉 사함이 없느니라"(히 9:22).

여기에서 '피 흘림이 없은즉', 이 말은 '죽지 않으면' 절대로 죄를 용서받지 못한다는 의미입니다. 그 이유가 무엇인지 여러분이 대답해 보십시오. 죄의 값은 죽음이므로 죄를 용서받기 위해서는 반드시 죽음이 필요하기 때문입니다. 죽음이 무엇입니까? 피를 흘리는 것입니다. 이것이 하나님이 정해 주신 법칙입니다. 이 법칙을 사람이 바꿀 수 없습니다. 여러분, 죄인입니까? 그러면 반드시 죽어야 합니다. 여러분, 죄인입니까? 그러면 반드시 피 흘려야 합니다.

"육체의 생명은 피에 있음이라 내가 이 피를 너희에게 주어 제단에 뿌려 너희의 생명을 위하여 속죄하게 하였나니"(레 17:11).

구약 시대에는 짐승을 잡은 후 피를 뿌려서 속죄하도록 했습니다. 생명이 피에 있기에 피를 흘림으로 죄를 속하도록 한 것이 성경의 법칙입니다. 그렇다면 우리가 죄인이기 때문에 반드시 죽어야 하는데 대신 죽을 사람이 누가 있습니까? 나는 죽어도 소용이 없습니다. 왜 소용이 없습니까? 죄인인 당사자가 죽는 것은 당연한 일입니다. 따라서 죄를 용서받기 위해서는 대신 누가 피를 흘려줘야 하는데 죄 없는 사람의 피만 가능합니다. 다시 말해서 죄인인 나를 구원하기 위해서는 죄 없는 분이 대신 죽어주어야 합니다. 이 문제가 해결되지 않으면 우리에게는 소망도 없고 생명도 없고 영원도 없습니다. 바로 이 문제를 해결하기 위해 하나님의 아들 예수님이 세상에 오셔서 스스로 십자가에 자기 몸을 맡기신 것입니다. 다음 성경 구절을 읽어 보십시오.

"그리스도께서 우리를 위하여 저주를 받은 바 되사 율법의 저주에서 우리를 속량하셨으니 기록된 바 나무에 달린 자마다 저주 아래에 있는 자라 하였음이라"(갈 3:13).

죄인은 다 저주의 죽음을 당해야 하는데 이 죽음을 주님이 대신 당한 것입니다. 첫째, 예수님의 죽음은 나의 죄 값을 다 담당한 죽음입니다. 둘째, 예수님의 죽음은 내가 받을 저주와 심판을 대신 받으신 죽음입니다. 셋째, 예수님의 죽음은 내가 용서받을 수 있는 길을 열어준 죽음입니다. 이 얼마나 놀라운 죽음입니까? 어떻게 한 사람이 죽음으로써 이 세상에 난 모든 사람의 죄를 해결할 수 있습니까? 여러분에게 이런 의문이 생길지 모르지만 염려하지 마십시오.

• 예수님과는 못 바꿉니다

제가 초등학교 때에는 주일학교가 그리 활성화되어 있지 않았습니다. 그래서 초등학교 때부터 어른들이 참석하는 집회에 자주 참석하곤 했습니다. 성경 말씀을 배우고 설교 듣는 것을 좋아해서, 어른들 틈에 끼어 한두 시간씩 설교를 들었습니다.

한번은 부흥사 한 분이 예수님의 죽음에 관해 설명하다가 앞에 있는 분에게 물었습니다. "누구신지 모르지만, 집사님 맞으시죠? 그러면 한번 대답해보세요. 집사님 한 분을 파리 몇 마리와 바꿀 수 있겠습니까?" 그 집사님이 바로 대답을 못 하고 멍하게 앉아 있자, 또다시 물었습니다. "백 마리면 바꾸겠습니까?" 이번에도 가만히 있자, "모자라요? 그럼 만 마리면 되겠습니까?" 하고 물었습니다. 역시 대답을 못 하자 "모자라요? 백만 마리면 어떻습니까? 더 할까요?" 하고 대답을 재촉했습니다. 그러자 그분이 대답했습니다. "안 돼요, 아무리 많이 줘도 저와는 안 바꿉니다."

그 목사님은 질문을 이어갔습니다. "그렇죠. 어떻게 사람과 파리를 바꿀 수 있겠습니까? 마찬가지로 또 묻겠습니다. 죄 없는 예수님 한 분과 죄인인 사람을 바꾸면 일 대 몇으로 바꿀 수 있겠습니까? 죄 없는 예수님 한 분을 죄지은 사람 열 명과 바꿀까요? 아니면 백 명과 바꿀까요?" 그제야 질문의 의미를 깨닫고는 집회에 참석한 분들이 이렇게 대답했다고 합니다. "아무리 많이 주어도 예수님과는 못 바꿉니다." 왜 그렇습니까? 죄인은 가치가 없기 때문입니다. 하나님 앞에서 아무런 가치가 없습니다.

우리가 볼 때는 우리 자신이 대단한 존재처럼 보일 것입니다. 옷을 차려입고 거울 앞에 서서 이리저리 자신을 비춰보며 뽐냅니다. 그러다가 어디 가서 조금이라도 무시당하는 것 같으면 화가 나서 못 견딥니다. 우리가 '나'라는 존재를 얼마나 크게 생각합니까? 물론 인간이란 존재는 위대합니다. 그러나 죄 문제와 연결해 놓고 볼 때, 인간은 하나님 앞에는 파리보다도 못한 존재입니다.

그러므로 죄 없는 예수님 한 분은 죄를 지은 전 인류를 대신하고도 남는 능력이 있습니다. 예수님 한 분 때문에 모든 인류가 죄 용서함을 받을 수 있을 정도로 말입니다. 예수님은 내 죄를 대신 짊어지고 죽으셨습니다. 아직 예수를 믿지 않는 사랑하는 여러분을 위해 죄 없는 하나님의 아들이 십자가에서 2,000여 년 전에 돌아가셨다는 사실을 믿으시기 바랍니다. 바로 당신을 위해서 죽으셨습니다.

• 예수님만 믿으면

예수님이 십자가에 못 박혀 돌아가심으로 우리에게는 놀라운 세계가 열렸습니다.

"우리는 그리스도 안에서 그의 은혜의 풍성함을 따라 그의 피로 말미암아 속량 곧 죄 사함을 받았느니라"(엡 1:7).

예수님이 나 대신 죽으심으로 내 죄가 다 용서받게 되었습니다.

"곧 우리가 원수 되었을 때에 그의 아들의 죽으심으로 말미암아 하나님과 화목하게 되었은즉 화목하게 된 자로서는 더욱 그의 살아나심으로 말미암아 구원을 받을 것이니라"(롬 5:10).

여기에 '원수 되었다'라는 말이 나오는데, 우리가 하나님과 원수 되었을 때 그리스도의 죽으심으로 하나님과 어떻게 되었다고 나옵니까? 바로 원수 관계가 화해 관계가 되었다고 말씀합니다. 예수님이 십자가에 죽으심으로 드디어 우리의 모든 죄가 용서받았습니다. 그리고 우리가 예수를 믿기만 하면 하나님과 부자 관계가 됩니다. 원수 사이가 아버지와 아들 사이로 바뀝니다.

그래서 교회에 나와 기도하는 소리를 가만히 들어보면, 하나님을 '아버지'라고 부릅니다. 자기가 언제 하나님을 봤다고 함부로 아버지라고 부릅니까? 옆집에 있는 아저씨를 아버지라고 부르면 얼마나 이상합니까? 그런데 재미있는 것은 교회에 나와 아직 아무것도 모르는 분이 하나님을 '아버지'라고 부르며 기도한다는 것입니다. 다른 사람들이 하는 대로 따라 부르는 것인데, 사실 조심해야 합니다. 절대 함부로 부르는 이름이 아닙니다. 하나님이 누군 줄 알고 "아버지, 아버지" 하고 부릅니까? 어떤 사람이 아버지로 부를 수 있습니까? 예수님을 믿고 죄를 용서받은 사람만이 하나님을 아버지로 부를 수 있습니다.

따라서 다음 두 가지를 꼭 믿으십시오. 예수님이 나를 대신해서 죽으셨다는 것과, 그 예수님 때문에 내 모든 죄가 용서받는다는 것입니다. 그러면 어떤 일이 일어나는지 아십니까? 첫째, 모든 죄를 용서받습니다. 둘째, 영원히 용서받습니다. 셋째, 하나님과 부자 관계가 됩니다. 이 모든 것이 예수님만 믿으면 일어나는 일입니다.

• 감격할 수밖에 없는 이유

예수 믿는 사람들을 유심히 보십시오. 그들이 괜히 눈물 흘리고 기뻐하는 게 아닙니다. 좋아할 수밖에 없는 이유가 반드시 있습니다. 그들이 여러분의 집을 찾아올 때면 또 왔구나 싶어 많이 거절했을 것입니다. 주일 아침 일찍 전화가 오면 "엄마 없다고 해" 하고 피하거나 막상 전화를 받아도 건성으로 통화합니다. 제가 여러분 속을 환히 들여다보고 있습니다.

이웃 간에 마냥 피할 수만은 없어 약속하고 교회에 나가면 눈물 흘리며 감격하는 모습에 적응이 안 됩니다. '도대체 저 사람들은 어떻게 된 거야?' 하는 생각이 들겠지만, 믿는 사람 입장에서는 그럴만한 이유가 있습니다. 내 죄를 하나님의 아들이 대신 짊어지고 십자가에 죽으셨는데 어찌 감격하지 않겠습니까? 이 얼마나 대단한 일입니까?

아무리 사랑하는 남편이라도 그 남편이 여러분을 위해 피 한 방울 흘려 준 적 있습니까? 한번 말씀해 보십시오. 밤새도록 끙끙 앓아도 코만 골며 자는 게 남편 아닙니까? 나를 사랑한다는 사람도 별수 없습니다. 내가 정말 아파도 누구 하나 나를 대신해 줄 수 없습니다.

그런데 하나님의 아들 예수님이 내 죄를 짊어지고 십자가에서 대신 죽으셨다니 세상에 이것만큼 엄청난 일이 어디 있습니까? 거짓말 같지만 믿어 볼 마음이 안 생깁니까? '정말 나를 위해 죽었나? 정말 나를 위해서 죽으신 분이야?' 한번 관심을 갖고 찾아 들어와 보십시오. 그 엄청난 이야기를 듣고도 그냥 웃어넘길 정도면 마음이 굳게 닫혀 있는 분입니다. 그냥 듣고 넘길 수 없는 이야기 아닙니까?

그분만 믿으면, 그분이 나를 위해 죽으셨다는 것만 믿으면 모든 죄를 다 용서받습니다. 과거에 지은 죄도, 지금 지은 죄도, 내일 지을 죄도 다 용서받습니다. 이 얼마나 감격스러운 일인지 모릅니다. 제가 과거에 지은 죄도 다 용서받았습니다. 물론 오늘 아침에 지은 죄가 있을지 모르지만, 하나님 앞에서 용서받은 것으로 믿습니다. 왜냐하면 이 강단 올라오기 전 나의 모든 죄를 용서해 달라고 하나님 앞에 기도했기 때문입니다. 내일, 모레 또 죄를 범할 수도 있겠지만 걱정하지 않습니다. 예수님 때문에 전부 용서받게 되어 있습니다.

여러분에게는 이상하게 들릴지 모르지만 전혀 이상한 소리가 아닙니다.

• **예수를 믿어야 하는 이유**

사랑하는 아들이 오래전에 지은 죄가 있다고 합시다. 그 죄를 용서할 수 있습니까, 용서할 수 없습니까? 옛날에 잘못한 것들을 일기장에 빼곡히 적어 놓고는 틈만 나면 그걸 들고나와 "너, 몇 년 몇 월 며칠에 이런 죄 범하지 않았니?" 하고 따져 묻는 엄마가 있습니까? 여러분이 하나님보다 선하지 않더라도 그렇게까지 하진 않습니다. 아들이 잘못한 것은 다 용서하고 잊어버립니다.

그렇다면 지금 짓는 죄는 어떻게 하겠습니까? 솔직히 대답해 보십시오. 부모라면 "용서하지. 용서 못 할 게 뭐 있겠나?" 하고 대답할 것입니다. 그런데 내일, 모레 또 나쁜 짓을 하면 어떻게 하겠습니까? 호적에서 지우겠습니까? 자식에 대해서만은 모든 죄를 용서하는 게 아버지, 어머니의 입장입니다. 자식에 대해서만은 과거, 현재, 미래의 모든 죄를 용서하는 게 아버지, 어머니의 입장입니다.

하물며 하나님의 자녀가 된 우리를 보시는 하나님의 입장도 이와 다를 리 없습니다. 왜 하나님께서 우리가 과거에 지었던 죄, 현재에 짓는 죄, 그리고 미래에 지을 죄까지 다 기억하고 따질 것으로 생각합니까? 그렇지 않습니다. 예수를 믿기만 하면 하나님께서 우리의 모든 죄를 완전히 용서하시는데 이것을 생각할 때마다 어찌 기쁘지 않겠습니까? 예수를 믿기만 하면 주홍같이 붉은 죄도 눈처럼 희어질 것이라고 말씀하셨습니다. 우리의 모든 죄를 등 뒤에, 깊은 바다에 멀리 던져버리시고 다신 기억하지 않으시겠다고 말씀하셨습니다.

따라서 오늘 당장 내가 하나님의 부름을 받는다 할지라도, 예수님이 입혀 준 하얀 의의 옷을 입고 하나님 앞에 당당히 서게 되어 있습니다. 예수님의 이름만 있으면 하나님은 무조건 나를 죄 없는 사람으로 받아들이게 되어 있습니다. 그 이유는 예수님이 나의 죄를 다 처리해 주셨기 때문입니다. 그러므로 예수 믿는 사람은 항상 기뻐하고 감사하고 감격합니다. 죄를 용서받았다는데 이 얼마나 좋은 일입니까? 이 기쁨을 어떻게 표현할 수 있겠습니까? 죄를 용서받고 하나님의 아들이 되었는데 이것만큼 좋은 일이 어디 있겠습니까?

예수를 꼭 믿으십시오. 그래야 세상 살맛이 납니다. 그래야 각종 정신 질환이 치료됩니다. 그래야 여러분의 건강이 좋아집니다. 그래야 여러분의 가정을 보는 눈이 달라집니다. 그래야 세상을 사는 태도가 달라집니다. 이런 좋은 이야기를 하자면 끝이 없습니다.

그래서 예수 믿는 사람은 급할 때마다 하나님을 찾습니다. 하늘에 계신 아버지를 찾습니다. 그분은 항상 내 옆에 계시는 아버지요, 항상 내 마음에 계시는 아버지입니다. 우리가 부르기만 하면 새벽 두 시든, 세 시든 언제라도 대답하십니다. 아무리 자녀를 사랑하는 아버지라도 한밤중에 계속 깨운다면 마냥 좋아할 아버지가 어디 있겠습니까? 그러나 하나님 아버지는 밤중도 새벽도 상관없습니다. 언제든지 "아버지, 좀 도와 주세요" 하면 "오냐, 오냐" 하시며 기가 막히게 우리를 돌봐주십니다. 이렇게 좋은 예수를 왜 안 믿으십니까? 꼭 예수를 믿으시고 이 놀라운 용서의 축복을 받으시길 바랍니다.

03

죽음에서 부활하신 예수 그리스도
(막 16:1-8)

부활은 기독교의 꽃이라고 말할 정도로 중요한 주제입니다. 이 가운데 부활의 의미를 모르시는 분은 한 분도 없으리라고 봅니다. 죽은 자가 다시 살아나는 것을 부활이라고 합니다. 부활은 예수님의 입을 통해서 여러 번 예고된 바 있습니다. 예고된 그 말씀 중 하나는 다음과 같습니다.

"보라 우리가 예루살렘에 올라가노니 인자가 대제사장들과 서기관들에게 넘겨지매 그들이 죽이기로 결의하고 이방인들에게 넘겨 주겠고 그들은 능욕하며 침 뱉으며 채찍질하고 죽일 것이나 그는 삼 일 만에 살아나리라 하시니라"(막 10:33-34).

죽었다가 3일 만에 다시 살아난다니, 정신 나간 사람이 아니면 이런 말을 할 수 없습니다. 반대로 정신이 나간 게 아니라면 정말로 살아날 사람 외에는 이런 말을 할 수 없습니다. 예수 그리스도를 적당하게 보지 마십시오. 하나님의 아들이요 죽은 자 가운데서 다시 살아나신 구원자로 인정하며 아예 무릎을 꿇고 그 발에 입을 맞추든지 아니면 정신 나간 소리 그만 하라며 돌아서든지 둘 중 하나입니다.

• 부활의 첫 증인

예수님이 예고한 이런 내용이 적어도 성경에 일곱 번 가까이 나옵니다. 예수님은 예루살렘을 향해 올라가는 길에서, 즉 죽으러 올라가는 길에서 십자가 죽음과 부활을 말씀하십니다. 자신을 기다리고 있는 십자가 죽음을 내다보면서 제자들을 계속 교육하십니다. 게다가 십자가에 관한 말씀을 하실 때마다 다시 살아난다는 사실도 덧붙여 말씀하셨습니다. 하지만 제자들은 믿으려 하지 않았습니다. 또 무슨 말씀인지 이해도 못 하고 그냥 예수님을 따를 뿐이었습니다.

그런데 아이러니하게도 예수님의 부활 예고를 가장 새까맣게 잊어버린 사람이 누군지 아십니까? 다름 아닌 제자들이었습니다. 반면에 그 예고를 가장 생생하게 기억했던 사람이 누군지 아십니까? 예수님에게 사형 선고를 내리고 십자가에 못 박히도록 내주었던 대제사장과 종교 지도자들이었습니다. 예수님이 살아나신 후에도 믿지 않고 끝까지 완고하게 버틴 사람들 역시 예수님의 제자들이었습니

다. 이 사실을 여러분이 알아야 합니다. 우선 예수님의 부활 현장에
잠깐 내려가 보도록 하겠습니다.

"안식일이 지나매 막달라 마리아와 야고보의 어머니 마리아와 또 살로
메가 가서 예수께 바르기 위하여 향품을 사다 두었다가 안식 후 첫날
매우 일찍이 해 돋을 때에 그 무덤으로 가며 서로 말하되 누가 우리를
위하여 무덤 문에서 돌을 굴려 주리요 하더니"(막 16:1-3).

유대 나라 사람들은 사람이 죽으면, 특히 귀한 분이 죽게 되면 육
체가 썩는 것을 막고자 향료를 발랐습니다. 그래서 안식일 다음 날,
지금으로 말하면 주일날 아침 동틀 무렵 무덤으로 가면서 무덤 입구
에 막아둔 돌을 누가 굴려 줄까 하고 걱정했습니다. 당시 유대 나라
사람들은 죽으면 가족묘에 안치되었는데, 예수님이 묻히신 무덤은
아리마대 요셉이라는 부자가 자신을 위해 준비한 무덤이었기에 새
무덤이었습니다. 그리고 무덤 입구에는 매우 큰 돌로 막아두는 것이
유대 나라 무덤의 일반적인 특징이었습니다.

그런데 가서 보니 그 큰 돌이 이미 굴려져 있었습니다. 게다가 다
른 성경(요 20:12)의 표현을 빌리면 흰옷을 입은 천사들이 그 안에 있
는 게 아니겠습니까?

"눈을 들어본즉 벌써 돌이 굴려져 있는데 그 돌이 심히 크더라 무덤에 들
어가서 흰 옷을 입은 한 청년이 우편에 앉은 것을 보고 놀라매"(막 16:4-5).

여인들이 너무나 놀랐습니다. 그러자 그 청년이 어떤 말을 합니까?

"청년이 이르되 놀라지 말라 너희가 십자가에 못 박히신 나사렛 예수를 찾는구나 그가 살아나셨고 여기 계시지 아니하니라 보라 그를 두었던 곳이니라 가서 그의 제자들과 베드로에게 이르기를 예수께서 너희보다 먼저 갈릴리로 가시나니 전에 너희에게 말씀하신 대로 너희가 거기서 뵈오리라 하라 하는지라"(막 16:6-7).

놀랍게도 십자가에 못 박히신 예수가 다시 살아나셔서 여기 계시지 않는다는 것입니다. 그리고 "전에 너희에게 말씀하신 대로" 예수님이 제자들보다 먼저 갈릴리로 가셔서 그들을 만날 것이라고 이를 알려주라는 것입니다.

"여자들이 몹시 놀라 떨며 나와 무덤에서 도망하고 무서워하여 아무에게 아무 말도 하지 못하더라"(막 16:8).

여인들은 정신없이 무덤에서 도망쳐 나왔고, 겁에 질려 아무에게도 말을 못 했습니다. 하지만 예수님의 부활 현장에 가장 먼저 도착한 것도, 예수님의 부활을 가장 먼저 확인한 것도, 예수님의 부활 소식을 가장 먼저 알려준 것도 다 여자들이었습니다. 그 가운데 막달라 마리아는 부활하신 예수님을 가장 먼저 만나는 영광을 누리게 되었습니다. 그뿐만 아니라 예수님이 이 세상에 육신의 몸을 입고 오신다는 것을 가장 먼저 안 것도 여자입니다.

이처럼 신앙 세계에서는 남자가 큰소리칠 여지가 없긴 합니다. 예수님의 부활 소식을 전해 줘도 끝까지 믿지 않은 건 남자였습니다. 만일 천당과 지옥에 남녀 구별이 있다면 아마도 천당은 여자 세상이고, 지옥은 남자 세상일 것입니다. 하지만 감사하게도 천국에서는 남녀 구별이 없습니다.

• 예고된 부활

지금 이 자리에 처음 나오신 형제, 자매님들 가운데에는 예수님의 부활을 믿지 않거나 또 믿을 수 없다고 아예 마음을 닫아버린 분들이 있으리라고 봅니다. 제가 아무리 설명해도 목사니까 저렇게 말한다는 선입관 때문에 더 받아들이지 못할 수도 있습니다. 그러나 다른 말을 전혀 들을 수 없는 위치에 자신을 갖다 놓는 것은 그리 정상적인 태도가 아닙니다. 진리는 들어야 합니다. 이제 예수님의 부활 사건을 절대로 부인할 수 없는 여덟 가지 증거를 말씀드리고자 합니다. 이들 증거로도 예수님의 부활이 거짓말로 생각된다면 믿지 않아도 좋습니다.

우선 첫 번째 증거는 예수님의 부활이 이미 예고된 사건이라는 것입니다.

"내가 받은 것을 먼저 너희에게 전하였노니 이는 성경대로 그리스도께서 우리 죄를 위하여 죽으시고 장사 지낸 바 되셨다가 성경대로 사흘 만에 다시 살아나사"(고전 15:3-4).

여기에서 중요한 말은 "성경대로"입니다. 이 말은 예수님이 3일 만에 살아나실 것을 이미 여러 번 하나님께서 말씀하셨음을 의미합니다. 예수님의 부활은 어쩌다가 일어난 우발적인 사건이 아닙니다. 이미 수백 년 전부터 예수님이 죽었다가 다시 살아날 것을 성경은 기록해 놓고 있습니다. 또한 예수님도 내가 죽으면 성경에 기록된 대로 3일 만에 다시 살아날 것이라고 말씀하셨습니다. 따라서 예수님의 부활은 우발적인 사건도, 예측하지 못했던 기이한 현상도 아닙니다. 이미 기정사실화되어 있었던 사건입니다. 이것을 여러분이 아셔야 합니다.

제가 이 말씀을 드리는 이유는, 부활 사건을 믿지 않으려고 하는 학자들의 주장 때문입니다. 그들은 부활을 가리켜 기독교가 조작해 낸 이야기라고 말합니다. 예수님의 제자들이 돌아가신 예수님을 너무 그리워한 만들어 낸 거짓말이라는 것입니다. 다시 말하지만, 예수님이 부활하신 것은 어쩌다가 생긴 이야기도 아니고 우발적으로 일어난 사건도 아닙니다. 계획된 사건이요, 확정된 사건입니다. 그러므로 전혀 이상한 일이 아닙니다.

예수님이 십자가에서 분명히 운명하신 것을 가장 먼저 확인한 사람이 누구입니까? 예수의 제자가 아닙니다. 예수님을 십자가에 못 박아 죽인 사람들입니다. 그들이 직접 가서 확인한 사실입니다. 그 다음 날이 안식일이어서 행여 살아 있으면 장사 지낼 수 없으므로 확인 후에 처리할 생각이었습니다. 그런데 강도 둘은 아직 죽지 않고 살아 있었기에 더는 호흡하지 못하도록 아예 다리를 꺾어 버렸습니다. 몸을 움직이지 못하게 된 강도 둘은 결국 질식해 죽었습니다.

그러나 예수님에게는 그렇게 할 필요도 없이 이미 세상을 떠나셨습니다. 그래도 혹시나 살아 있을까 싶어 로마 군인이 예수님의 옆구리에 창을 찔렀습니다. 그러자 물과 피가 쏟아졌습니다. 물과 피가 나뉘었다는 것은 사체에서 일어나는 현상입니다. 이미 죽어서 몸 안에서 분해가 시작된 것입니다.

이것을 누가 보았습니까? 예수님을 십자가에 못 박아 죽인 사람들이 확인했습니다. 그런데 잠시 기절했다가 일어났다는 게 말이 됩니까? 우리는 솔직해야 합니다. 모든 증거 앞에서 정직해야 합니다. 선입관으로 이상하게 비틀어 생각하면 결국 자기 자신이 거짓말쟁이라는 것을 증명할 뿐입니다.

• 증인과 증거

두 번째 증거는 예수님의 부활을 본 증인들과 그 사실을 기록한 증거들이 매우 완벽하다는 것입니다.

"게바에게 보이시고 후에 열두 제자에게와 그 후에 오백여 형제에게 일시에 보이셨나니 그 중에 지금까지 대다수는 살아 있고 어떤 사람은 잠들었으며 그 후에 야고보에게 보이셨으며 그 후에 모든 사도에게와 맨 나중에 만삭되지 못하여 난 자 같은 내게도 보이셨느니라"(고전 15:5-8).

3일 만에 다시 살아나신 예수님은 먼저 베드로에게 나타나셨고, 그다음은 열두 제자에게, 그리고 500여 형제에게 나타나셨습니다. 여기까지 513명입니다. 바울이 이 글을 쓸 때는 예수님이 부활하신 지 2, 30년이 지난 시점인데, 그 후로 예수님의 동생 야고보에게 나타나셨습니다. 그리고 모든 사도, 즉 열두 명의 사도에게 나타나셨고, 맨 나중에는 부족하기 짝이 없는 바울 자신에게도 나타났다고 말합니다. 이 기록만 가지고 본다면 예수님이 부활하신 것을 본 증인이 몇 명이나 됩니까? 총 527명입니다.

그런데 이상하게도 예수님이 부활하신 것을 가장 먼저 보았던 여자들은 다 빠져 있습니다. 그 당시 문헌을 기록할 때 여자는 수에 포함하지 않는 것이 관례였기 때문입니다. 그러나 성경 전반에 걸쳐 여자들의 이름도 수없이 등장하고 그들이 한 일도 수없이 기록되어 있습니다. 그만큼 하나님의 말씀은 여자를 남자와 똑같은 위치에 놓고 존귀한 영혼으로 대우해주십니다.

따라서 이 여자들까지 합하면 목격자의 수는 훨씬 더 많아집니다. 이렇게 수많은 사람들이 본 사건을 어떻게 거짓말이라고 말할 수 있겠습니까? 과학적인 사람일수록, 논리적인 사고가 발달한 사람일수록 이를 부인할 수 없다고 말하는 게 차라리 솔직한 대답일 것입니다.

심지어 제자들조차 예수님의 부활을 믿지 않았고, 부활 후 예수님이 그들 앞에 나타나자 유령으로 생각했습니다. 제자들의 생각을 꿰뚫어 보신 예수님은 직접 자신의 몸을 만져보라고 말씀하셨습니다. 그리고 생선도 구워주시며 함께 식사했습니다. 이로써 제자들의 마음속 의심의 구름을 말끔히 제거해 주셨습니다. 그런데도 예수님의 부활이 얼마나 믿기 어려웠던지, 예수님이 40일 동안 그들과 함께 계시다가 나중에 하나님 나라로 승천하시는 그 현장에서도 제자들 중 일부는 믿지 못했습니다. 그만큼 믿는다는 것이 어려운 일입니다. 가장 믿지 않은 사람이 제자들입니다.

옥스퍼드 대학의 현대 역사 주임 교수였던 토마스 아널드(Thomas Anold) 박사의 말을 소개하겠습니다. 역사적 사실을 결정짓는 데 있어서 믿을만한 증거의 가치를 누구보다도 잘 알고 있었던 그가 예수님의 부활에 대해 다음과 같이 이야기했습니다.

"나는 다른 사람을 설득하기 위해서 예수님의 부활에 대한 자료를 조사한 것이 아니라 내가 만족을 얻고 믿기 위해서 성경에 있는 예수님의 부활 자료들을 조사해 보았다. 나는 역사적인 자료들을 가지고 여러 해 동안 연구해 온 사람이요, 역사적인 자료를 검토하는 데 상당한 경험을 가진 사람이기 때문에 성경에 들어있는 예수님의 부활에 관한 자료도 공평한 입장에서 구별할 수 있고 그 진위를 가릴 수 있다고 확신한다. 예수 그리스도의 죽음과 부활 사건만큼 더 완전하게 증명할 수 있는 사건은 일찍이 인류 역사상 단 하나도 그 예를 찾아볼 수 없음을 알게 되었다."

즉 인류 역사상 예수님의 부활 사건만큼 완벽한 증거와 증인을 가진 사건이 없다는 것입니다. 이처럼 예수님의 부활에 대한 자료와 증인은 허다합니다. 따라서 의심하는 마음을 내려놓으십시오. 예수님의 부활을 본 증인과 그 사실을 기록한 증거가 너무나 완벽하다는 사실을 기억하시길 바랍니다.

• 유대인의 침묵

세 번째 증거는 유대인의 침묵입니다. 다시 말하면 예수님을 못 박아 죽인 사람들의 침묵입니다. 예수님이 죽으신 지 3일이 지나자 갑자기 제자들은 예수가 부활했다고 소리치면서 예루살렘을 뛰어다니기 시작합니다. 그 소문이 예루살렘에 파다하게 퍼졌습니다. 앞서 대제사장들과 바리새인들은 빌라도의 허락을 받아 예수님의 시신이 놓인 무덤을 막아둔 돌에 봉인하고, 경비병들로 단단히 지키게 했습니다. 평소 예수님이 3일 만에 살아날 것이라고 말씀하셨기 때문에 한 3일은 지켜야 한다고 생각했습니다. 이런 와중에 갑자기 예수님이 부활하셨다는 소문이 퍼진 것입니다.

만약 제자들이 거짓말한 것이라면 어떻게 됐을까요? 악성 소문을 퍼뜨린 죄로 당장 잡혀 들어갔을 것입니다. 제자들의 말이 참인지 거짓인지는 예수님의 무덤을 현장 검사하면 간단히 증명됩니다. 혹여 제자들이 시체를 훔쳐간 건 아닌지 의심된다면 그 흔적을 낱낱이 살피면 됩니다. 하지만 공교롭게도 훔쳐간 흔적을 발견할 수 없었습니다. 당시 유대 나라의 장례법에서는 수의를 입히는 방식이 아닌 천으로 몸을 칭칭 감아 미라처럼 무덤에 안치하기 때문에 감아 놓은 형태를 그대로 유지한 채 시체만 빼내어 훔쳐간다는 게 불가능합니다.

따라서 예수를 죽인 대제사장들이나 유대인 지도자들이 침묵할 수밖에 없었습니다. 예수님의 부활을 부인할 증거가 없었기 때문입니다. 그런 점에서 그들의 침묵은 예수님의 부활 메시지만큼 중요하다는 사실을 꼭 기억하십시오.

• 진상으로 규명된 소문

네 번째 증거는 경비병들에게 뇌물을 준 사실입니다. 성경에 보면 예수님이 부활했다는 사실을 대제사장이나 유대 나라 지도자들에게 가장 먼저 보고한 사람이 누구입니까? 예수님의 제자들입니까? 아닙니다. 예수님의 무덤을 지키고 있던 경비병들입니다. 그들은 자기 눈으로 그 현장을 똑똑히 보았습니다. 돌이 굴러져 있고 예수님이 부활하신 흔적을 보지 못했을 리 만무합니다. 그래서 그 사건을 있는 그대로 상관에게 전달했습니다.

그러자 상관 입장에서는 큰일 났습니다. 예수님의 부활을 부인할 수 없는 상황이 벌어진 것입니다. 가장 좋은 방법은 경비병들의 입을 돈으로 틀어막는 것입니다. 돈으로 진실을 가리는 것입니다. 성경에 보면 뇌물을 경비병들에게 주어 이 사실이 새나가지 않도록 했다고 나옵니다. 따라서 이것만큼 예수님 부활이 진실임을 증명하는 것이 어디 있겠습니까?

다섯 번째 증거는 예수님이 부활했다는 소문이 났을 때 어떤 반증도 없었다는 사실입니다. 아무리 찾아봐도 예수님이 부활하지 않았다는 증거를 찾을 수 없습니다.

• 부정할 수 없는 부활

여섯 번째 증거는 예수님의 부활을 부정하려는 도전이 많았지만, 역사적으로 완벽하게 증명하진 못했다는 점입니다. 수많은 학자들이 예수님의 부활을 날조요 엉터리로 증명하고자 책도 쓰고 갖가지 반증도 들이댔지만, 일시적인 유행으로 끝났을 뿐 50년을 지탱한 학설이 없습니다. 나중에는 전부 쓰레기통이 들어갔습니다.

그 대신 예수 그리스도에 관해 증거하는 성경책은 오늘날까지도 전 세계적으로 스테디셀러입니다. 이것만큼 예수님의 부활을 가장 강력하게 증명하는 게 또 어디 있겠습니까? 예수님의 부활이 거짓말이라면 지난 2,000여 년 동안 이 성경책이 널리 보급될 수 없었을 것입니다. 이처럼 빈부귀천을 막론하고 국경과 인종을 초월하여 모든 사람의 손에 성경이 들린 이유가 무엇이겠습니까? 다름 아닌 진실이기 때문입니다.

　루이스 월리스(Lewis Wallace)란 사람은 여러분이 잘 아는 소설 『벤허』 (Ben Hur)의 저자입니다. 그는 이 책을 통해 예수를 안 믿는 사람에게도 큰 감동을 주었습니다. 특히 예수님이 십자가에 못 박혀 돌아가시는 장면과 부활했을 때의 현장 묘사는 그야말로 예술적입니다. 월리스가 그 작품을 쓸 때는 신실한 크리스천이었지만, 그전에는 예수님의 부활을 믿지 못해 도서관을 뒤지며 반박할 근거를 찾아다니던 무신론자였습니다. 그런데 성경을 반박하기 위해 반복해서 들춰 읽다가 나중에는 무릎을 꿇고 맙니다. 월리스는 완전히 변화 받아 하나님 앞에 새사람이 되었습니다. 그런 다음 쓰게 된 소설이 바로 『벤허』입니다.

　진실을 거짓말로 바꾸는 것만큼 어려운 일도 없습니다. 차라리 거짓말을 진실로 바꾸는 건 쉽습니다. 하지만 진실을 거짓말로 바꾸기란 여건 어려운 일이 아닙니다.

　전 세계적으로 널리 퍼져있는 기독교를 보십시오. 예수가 부활하지 않았다면 어떻게 이 종교가 모든 사람의 마음을 사로잡을 수 있겠습니까? 예수님이 부활하지 않았다면 누가 그 마음을 사로잡고 있는 것입니까? 귀신입니까, 마귀입니까, 아니면 자기 최면에 취해 있는 것입니까? 도대체 그 마음을 잡고 있는 것이 누구입니까? 누가 그 마음을 잡고 있길래 눈물을 흘리면서 믿음을 고백합니까? 한 번 생각해 보십시오. 그것은 바로 부활하신 예수님입니다. 아무도 부인할 수 없습니다.

• 죽음을 이기다

일곱 번째 증거는 예수님이 죽음을 이겼다는 점입니다. 다음은 베드로가 설교한 내용입니다.

> "그가 하나님께서 정하신 뜻과 미리 아신 대로 내준 바 되었거늘 너희가 법 없는 자들의 손을 빌려 못 박아 죽였으나
> 하나님께서 그를 사망의 고통에서 풀어 살리셨으니 이는 그가 사망에 매여 있을 수 없었음이라"(행 2:23-24).

마지막 구절을 다시 읽어봅시다. "사망에 매여 있을 수 없었음이라" 저는 성경을 읽으면서 이 구절만큼 재미있는 구절도 드물다고 생각합니다. 원래 뜻은 이것입니다. 예수님이 십자가에 못 박혀 무덤에 들어갔습니다. 여기까지 보면 예수님이 죽음 앞에 완전히 굴복한 것처럼 보이지 않습니까? 다시 말하면 예수님이 죽음의 손아귀에 완전히 잡힌 것으로 생각할 수 있습니다. 그런데 3일 만에 그 손아귀를 떨쳐버리고 다시 살아났다는 말입니다. 이것을 어떻게 표현하고 있

습니까? 예수님이 부활하신 것은 죽음이 예수님을 끝까지 붙잡아 둘 수 없어서 풀어놓았다는 것입니다. 왜 그렇습니까? 예수님은 생명이기 때문입니다. 생명의 주인이기 때문에 생명의 주인을 죽음이 붙잡아 둘 수 없습니다.

예를 들어 열 살 된 아들과 아버지가 지금 레슬링을 한다고 합시다. 아들이 아빠의 허리를 꽉 잡고 "절대 놓지 않을 거야. 내가 이길 거야" 하고는 버팁니다. 아빠가 그 팔을 풀고 나오기가 쉽겠습니까, 어렵겠습니까? 아들을 위해 약간 져주는 것처럼 끙끙거리는 척하다가 나중에는 슬그머니 아들의 팔을 풀어 버립니다. 아이가 아무리 아빠를 끌어안고 안 놓으려 애써도 아빠는 쉽게 풀고 나옵니다. 별수 없습니다. 아빠는 아이보다 훨씬 강하기 때문입니다.

마찬가지로 예수님은 생명의 주인입니다. 죽음이 아무리 예수를 끌어안고 안 놓으려고 해도 생명의 주인 되신 분은 그 쇠사슬을 쉽게 풀고 나올 수 있습니다. 그래서 예수님이 부활할 수밖에 없었던 것입니다. 이것이 성경이 말하는 부활의 증거입니다. 예수님은 무덤에서 영원히 계실 수가 없었습니다. 예수님은 죽음의 손아귀에서 영원히 벗어나지 못하는 운명이 될 수 없었습니다. 왜냐하면 예수님은 생명의 주인이요, 하나님의 아들이요, 하나님이기 때문입니다.

마지막 증거는 내가 믿기 때문이라는 것입니다. 세상에 그것만큼 자신 있는 증거가 어디 있겠습니까? 여러분은 예수님이 부활하신 것을 믿습니까? 그것만큼 자신 있게 예수님의 부활을 증거하게 만드는 것도 없습니다.

•믿지 못하는 이유

지금까지 예수님의 부활을 부인할 수 없는 여덟 가지 증거를 말씀드렸습니다. 아직도 부활이 믿어지지 않는다면 그 이유가 무엇입니까? 예수님의 부활이 믿기 어려운 사건이기 때문입니까? 아닙니다. 이를 믿지 않으려는 인간의 악한 마음에 문제입니다.

이 가운데 아직 예수를 믿지 않는 형제, 자매들이 있으면 솔직하게 자신을 돌아보길 바랍니다. 예수의 부활 자체가 어려워서 안 믿는 것입니까? 아닙니다. 그 어려움을 풀 수 있는 증거는 얼마든지 있습니다. 그러면 왜 믿지 않습니까? 자신의 마음이 너무 완악하기 때문입니다. 예수의 부활을 의심하는 원인을 부활 사건에 두지 마십시오. 부활 사건은 우리가 좀 더 합리적으로 생각만 할 수 있다면, 의구심을 해결하고도 남을 완벽한 증거와 완벽한 배경이 있습니다.

따라서 믿지 못하는 이유는 나 자신에게 있습니다. 여러분의 마음이 그만큼 어둡기 때문입니다. 이 시간 이 자리에 나와서 설교를 듣는 이유가 무엇입니까? 이 설교를 듣는 동안 하나님께서 여러분 자신도 어떻게 할 수 없는 마음의 불신앙을 꺾어주십니다. 이럴 때 드디어 여러분이 예수 믿고 돌아오는 놀라운 역사가 일어납니다.

그렇다면 예수님은 부활하심으로 어떤 분이 되셨습니까?

"그런즉 이스라엘 온 집은 확실히 알지니 너희가 십자가에 못 박은 이 예수를 하나님이 주와 그리스도가 되게 하셨느니라 하니라"(행 2:36).

여기에서 '주'라는 말은 하나님이라는 뜻이고, '그리스도'라는 말은 구원자라는 뜻입니다. 즉 예수님이 십자가에 못 박혀 돌아가시고 3일 만에 살아나심으로 하나님께서는 예수님을 전 인류의 하나님, 전 인류의 구원자로 삼아 주셨습니다.

"이러므로 하나님이 그를 지극히 높여 모든 이름 위에 뛰어난 이름을 주사 하늘에 있는 자들과 땅에 있는 자들과 땅 아래에 있는 자들로 모든 무릎을 예수의 이름에 꿇게 하시고 모든 입으로 예수 그리스도를 주라 시인하여 하나님 아버지께 영광을 돌리게 하셨느니라"(빌 2:9-11).

그뿐만 아니라 하나님께서는 예수님을 최고로 높여 모든 이름 위에 뛰어난 이름을 주셨습니다. 그래서 하늘과 땅과 땅 아래 있는 자들이 모두 예수님의 이름 앞에 무릎 꿇게 하셨습니다. 따라서 무릎 꿇지 않는 자는 하나님께 반역하는 자, 불순종하는 자입니다. 그는 하나님의 심판을 피할 수 없습니다. '무릎 꿇는다'는 말은 믿는다는 말입니다. 모든 사람은 예수 그리스도를 믿을 뿐 아니라 나의 주님, 즉 나의 하나님으로 고백할 수 있어야 합니다. 그럴 때 하나님 아버지께 영광을 돌릴 수 있습니다. 이를 위해 오늘 여러분이 이 자리에 나와 계십니다.

• 죽음의 공포에서 해방되다

이제 예수님이 부활하심으로 우리가 얻은 축복에 대해 몇 가지로 정리해보겠습니다. 여러분의 마음에 꼭 담아 두시길 바랍니다. 예수님이 부활하심으로 제게 가장 큰 위안과 놀라운 축복이 되었던 것은 죽음의 공포에서 해방된 것입니다. 예수님은 죽음을 이기신 승리자입니다. 예수를 몰랐을 때는 죽음이란 숙명적으로 받아들여야만 하는 것으로 체념해 왔습니다만, 예수를 알고 나서부터는 죽음을 보는 눈이 달라졌습니다. 죽음을 대하는 태도가 달라졌습니다. 쉽게 말하면 죽음 앞에서 세상 사람들이 느끼는 공포를 경험하지 않게 되었습니다. 죽음 앞에서 일반 사람들이 느끼는 좌절을 겪지 않게 되었습니다.

저는 한 해 동안에도 몇십 명의 장례식을 치르는 사람입니다. 얼마나 많은 형제들이 먼저 예수 믿고 하나님 나라로 가는지 모릅니다. 만약 나에게 죽음을 보는 눈이 예수 안에서 달라지지 않았다면, 날마다 땅을 치고 통곡하느라 목이 쉬어서 지금 한마디도 못할 것입니다. 오늘 아침에도 저는 장례식을 치르고 왔습니다. 부활하신 예수님, 죽음을 이기고 살아나신 예수님을 믿게 되자 드디어 죽음을 보는 눈이 달라졌습니다. 옛날처럼 떨지 않습니다. 물론 본능적인 공포감이나 불안감은 인간이기에 있을 수 있지만, 근본적인 면에서는 완전히 달라졌습니다. 이처럼 여러분에게도 죽음에 대한 새로운 자세가 준비되어 있습니까?

조선 시대 마지막 해학가로 알려진 정만서라는 사람이 임종을 앞두고 있을 때, 신하가 와서 이런 질문을 던졌다고 합니다. "죽음을 무엇이라고 생각합니까?" 그러자 그는 "아직 경험한 적 없는 처음 겪는 일이라 잘 모르겠소"라고 말했다는 일화가 있습니다. 사실 잘 모른다는 말로 끝날 수 있다면 굉장히 다행입니다. 그러나 죽음은 그렇게 단순하지 않습니다.

어떤 사람은 죽음에 대해 제법 태연한 자세로 말합니다. 또 어떤 사람은 죽음에 대해 굉장히 자신만만하게 태도를 보이기도 합니다. 한번은 임종을 앞둔 분에게 목사가 와서 기도해 주어도 되겠냐고 물었습니다. 그러자 기도가 필요 없다고 거절했습니다. 기도 받지 않고 죽어야 죽은 자들이 정말 지옥에 가는지 안 가는지 자신이 알 수 있지 않겠냐는 것입니다. 그러나 이것도 다 자기기만입니다. 죽음은 절대 만만하지 않습니다.

• 죽음을 맞는 자세

사람이 죽으면 그것으로 끝납니까? 죽으면 전부입니까? 그렇다면 저는 인간이 개보다도 못하다고 말하고 싶습니다. 인생에 대한 고민도, 살아갈 걱정도, 미래에 대해 아무 생각도 없이 얼마나 팔자 좋게 먹고 살다가 죽습니까? 만약 인간이 개처럼 그렇게 죽어서 끝이면 왜 인생이 이렇게 사납고 힘듭니까?

하나님은 인간을 그렇게 만들지 않았습니다. 인간에게 고민이 많은 것은 인간의 영혼이 그만큼 가치 있기 때문입니다. 절대 죽음으로 끝나지 않습니다. 성경은 이렇게 말씀합니다.

"한번 죽는 것은 사람에게 정해진 것이요 그 후에는 심판이 있으리니"
(히 9:27).

여기에서 '심판'이라는 말은 하나님 앞에 선다는 의미입니다. 하나님 앞에 섰을 때 부활하신 예수님의 이름을 들고 나가는 사람은 예수님과 함께 영원히 사는 나라로 인도받지만, 예수님의 이름을 들고 나가지 못하는 사람은 영원히 형벌 받는 곳으로 인도받을 수밖에 없습니다. 우리는 죽음 이후 영혼이 겪고 있는 일을 알지 못합니다. 그러나 생각만 해도 소름 끼칩니다. 죽음은 단순한 문제가 아닙니다. 병원에 가서 부들부들 떨지 말고, 몸에 조금만 증세가 있어도 거울을 쳐다보며 불안해하지 말고 예수를 믿으십시오. 그러면 죽음을 보는 눈이 달라집니다.

언제든지 하나님이 불러 가실 때가 되면 아무리 안 가려고 발버둥 쳐도 가게 됩니다. 암에 걸리지 않으려고 날마다 영양제를 한 트럭씩 먹어도 하나님이 부르시면 갈 수밖에 없습니다. 따라서 모든 것을 하나님께 맡기고 사는 사람이 예수 믿는 사람입니다.

죽음은 요단 강을 건너가는 것에 비유할 수 있습니다. 요단 강만 건너가면 그다음 펼쳐지는 영광과 평안, 행복과 안식은 이루 형언할 수 없습니다. 우리는 죽음 저편을 내다보고 있습니다. 사랑하는 자를 먼저 떠나 보내며 인간의 정에 못 이겨 울고 흐느끼지만, 한편으론 마음의 창문을 활짝 열어 사랑하는 자가 먼저 가서 누릴 그 영광을 내다봅니다. 이를 통해 위로를 받습니다.

제가 아는 어떤 장로님이 50대 초반에 아내를 잃었습니다. 1, 2년 정도 투병하다가 세상을 떠났는데 주변 사람들은 몰랐습니다. 그만큼 숨기고 치료받으면서 버텼던 것 같습니다. 장례식 때 그 장로님을 만났는데 웃으면서 그런 말씀을 하셨습니다. "우리는 병원에서 3개월을 지낼 동안 마치 다른 사람이 다이아몬드혼식을 치를 때까지 살면서 나눌 사랑을 전부 나누었습니다. 이제 우리 집사람은 하나님께서 준비하신 너무나 아름다운 세계에서 살고 있습니다. 저는 그것으로 하나님께 감사하고, 그것으로 위로를 받습니다." 얼마나 멋집니까?

저는 우리 교회 성도들이 세상을 떠날 때 함께하지 못하는 걸 안타깝게 생각합니다. 항상 임종한 다음 제게 연락이 오기 때문에 어떻게 세상을 떠나셨는지 못 볼 때가 많습니다. 사랑하는 우리 성도들이 세상을 떠나 하나님의 품에 안길 때, 그 모습을 보고 싶습니다. 예수 믿고 죽음을 이기신 예수 그리스도, 부활하신 예수 그리스도를 믿고 있는 사람이 세상을 떠날 때는 무엇이 달라도 다릅니다. 천사가 와서 그 영혼을 데리고 갈 준비를 하는 게 역력히 보입니다. 그러나 죽음을 이기신 예수 그리스도를 모르는 사람이 세상을 떠날 때면, 마귀가 와서 지키고 있는 모습이 역력히 드러납니다. 부활하신 예수 그리스도를 믿기만 하면 이 죽음의 공포에서 해방됩니다. 이 얼마나 큰 재산입니까?

•부활의 소망

예수님의 부활하심으로 우리가 얻게 되는 또 하나의 축복은 부활의 소망을 갖게 된다는 것입니다. 다른 사람이 아닌 바로 우리가 장차 부활할 소망을 가질 수 있다는 것입니다.

> "아담 안에서 모든 사람이 죽은 것 같이 그리스도 안에서 모든 사람이 삶을 얻으리라"(고전 15:22).

다시 말해서 우리는 영적 죽음, 육신의 죽음, 영원한 죽음을 맞게 되지만, 그리스도 예수를 믿음으로 다시 살게 될 것입니다.

> "보라 내가 너희에게 비밀을 말하노니 우리가 다 잠 잘 것이 아니요 마지막 나팔에 순식간에 홀연히 다 변화되리니 나팔 소리가 나매 죽은 자들이 썩지 아니할 것으로 다시 살아나고 우리도 변화되리라"(고전 15:51-52).

여기에서 마지막 나팔 소리가 울릴 때란 예수님이 세상에 오실 때를 말합니다. 그 날이 되면 예수 믿는 사람, 부활의 주님을 믿는 사람에게는 놀라운 소망이 있습니다. 예수님이 부활하셨을 때 예수님을 믿는 사람의 몸이 어떻게 변합니까? 시공간을 초월하여 물리적인 법칙에 지배를 받지 않는 초물리적이고 초자연적인 육체가 됩니다. 이것을 새 몸이라고 합니다. 아무리 앞에 벽이 있어도 벽에 지장을 받지 않고 아무리 낮고 높은데 지장을 받지 아니하며 하늘과 땅에 대한 공간의 지배를 전혀 받지 않는 기가 막힌 몸입니다. 이 몸을 우리가 입습니다.

아마 여러분이 이 몸을 입게 되면 대단한 미인이 될 것입니다. 서로 쳐다보면 마음이 끌릴 정도로 엄청나게 아름다워질 것입니다. 따라서 아무리 가려도 결국 자리 잡고 마는 주름살 때문에 고민할 필요가 없습니다. 주름살이 앉으면 앉으라고 환영하십시오. 머리가 희어지면 희어지는 대로 두십시오. 조금 지나면 썩을 이 육체에서 해방되어 다시는 화장품도, 마사지도 필요 없는 기가 막힌 새 몸을 입게 될 것입니다. 이런 소망이 있으니 어찌 예수 믿는 사람이 싱글벙글하지 않을 수 있습니까? 예수님 부활하신 모습 그대로 똑같이 우리도 부활합니다. 이것이 죽음을 이기고 부활하신 주님이 우리에게 주신 선물입니다. 이것이 우리의 소망입니다.

• 예수 생명, 내 생명

마지막으로 예수님이 부활하심으로 우리가 얻게 되는 축복은 새 생명을 소유하게 된다는 것입니다. 다시 말하면 부활하신 예수님의 생명을 내 안에 모시고 살게 됩니다. 예수 믿는 형제, 자매들 대답해 보십시오. 내 안에 누가 살아 계십니까? 옆에 처음 데리고 오신 분이 있으면 귀가 아프도록 크게 대답해 보십시오. 내 안에 누가 살아 계십니까? 아마 처음 나오신 분들을 '미쳐도 보통 미친 게 아니네' 하고 생각하실지 모릅니다. 그러나 이게 진짜입니다. 부활하신 예수님이 지금 하나님 나라에 계시지만, 예수 믿는 자에게는 그 마음에 계시겠다고 약속했습니다. 처음에는 이것이 무슨 말씀인지 몰라 덤덤하게 받아들입니다. 그러나 세월이 가면 갈수록 부활하신 예수님이 내 마음에 계신다는 것을 체험적으로 알게 됩니다.

예수님의 생명이 내 안에 살아 계십니다. 아무도 이 사실을 부인할 수 없습니다. 그러므로 혼자 방에 있어도 예수님과 깊은 영교를 나눌 수 있습니다. 예수님이 우리 안에 계십니다. 부활하신 예수님을 믿으십시오. 그러면 여러분은 고독하지 않습니다. 부활하신 예수님을 마음에 모십시오. 그러면 여러분이 어떤 상황에 있든 예수님은 떠나지 않습니다. 남편이나 자식은 나를 떠날 수 있어도, 예수님은 나를 영원토록 떠나지 않습니다. 사랑하는 사이에서도 가끔 등 돌리는 일이 있지만, 예수님은 영원토록 내게서 등 돌리는 일이 없습니다.

주님이 내 안에 계십니다. 내가 하늘나라에서 예수님을 만나는 그 날까지 나와 끝까지 계십니다. 심지어 이 세상에서 운명하는 마지막 숨 가쁜 순간에도 예수님은 끝까지 내 손목을 쥐시며 "내가 여기 있다"고 말씀하십니다. 이 좋은 예수님을 믿지 않고 세상을 산다면 그것만큼 안타까운 일이 또 어디 있겠습니까? 주님을 내 안에 모시어 들이십시오.

04 갇힌 자를 놓아주신 예수님
(눅 4:18-19)

예수님은 왜 세상에 오셨을까요? 하나님께서 자기 아들 예수를 왜 세상에 보내셨을까요? 성경은 포로 된 자에게 자유를 주고자, 눌린 자를 자유롭게 하고자 예수님이 오셨다고 말씀합니다. 이 둘은 같은 말인데 강조하고자 두 번 반복하고 있습니다.

> "주의 성령이 내게 임하셨으니 이는 가난한 자에게 복음을 전하게 하시려고 내게 기름을 부으시고 나를 보내사 포로 된 자에게 자유를, 눈먼 자에게 다시 보게 함을 전파하며 눌린 자를 자유롭게 하고 주의 은혜의 해를 전파하게 하려 하심이라 하였더라"(18-19절).

예수님은 여러분을 눌린 자리에서 자유롭게 해주길 원하시는 분입니다. 아마 여러분 중에는 이 말씀에 거부반응이 있을지도 모릅니다. '내가 종도 아니고 누군가에게 쥐어사는 것도 아닌데 예수님이 나를 자유롭게 해줄 필요가 뭐 있어?' 하고 생각할지 모릅니다. 옛날에 유대 사람들도 그렇게 생각했습니다. 심지어 예수님에게 불평하면서 대들었던 사람도 많았습니다. 나중에는 예수님에게 돌멩이를 들고 달려들기도 했습니다.

현대 사회에서는 "예수님이 당신을 자유롭게 하려고 오셨습니다, 당신은 자유를 얻어야 합니다. 당신은 눌린 자리에서 벗어나야 합니다. 그렇지 않으면 당신은 종이요, 노예입니다" 하고 말하면 얼굴이 붉으락푸르락해집니다. 그도 그럴 것이 자신이 지금 영적으로 어떤 상태에 있는지 모르기 때문입니다. 육신적으로는 자유인으로서 아무도 속박하는 사람이 없습니다. 그러나 영적으로는, 영혼의 세계에서는 갇힌 자, 포로 된 자, 노예 된 자, 끌려다니는 자일 뿐입니다. 그러므로 예수님께서 불쌍한 우리를 그 갇힌 자리에서 놓아주시기 위해 오셨습니다. 만약 우리가 갇혀있지 않다면, 우리가 포로가 된 자가 아니라면 예수님은 우리에게 필요 없는 존재일 것입니다.

• 옛사람의 종

이 세상 사람들은 죄로 인해 여러 가지로 얽히고, 발목이 잡히고, 멍에를 진 사람이 되었습니다. 죄가 무엇입니까? 하나님을 거역한 것입니다. 물론 처음 죄는 우리가 지은 게 아닙니다. 우리의 조상 아담이 하나님 앞에 죄를 범했습니다. 조상이 죄를 범하자 그 허리에서 나는 모든 자손이 함께 죗값을 짊어지게 되었습니다. 그래서 날 때부터 인간은 죄인으로 태어날 수밖에 없었습니다. 죄인으로 태어났다는 말은 종으로 태어났다는 말이요, 노예로 태어났다는 말입니다. 우리는 모두 그렇게 이 세상에 태어났습니다. 주로 세 가지 면에서 우리는 포로 된 자입니다.

첫째는 옛사람의 포로가 되었습니다. 둘째는 사탄의 포로가 되었습니다. 셋째는 죽음의 포로가 되었습니다. 그러므로 이 무서운 포로의 쇠사슬을 벗어버리지 못하면 영원히 불행한 자가 되고, 영원한 형벌과 저주에서 벗어나지 못하는 비참한 존재가 된다는 것을 하나님께서 우리에게 말씀하십니다. 이 비참한 운명을 바꾸기 위해서 예수님이 이 세상에 오셨고, 우리를 향해 예수 믿으라고 하는 것입니다.

우선 우리를 왜 옛사람의 종이라고 하는지 말씀드리겠습니다. 옛사람이란 유전된 인간 본성을 말합니다. 조상 대대로 내려와 태어날 때부터 지닌 우리의 본성이 옛 자아입니다. 따라서 내가 선택한 것도 아니고 타고난 것으로, 그 옛 본성을 성경은 옛 자아라고 말합니다. 또한 옛사람이라고 말합니다. 이 옛사람은 죄로 인해 오염된, 철저하게 부패한 존재입니다. 그래서 하나님은 우리 마음에서 일어나는 모든 생각이나 계획이 항상 악하다고 진단하셨습니다. 또한 성경 다른 곳에서는 온 만물 중에 가장 썩고 냄새나는 것은 인간의 마음이라고 진단하셨습니다.

그리고 이 마음의 지배를 받는 자아를 일컬어 옛사람이라고 말합니다. 이런 옛사람은 하나님에 대해서 굉장히 무력합니다. 신이 있다는 소리는 막연히 들었지만, 여러분 스스로 하나님을 찾진 않았을 것입니다. 그 이유는 옛사람의 무력증 때문입니다. 하나님이 원하는 선을 우리가 행할 수 있습니까? 절대로 행하지 못합니다. 거룩하신 하나님의 마음을 만족하게 할만한 선을 우리는 절대로 행하지 못합니다. 다른 말로 하면 하나님이 명령하시는 것을 우리는 만 가지 중 하나도 순종하지 못합니다. 바로 무력증에 걸려 있기 때문입니다.

죄로 인해 옛 자아가 완전히 무력해졌기 때문에 하나님께서 원하시는 쪽으로 도무지 움직이지 않습니다. 물이 위로 올라가지 못하듯 우리의 썩은 마음도 하나님을 향해 도무지 움직일 수 없습니다. 대신 육신이나 이 세상을 위해서는 무엇이든 할 수 있는 이상한 힘을 지닌 게 우리의 자아입니다. 자기가 원하는 대로 욕심을 부리고, 자기의 탐욕을 위해 짐승처럼 사나워지고, 자기 마음을 충족시키기 위해 무슨 짓이든지 다 합니다. 이런 악한 쪽을 향해서는 절제하지 못하는 게 인간입니다.

오늘날 어린아이들이 얼마나 악해졌는지 보십시오. 아직도 세상이 뭔지도 모르는 청소년들이 얼마나 무서워졌는지 보십시오. 얼마든지 악해질 수 있는 것이 옛사람입니다. 그러므로 인간은 철저하게 이기주의자요, 탐욕의 화신이 되어 버렸습니다. 적어도 하나님을 만나기 전까지는 옛사람의 종입니다. 자기주장, 자기 사상을 철저하게 고집합니다. 거기에 종이 되어 버립니다. 자기 자식이라도 자기 뜻대로 안 되면 얼마든지 남처럼 취급해 버립니다.

이 무서운 옛사람이 살아 있는 이상, 그 사람은 옛사람의 종이 될 수밖에 없습니다. 그런 사람은 가치관이 전도됩니다. 하나님보다 자기를 더 높입니다. 내세보다도 이 세상을 더 높입니다. 영혼보다도 육신의 것을 더 중요하게 여깁니다. 하나님을 기쁘게 하느냐보다 내가 얼마나 기쁘냐가 중요합니다. 왜 그렇게 합니까? 옛사람의 종이 되어있기 때문입니다. 그 그늘에서 벗어나지 못하는 한 참혹한 인간이 될 수밖에 없습니다.

• 옛사람이 죽다

어떻게 하면 이 무서운 옛사람의 감옥에서 우리가 해방될 수 있겠습니까? 대답은 간단합니다. 옛사람이 죽어야 합니다. 옛사람이 살아 있는 이상 우리는 거기서 나오지 못합니다. 옛사람이 철저하게 죽어야 합니다. 완전히 죽어야 합니다. 하지만 이 가운데 누구도 자기 옛사람, 곧 자신의 본성을 완전히 죽이지 못합니다. 오직 예수 그리스도만이 그 옛사람의 쇠사슬에서 자유롭게 할 수 있습니다.

왜 그런지 아십니까? 예수님이 이 세상에 오셔서 33년을 사시고 마지막 죽으실 때는 십자가에 못 박혀 죽으셨습니다. 많은 사람들은 저 젊은이가 괜히 기고만장하게 큰소리치다가 비참하게 죽는다며 비웃었습니다. 하지만 하나님은 예수가 하나님의 아들로 죽게 하셨습니다. 그리고 예수님이 십자가에 죽으신 것은 바로 나의 옛 자아, 하나님을 사랑하지 않고 하나님을 향해 한 발자국도 움직이지 못하는 무능한 존재, 죄를 짓는 데는 마귀처럼 사납고 힘이 넘치는 나의 옛 자아, 내 뜻대로 안 되면 무엇이든 미워하고 이를 가는 무서운 이 옛 자아를 예수님이 십자가에 죽으실 때 함께 못 박아 죽이기 위해서였습니다. 우리는 이 사실을 몰랐습니다. 예수님을 믿기 시작하면서 비로소 알게 되었습니다.

예수님이 십자가에 못 박아 죽으실 때 하나님은 나의 옛 자아도 함께 죽게 하셨습니다. 이것을 믿는 것이 예수 믿는 사람입니다. 이것을 믿는 것이 예수를 믿는 것입니다. 그래서 예수 믿는 사람들은 이렇게 고백합니다.

"내가 그리스도와 함께 십자가에 못 박혔나니 그런즉 이제는 내가 사는 것이 아니요 오직 내 안에 그리스도께서 사시는 것이라 이제 내가 육체 가운데 사는 것은 나를 사랑하사 나를 위하여 자기 자신을 버리신 하나님의 아들을 믿는 믿음 안에서 사는 것이라"(갈 2:20).

믿지 않는 분들은 이 고백이 이상하게 들릴 것입니다. 그런데도 왜 이런 이상한 말을 할 수 있는지 압니까? 예수님이 십자가에서 죽으실 때, 옥한흠이라는 사람의 그 못되고 악한 옛 자아를 함께 죽여주셨기 때문입니다. 예수 믿는 순간 나의 옛 자아는 예수님의 십자가에서 죽었다는 것을 선언할 수 있게 됩니다. 이것을 선언하고 믿고 고백하는 순간, 나는 옛 자아로부터 완전히 자유롭게 됨을 얻게 됩니다.

이것이 복음입니다. 이것이 하나님이 우리에게 주신 선물입니다.

오늘 처음 나오신 분이나 몇 번 나오셨지만 아직 예수를 믿지 않는 분들에게 부탁합니다. 옛 자아의 종이 되어선 평생 행복하지 못합니다. 나중에 하나님 나라에도 들어가지 못합니다. 예수 믿으십시오. 믿는 순간 나의 옛 자아를 죽여주신 예수님의 십자가를 발견하게 될 것입니다. 옛 자아로부터 자유로움을 얻게 되면, 나도 모르게 사랑하지 못하던 사람을 사랑하게 되고, 기뻐하지 못했던 일에도 감사하게 됩니다. 선을 위해 살지 못하던 내가 선을 위해 무엇이든 하게 됩니다. 선을 행하고 싶은 용기가 내 마음속에서 살아나는 것을 경험하게 됩니다. 그리고 하나님을 향해 아버지라고 부르게 됩니다. 하나님만 생각하면 기쁘고, 하나님의 마음을 기쁘게 할 수 있는 일이라면 천리만리라도 가고 싶다는 뜨거운 마음이 생깁니다. 그 결과 세상에 대해서는 힘이 없어지고, 하나님을 향해서는 힘이 넘치는 새로운 자아로 바뀌게 됩니다.

이런 사람이 되고 싶지 않습니까? 날마다 돈, 돈 하는 옛 자아의 종으로 살겠습니까? 길을 걸으면 선한 사람은 눈에 들어오지 않고 옷 잘입은 사람만 보입니까? 나보다 더 큰 아파트에 사는 사람을 보면 괜히 질투 나서 기분이 언짢습니까? 그렇게 옛 자아의 종으로 살겠습니까? 거기에서 자유로움을 얻어 보십시오. 형제가 잘되어도 내 마음이 기쁘고, 아무리 힘들어도 찬송할 수 있습니다. 하나님이 여러분에게 이와 같은 축복을 주시길 바랍니다.

· 악령의 지배

여러분이 또 한가지 기억해야 할 것이 있습니다. 왜 인생이 악령의 종인가 하는 점입니다. 사람의 마음은 절대 진공상태가 될 수 없습니다. 일단 병마개를 열고 나면 아무리 공기를 빼내도 병 안을 진공 상태로 만들 수 없습니다. 인간의 마음도 마찬가지입니다. 하나님이 내 마음을 지배하든지, 아니면 사탄이 와서 내 마음을 지배하든지 둘 중 하나입니다. 하나님도 없고 사탄도 없는 상태는 존재하지 않습니다.

아직 예수도, 하나님도 모르고 살았다면 여러분의 마음을 지배하는 악한 영이 있다는 사실을 인정해야 합니다. 눈에 보이지 않아도 아주 교묘하게 여러분의 생각을 파고들고, 여러분의 감정을 충동질하고, 여러분의 발걸음을 엉뚱한 곳으로 끌고 가는 무서운 악령의 역사가 존재합니다.

이를 가장 극단적으로 보여주는 예가 바로 귀신에게 사로잡혀 미친 사람입니다. 악령이 적극적으로 그 사람을 손에 넣었을 때 그런 현상이 일어납니다. 조금 나은 상태로는 점쟁이나 무당을 들 수 있습니다. 이 사람들은 평소에 정상이지만 신이 들리면 이상해집니다. 이상한 소리를 합니다. 좀 더 보편화해서 말하면 점치러 가서는 점쟁이가 하는 말에 꼼짝 못 하고 이끌려갑니다. 점쟁이한테 뭔가 좋은 말이라도 한마디 들으려고 귀를 기울입니다. 이런 게 다 악령의 지배를 받고 있고, 악령의 종이 되어 있음을 보여줍니다.

나는 지성인이라서 그런 데 안 간다는 분도 있을 것입니다. 하지만 한번 솔직히 이야기해 봅시다. 결혼식 날짜나 이사 가는 날짜를 마음대로 잡습니까? 벽에 못을 마음대로 박습니까? 기분 나쁜 꿈을 꿔도 아침에 외출합니까? 우리는 누군가에게 무슨 안 좋은 말이라도 들으면 밤새도록 잠 못 자고 뒤척입니다. 누가 여러분의 관상이나 손금을 보고 슬쩍 한마디만 해도 그 말이 마음 깊이 박혀 빠지질 않습니다. 이것이 무엇을 의미할까요? 악령의 손에 쥐어있다는 증거입니다. 우리나라 사람들에게 특히 많습니다. 예. 얼마나 많은지, 여러분이 이 악령의 역사에 사로잡힌 사람들은요 어른이고 아이고 제정신이 아닙니다. 한마디로, 악령이 인간을 사로잡아 마음대로 끌고 다니기 때문에 일어나는 일입니다. 우리는 알고 끌려다니기도 하고 모르고 끌려다니기도 합니다.

분명한 것은 하나님의 지배를 받지 않으면 적든 많든 마귀의 지배를 받는다는 것입니다. 그러므로 빨리 그 손아귀에서 벗어나는 게 중요합니다. 그러면 어떻게 벗어날 수 있을까요? 우리는 악령과 대적해서 벗어날 수 없습니다. 사탄과 대적할만한 능력이 없습니다. 왜냐하면, 사탄은 영계에 속한 영물이기 때문입니다. 아무리 발버둥을 쳐도 우리 힘으로는 벗어날 수 없습니다.

예수님이 이 세상에 오신 목적은 사탄이나 마귀의 지배 아래 신음하고 짐승처럼 사나워지는 우리를 구원하시기 위함입니다. 그래서 주님은 세상에 오셔서 십자가에 죽으시고, 사흘 만에 하나님께서 부활시켜 주셨습니다. 예수님은 죽음을 이기고 살아나셨습니다. 이 말은 예수를 십자가에 못 박아 죽인 사탄의 권세를 사정없이 짓밟고 복종시켰다는 말입니다. 예수의 이름 앞에 모든 악령의 역사가 무릎 꿇게 했다는 것입니다. 따라서 예수님이 부활하셨다는 것은 사탄이 그 발 앞에 엎드렸다는 의미입니다. 예수님은 승리자입니다. 그러므로 예수를 믿는 사람은 예수의 이름만 부르기만 하면 사탄의 권세에서 해방됩니다.

성경에 보면 예수님은 우리를 흑암의 권세, 즉 사탄의 권세, 마귀의 권세에서 건져내어 그의 아들의 나라를 옮기셨다고 말씀합니다. 우리가 예수의 이름을 부르기만 하면, "예수님, 내가 믿습니다"라고 고백하기만 하면 마귀는 도망갑니다. 우리의 마음에서 사탄의 역사는 사라집니다.

● 예수님의 주시는 자유

어쩌면 사탄이 우리에게 어떤 팔자를 정해놓고 사탄이 원하는 방향으로 끌고 가려고 작정할 수도 있습니다. 어떤 사람은 그렇게 끌려가 사탄의 손아귀에서 놀아나다가 끝나버리는 경우도 있습니다. 점쟁이에게 운수나 팔자를 보는 사람은 사탄이 그 사람에게 열어 놓은 길을 걸어가는 사람입니다. 가령 어떤 사람이 "당신은 관상학적으로 볼 때 이렇게밖에 살 수 없습니다"라는 말을 들었다면, 실제로 그 길로 가는 경우가 많습니다. 하지만 어떤 상을 갖고 있든 예수를 믿으면 그 모든 것이 다 풀어집니다. 그 모든 악령의 쇠사슬이 다 풀어집니다.

제가 대학 다닐 때 주변에서 손금 좀 보자고 계속 졸라대서 손을 내밀었다가 아주 황당한 소리를 들었습니다. 만약 그대로 됐다면 제 인생이 이상하게 됐을 것입니다. 하지만 그 후로 지금까지 아무 일도 일어나지 않았습니다. 그 말에 제 마음이 끌려갈 필요가 전혀 없습니다. 그 이유가 뭔지 아십니까? 나는 사탄의 손에서 해방된 하나님의 아들이기 때문입니다. 절대 나를 구속하지 못합니다. 나를 끌어가지 못합니다. 나는 자유롭게 된 사람입니다. 점쟁이든 무당이든 나와 아무런 관계가 없습니다. 자가용 번호판에 숫자 '4'를 피해달라고 부탁할 일도 없습니다.

사람들은 '4'가 들어가면 재수 없다고 어떻게든 피해 가려 합니다. 하지만 번호판에 '7'만 있어도 사고를 피해갈 수는 없습니다. 자기가 볼 때는 전혀 매이지 않고 자기 맘대로 사는 것 같아도 이런저런 모양으로 끌려가기 일쑤입니다. 이런 사람이 악령의 지배를 받는 사람이지 어떻게 자유인입니까? 이런 사람이 나중에 가는 곳은 뻔합니다. 악령이 갈 곳은 하나님이 준비하신 지옥이기 때문에 사탄, 마귀, 귀신은 자기들이 지옥 갈 때 한 사람이라도 더 끌고 가려 합니다. 이 세상에서 사람들을 끌어모읍니다. 악령을 따라가면 결국 가는 곳은 똑같습니다. 그렇게 살다가 마지막을 마쳐서야 되겠습니까?

죽음을 이기고 3일만에 부활하신 예수 그리스도는 사탄의 권세를 짓밟았습니다. 예수님은 악령에게 끌려 다니는 숱한 심령들을 해방하셨습니다. 그러므로 기독교가 들어가는 곳마다 미신이 사라지고, 우상숭배가 힘을 잃게 됩니다. 예수의 이름이 선포되는 곳마다 귀신이 사라집니다. 예수님이 주시는 자유를 얻으십시오. 예수님은 이 무서운 악령의 손에서 여러분에게 자유를 주십니다.

• 육신의 죽음

마지막으로 한 가지만 더 말씀드리겠습니다. 과연 인생은 죽음의 종일까요? 그렇습니다. 인생은 죽음의 종입니다. 죽음은 죄로 인해 모든 인간에게 임한 하나님의 형벌이요 저주입니다. 그래서 인간은 시한부 생명을 삽니다. 암에 걸린 사람만 시한부 생명을 사는 것이 아닙니다. 모든 인간은 시한부 생명을 살아갑니다. 10년 먼저 가는 사람이든, 10년 후에 가는 사람이든 가는 것은 다 똑같습니다. 시간이 지나면 10년 차이는 아무 의미가 없습니다. 우리는 모두 결국 다 죽기 때문입니다.

사람들의 수명이 길어지면서 삶에 대한 애착도 더 많아진 것을 봅니다. 아울러 죽음에 대한 공포가 더 무섭게 그들을 사로잡는 것을 봅니다. 그래서 몸에 좋다는 것은 무엇이든 다 먹어 치우는 짐승으로 변해가고 있습니다. 자기 몸을 제외하곤 다 먹어치우는 이상한 동물이 되어갑니다. 그 이유가 무엇일까요? 바로 죽음에 대한 공포 때문입니다. 될 수 있으면 늦게 죽자, 마지막에 죽자 하는 마음으로 죽지 않기 위해서는 무슨 짓이든 하고 무슨 음식이든 다 먹습니다.

그런데 정말 두려워해야 할 죽음에 대해서는 전혀 무감각합니다.

우리는 육신의 죽음을 두려워합니다. 그러나 육신의 죽음은 피할 수 없습니다. 건강하면 70이고, 더 건강하면 80입니다. 우리는 다 죽습니다. 인간은 그것만 두려워합니다. 그러나 하나님께서 말씀합니다.

"한번 죽는 것은 사람에게 정해진 것이요 그 후에는 심판이 있으리니"
(히 9:27).

한 번 죽는 것은 사람에게 정한 이치지만, 그 후에 반드시 따라오는 게 있습니다. 곧 심판. 영원한 죽음입니다. 그것은 숨이 끊어지고 없어지는 것을 말하는 게 아닙니다. 하나님을 섬기거나 하나님을 위해 살지도 않고, 예수님을 믿지도 않고 제 마음대로 산 죗값을 지고 영원토록 고통받는 죽음을 말합니다. 한번 들어가면 영원히 나오지 못합니다. 그 무서운 하나님 옆에 계신 예수라는 분이 나를 붙들어 주지 않으면, 어떤 성자나 위대한 천재도 공포에 떨다가 가라는 데로 들어가게 됩니다. 이것이 영원한 죽음입니다. 그런데 이 죽음을 사람들은 두려워하지 않습니다. 육신의 죽음만 두려워합니다.

• 두려움을 이기는 믿음

예수님은 죽음을 정복한 우리의 구원자입니다. 주님은 분명히 말씀하셨습니다.

"예수께서 이르시되 나는 부활이요 생명이니 나를 믿는 자는 죽어도 살겠고 무릇 살아서 나를 믿는 자는 영원히 죽지 아니하리니 이것을 네가 믿느냐"(요 11:25-26).

"진실로 진실로 너희에게 이르노니 죽은 자들이 하나님의 아들의 음성을 들을 때가 오나니 곧 이 때라 듣는 자는 살아나리라"(요 5:25).

누구든지 예수님의 음성을 듣기만 하면, 영원한 죽음에서 자유롭게 됩니다. 비록 몸은 죽을지 모르지만, 그것은 죽음이 아니라 잠깐 자는 것입니다. 우리의 영혼은 영원하신 하나님의 품에 안겨 영원히 사는 영생의 소유자가 됩니다. 몸은 잠깐 땅에 들어갑니다만 우리의 영혼은 영원히 살 나라로 들어갑니다. 이를 놓고 죽었다고 말할 사람이 누가 있습니까?

오늘 여러분이 예수의 음성을 들으면 여러분은 영원히 삽니다. 다시 말하면 죽음으로부터 자유로움을 얻게 됩니다. 인간은 본능적으로 다 죽음 앞에서 떨게 되어 있습니다. 그러나 예수 그리스도를 믿는 믿음, 나의 부활이요 생명이신 주님을 믿는 믿음이 그 공포를 잠재울 수 있습니다. 죽음에 대한 두려움을 내어 쫓습니다. 그래서 담담하게 육신의 죽음을 대면하게 합니다. 이것이 예수 믿는 사람입니다. 그러므로 예수 믿는 사람의 죽음을 지켜보십시오. 얼굴이 밝습니다. 평안합니다. "할렐루야" 하면서 죽습니다. 어떤 사람은 찬송하면서 죽습니다. 어떤 사람은 웃으면서 죽습니다. 그 이유는 죽음의 종이 아니기 때문입니다.

• 마지막 기회

오늘 이 자리에 잘 나오셨습니다. 여기에 보이지 않게 임재해 계시는 예수님은 여러분을 옛 자아에서 해방하길 원하십니다. 악령의 손아귀에서 해방하길 원하십니다. 바라기는 죽음에서 여러분을 해방하여 자유인이 되도록 주님께서 이끄시길 원합니다. 여러분에게 영생을 선물로 주셔서 이제는 죽음에, 세상의 소리에 얽매이지 않길 원합니다. 비록 발은 땅에 붙어 있어도 마음은 하늘을 날면서 사는 아름다운 하나님의 자녀가 되길 원합니다. 예수 믿으십시오. 오늘이 기회입니다. 내일로 미루지 마십시오. 우리는 내일은 보장받지 않았습니다. 오늘만이 우리에게 주어진 보증수표입니다.

아마도 몇 해 전에 일어난 성수대교 붕괴 사고를 기억할 것입니다. 제가 어느 교회 목사님에게서 들은 이야기인데, 그 교회 권사님 한 분이 사도 당일 그 현장에 있었다고 합니다. 그 날 자가용을 몰고 성수대교에 진입할 무렵, 뒤에서 버스가 매우 급했던지 계속 경적을 울려댔다고 합니다. 그래서 투덜거리며 옆으로 비켜주었는데, 그 버스가 휙 지나가면서 얼마 안 가 다리 아래로 떨어지는 게 아닙니까? 그래서 이 권사님이 다급히 브레이크를 밟아 가까스로 멈춰 섰다고 합니다. 그리고는 얼마나 제정신이 아니었던지 집에 돌아와서 며칠을 끙끙 앓았다고 합니다.

사람 일이라는 게 알 수 없습니다. 오늘이 기회입니다. 그렇다고 여러분이 내일 죽는다는 말은 아닙니다. 하나님이 여러분을 너무 사랑하셔서 이 자리에 나오게 하신 것 아닙니까? 그러므로 이 시간이 기회입니다. 마음을 활짝 열고 이렇게 아뢰십시오. "예수님, 제가 예수님을 믿겠습니다. 예수님이 나를 위해 십자가에 대신 죽으셨다고요. 예수님이 죽음을 이기고 살아나셨다고요. 예수님만이 나의 구원자라고요. 제가 잘은 모르지만 믿겠습니다. 나에게는 구원자가 필요합니다. 나의 옛 자아에서 자유롭게 되려면 구원자가 필요합니다. 악령의 지배에서 벗어나려면 구원자가 필요합니다. 이 죽음의 공포에서 벗어나 자유를 얻으려면 구원자가 필요합니다. 예수님, 나의 구원자가 되어 주십시오." 여러분이 마음으로 부르기만 하면, 이 시간 주님이 손을 내밀어 여러분을 붙들어 주십시오. 자유인이 되게 하십시오.

05
돌아오길 기다리시는 예수님
(눅 15:11-24)

성경에서 가장 간단하면서도 심오한 짧은 이야기를 고르라면 대부분 이 본문을 꼽을 만큼 '돌아온 탕자'는 유명한 말씀입니다. 이 이야기를 시작하기에 앞서 여러분의 이해를 위해 유대 나라의 문화 배경을 말씀드리겠습니다.

유대 나라, 즉 이스라엘 백성들의 전통은 수 천 년에 걸쳐 내려온 전통입니다. 그 가운데에 유산을 분배하고 상속하는 법을 보면, 아들이 둘일 경우 첫째 아들에게는 3분의 2를 주고, 둘째 아들에게는 3분의 1을 주었습니다. 유산을 줄 때도 아버지가 아직 건강할 때는 감히 자식이 유산을 달라고 할 수 없었습니다. 부유한 가정에서는 유산이 대단한 의미를 차지했고, 부모가 재산을 쌓아두면 자식들은 유산 상속을 당연한 권리로 생각했습니다.

그런데 여기에 등장하는 작은아들은 약간 철이 없습니다. 유산을 받는 건 당연한 일이지만, 아직 아버지가 건강한데도 유산을 요청합니다. 아버지에게 재산을 나눠달라고 할 만한 처지가 아닌데도 말입니다. 아버지는 자식을 사랑하는 마음에 비록 버릇없고 예의에 어긋난 아들의 요청이었지만 기꺼이 수락했습니다.

자기 몫의 재산을 받아 든 작은아들은 재산을 다 정리해서 아버지의 간섭이 미치지 않는 먼 나라로 떠났습니다. 그런데 흥청흥청 쓰다 보니 얼마 지나지 않아 재산을 다 날렸습니다. 설상가상으로 흉년까지 들어 몹시 궁핍해졌고 상황이 다급해지자 돼지 치는 일을 하게 되었습니다. 우리나라에서는 이 일이 아무렇지 않지만, 유대 나라 사람들은 돼지 치는 일을 하지 않았습니다. 다만 유대 나라 주변에 사는 가나안 족속만이 방목으로 돼지를 쳤습니다.

작은아들은 유대 사람들이 터부시하는 돼지 치는 일까지 했지만, 배고픔을 해결되지 않았습니다. '내 아버지의 그 많은 품꾼에게는 먹을 것이 남아도는데, 나는 여기서 굶어 죽는구나.' 그제야 정신이 든 아들은 아버지에게 돌아가기로 마음먹습니다. 아버지 집에 가서 품꾼 중 하나로 일하더라도 배고픔을 면하고 고통스러운 생활에서 벗어나야겠다는 생각뿐이었습니다.

한편 재산을 갖고 나가서 소식이 없는 아들 걱정에 아버지는 날마다 대문 밖에 나와 주위를 둘러보며 서성였습니다. 그런 아버지였기에 멀리서도 아들의 모습을 금방 알아차릴 수 있었습니다. 아버지는 정신없이 달려가 아들을 얼싸안고 집으로 데려왔습니다. 그러고는 종들을 불러 말했습니다. "당장 가서 가장 좋은 옷을 꺼내 그에게 입히고, 손에 반지를 끼우고, 발에 신을 신겨라." 그 이유에 대해서는 24절에 나옵니다. "이 내 아들은 죽었다가 다시 살아났으며 내가 잃었다가 다시 얻었노라." 그러니 기뻐하는 게 당연하다는 말입니다.

이 이야기의 주인공이 자기 자신이라고 생각되면 여러분은 구원 받습니다. 그러나 이 주인공과 내가 전혀 관계 없다고 생각되면 이 시간 마음 문을 열고 깨닫는 은혜가 있길 바랍니다.

• 하나님 아버지가 계시다

먼저 우리에게 하나님 아버지가 계신다는 사실을 알고 계십니까? 예수 믿는 분들은 이미 다 알고 계실 것입니다. 하지만 아직 예수 믿지 않는 형제, 자매들은 이 사실만으로도 대단히 심각한 문제입니다. 둘째 아들이 아버지에게 가서 "아버지!" 하고 불렀습니다. 우리에게도 "하나님 아버지" 하고 불러야 할 대상이 있습니다. 이 사실을 아는 것이 신앙생활의 기초입니다.

한때 미국에서 『뿌리』(Roots)라는 소설이 베스트셀러가 된 적이 있습니다. 미국에 노예로 끌려온 흑인들의 후손이 미국에서 아프리카 잠비아에 이르기까지 자신의 족보와 조상의 이야기를 찾아가는 내용을 담고 있습니다.

우리 인생에도 뿌리가 있다는 사실을 알고 있습니까? 그 뿌리가 누구입니까? 그 뿌리를 찾아보셨습니까? 이 세상 만물은 뿌리가 없

는 것이 하나도 없습니다. 다시 말하면 창조자의 손에서 전부 만들어
졌습니다. 따라서 나를 만든 자가 있고, 나의 주인이 있습니다. 이것
이 뿌리요. 이것을 성경에서는 하나님이라고 말합니다.

"나는 여호와요 모든 육체의 하나님이라 내게 할 수 없는 일이 있겠느냐"
(렘 32:27).

여기에서 '여호와'라는 말은 하나님의 이름입니다. 나는 여호와
하나님이요 온 인류의 하나님, 즉 온 인류의 뿌리라는 말씀입니다.

"우리는 한 아버지를 가지지 아니하였느냐 한 하나님께서 지으신 바가
아니냐"(말 2:10).

이 말씀은 우리에게 하나님이 계신다, 우리를 창조한 아버지가
계신다, 우리의 뿌리가 있다는 말입니다. 다시 말하면 여러분이 참
종교를 가져야 할 필수적인 이유가 여기에 있습니다. 하나님이 계신
다고 하는 필연성입니다. 따라서 이 하나님과의 관계가 바로 안 되어
있으면 나는 잘못 살고 있다는 결론이 나옵니다. 나에게 하나님 아버
지가 계신다는 사실을 분명히 확인한 사람은 궤도를 바로 가는 사람
입니다. 반면에 이 사실을 확인하지 못하는 사람은 궤도가 잘못된 사
람입니다. 또한 하나님이 계신다면 이 하나님을 바로 찾아야 합니다.
그렇지 않으면 그 사람은 잘못된 사람입니다. 이 사실 앞에서 나의

문제점이 어디에서 시작되는지를 분명히 아시길 바랍니다.

• 하나님에게서 떠나다

두 번째 질문을 드립니다. 여러분은 하나님 아버지를 떠난 아들이 아닙니까? 즉 작은아들은 아닙니까? 작은아들은 아버지와 살기 싫어서 미리 재산을 받아 멀리 떠났습니다. 여러분도 그런 처지에 있지 않습니까? 사실 우리는 세상에 태어날 때 어떤 신분으로 어떤 운명을 가지고 태어날지 몰랐습니다.

그런데 성경 말씀을 보면 우리 모두 잘못 태어난 불행한 사람임을 알 수 있습니다. 왜냐하면 하나님을 멀리 떠난 작은아들의 집안에서 태어났기 때문입니다. 하지만 지금까지 자신이 잘못 태어난 줄 전혀 모르고 살았습니다. 적어도 오늘 이 자리 오기 전까지 말입니다. 왜 우리가 잘못 태어났습니까? 하나님을 멀리 떠나 자기 마음대로 산 조상 밑에서 태어났기 때문입니다.

한번은 제가 오레곤 대학교에 갔을 때, 우리 교회 교인이면서 그곳에 재직 중이셨던 교수님을 만나 이런 이야기를 나눈 적이 있습니다. 먼저 그분이 말문을 열었습니다. "대학이 참 아름답고 캠퍼스가 좋죠. 숲 속에 있어서 더 멋있습니다. 이런 좋은 분위기에서 공부하니 학생들이 얼마나 행복하겠습니까?" 그래서 제가 물었습니다. "이 대학은 오레곤에 있는 학생들이 주로 오겠군요?" 그러자 예상했던 것과 전혀 다른 대답을 들었습니다. "아니요. 목사님이 생각하는 것과는 정반대입니다. 학생들 중 거의 3분의 2가 다른 주에서 온 학생들입니다." 그래서 다시 물었습니다. "그러면 여기 사는 학생은 어디로 가나요?" "더 멀리 가죠. 예를 들면 시카고로 간다든지, 저 동부로 간다든지, 남부 텍사스로 간다든지 더 멀리 갑니다. 부모 곁에 있고 싶지 않아서 다 멀리 떠납니다." 물론 멀리 떠나도 대학에 가면 기숙사 생활을 해야겠지만, 그런데도 부모에게서 간섭받지 않고 자기 마음대로 하고 싶은 게 아이들의 욕망입니다.

마찬가지로 이 작은아들 역시 아직 젊었을 때 즐겁게 한번 살아보자 하는 마음에 멀리 떠난 것입니다. 아버지가 연락할 수도, 찾아올 수도 없는 먼 곳에 가서 혼자 독립해 살고 싶었던 것입니다.

우리가 왜 잘못 태어났는지 아십니까? 하나님과 되도록 멀리 떨어져서 자유롭게 살고 싶어하는 작은아들 집에 태어나서, 아버지를 그대로 닮은 사람이 되었기 때문입니다. 그래서 우리는 모두 잘못 태어난 세대입니다. 물론 처음에는 몰랐겠지만, 여러분이 지금까지 살아온 시간을 되돌아보십시오. 하나님께 간섭받는 것을 얼마나 싫어합니까? 이것이 교회 나오지 않는 가장 중요한 이유입니다. 교회에 가자고 하면 "나 간섭받기 싫어. 부담스러워" 하면서 되도록 하나님과 멀리 떨어져 살고 싶어 합니다. 마치 며느리가 시댁과 멀리 떨어진 곳에서 신혼살림을 시작하려는 것과 같은 심리라고 할 수 있습니다.

• 작은아들의 특징

이렇게 하나님을 멀리 떠난 작은아들, 그리고 그 후손들의 특징이 뭔지 아십니까? 첫째는 자기중심으로 삽니다. 즉 자기가 하나님이라는 이야기입니다. 내가 가장 중요합니다. 내가 제일입니다. 세상은 나를 위해 존재합니다. 나의 한 생도 나를 위해서 존재합니다. 그러므로 자기가 하나님입니다.

둘째는 자기 마음대로 하여 많은 죄를 범합니다. 여러분 중에는 내가 무슨 죄를 범했냐고 반문할지 모릅니다. 아버지를 떠나 소식 한 번 전하지 않고 자기 마음대로 수십 년을 산 아들은 사회적으로 나쁜 짓을 하지 않았어도 아버지 앞에 죄인입니다.

세상에 태어나 3, 40년을 살면서 여러분은 하나님을 찾은 적이 있습니까? 내가 하나님을 위해 존재한다고 생각이나 해 보셨습니까? 나에게 아버지가 따로 계신다는 것을 알고 직접 아버지를 찾아뵌 적이 있습니까? 이 세상은 나를 위해 존재하는 것이 아니라, 나를 만드신 하나님을 위해서 존재한다는 것을 밤새 고민하며 생각한 적이 있습니까? 그렇지 않다면 이 모든 게 다 하나님 앞에서 죄입니다. 이를 바탕으로 사람은 이기적인 본성과 욕심에 따라 움직이기 때문에 모든 생각마다 더러운 죄로 가득합니다. 욕심, 질투, 시기, 분쟁 등 어느 것 하나 선한 게 없습니다. 하나님 보시기에는 시궁창이나 다름없습니다.

이렇게 자기가 하나님이 되어 나쁜 짓을 해도 나쁜 짓인 줄 모르고 살기에 하나님에 관해 이야기하면 주로 세 가지 반응을 보입니다. 과연 나는 어디에 속하는지 보십시오.

첫 번째로는 하나님을 부정합니다.

"어리석은 자는 그의 마음에 이르기를 하나님이 없다 하는도다 그들은 부패하고 그 행실이 가증하니 선을 행하는 자가 없도다"(시 14:1).

하나님이 계시지 않기 때문에 없다고 하는 게 아닙니다. 무조건 부정하고 싶어서 없다고 하는 것입니다. 이것이 많은 사람에게 나타나는 반응입니다. 이처럼 하나님이 없다고 부정하면 자기 마음대로 생각하고 행동하는 사람이 되어 버립니다.

두 번째로는 하나님을 무시해 버립니다. 즉 영원히 살아 계시는 하나님을 섬기지 않고 우상을 섬깁니다. 이것이야말로 하나님을 무시하는 행위입니다.

"스스로 지혜 있다 하나 어리석게 되어 썩어지지 아니하는 하나님의 영광을 썩어질 사람과 새와 짐승과 기어다니는 동물 모양의 우상으로 바꾸었느니라"(롬 1:22-23).

세 번째로는 길을 잘못 들어섭니다. 하나님을 찾긴 찾아야겠는데, 자기 마음대로 찾다 보니 잘못 찾은 것입니다. 그래서 무언가 눈에 보이는 것을 하나 만들어 놓고 이것을 하나님으로 생각하는 엄청난 잘못을 저지르고 맙니다.

이제 여러분 자신이 작은아들인지 아닌지 한 번 생각해 보십시오. 하나님은 지금 여러분에게 자신을 반성할 기회를 드리는 것입니다. '나는 누구인가? 되도록 하나님을 멀리 떠나 살고 싶지 않았는가? 결국 내가 하나님이 되고 나는 선하다고 생각했지만, 하나님 눈에 헤아릴 수 없이 많은 죄를 범하지 않았는가? 하나님을 부정하기도 하고 무시하기도 하면서, 급할 때는 엉뚱한 데 가서 하나님이라고 생각하며 허리 굽혀 절하지 않았는가?' 그렇다면 분명 작은아들입니다. 하나님은 바로 여러분처럼 잘못 길을 든 사람들을 찾고 계십니다.

• 쾌락의 한계

하나님 없는 생활에서는 아무도 만족하지 못하고 결국은 허탈감에 빠집니다. 그리고 그 결과는 영원한 죽음입니다. 우리는 집을 나간 둘째 아들이 허랑방탕하게 유산을 다 날리고, 나중에는 돼지를 치며 돼지가 먹는 쥐엄 열매를 먹으면서도 배를 채우지 못해 절망에 빠지는 모습을 보았습니다. 하나님 없는 생활의 종말이 이와 같음을 하나님께서 우리에게 가르쳐 주십니다.

"일평생에 근심하며 수고하는 것이 슬픔뿐이라 그의 마음이 밤에도 쉬지 못하나니 이것도 헛되도다"(전 2:23).

제가 드리는 이야기에 공감하실지 모르지만, 우리나라는 급속도로 문명이 발전하고 있는 나라 중 하나입니다. 우리나라 국민의 상위 20퍼센트에 해당하는 사람들의 생활 수준이나 패턴을 보면 선진국을 능가할 정도입니다. 유럽에 가 보십시오. 우리나라처럼 그렇게 호화롭게 살기가 쉽지 않습니다. 그런데 한 가지는 꼭 알아두십시오. 문명은 마약입니다. 마약에 중독되면 무기력해지고, 결국 아무것도 못 하는 폐인으로 전락합니다. 문명이 발전할수록 사람들은 행복해지는 것이 아니라 결과적으로 무력한 존재가 될 수 있습니다.

앞으로 로봇이 대중화되면 가정마다 로봇이 집안일을 대신할지 모릅니다. 그렇게 되면 이 세상이 어떻게 바뀔까요? 문명이 발전할수록 사람들은 더 일하기 싫어하고 귀찮은 일에서 해방되고 싶어 할 것입니다. 이러한 문명의 이기에 계속 몸담고 살다 보면, 더욱 무기력해지고 이기주의자가 되어 웬만한 일은 손대지 않는 사람으로 바뀌게 될 것입니다.

특히 주부들은 가사 노동에서 많은 부분 해방될 것입니다. 그러면 여유가 생길 것이고, 여유가 생기면 즐기고 싶을 것입니다. 즐긴다는 것은 쾌락을 따라 과거에 감히 엄두도 못 낸 일에 과감히 손을 대보는 것이고, 감히 곁에 가보지도 못한 일에 슬그머니 발을 내미는 것입니다. 그러다 재미를 붙이면 거기에 몰입하게 될 것입니다. 자연히 남편이나 자녀에 대해 신경도 덜 쓰게 될 것입니다. 그렇다고 인생에 대한 철학적이고 신학적인 고민에 깊이 빠진 것도 아닙니다. 그저 하루하루 즐겁게 살면 그만입니다.

이렇게 되면 결국 남는 건 쾌락일 뿐입니다. 쾌락은 더 큰 쾌락을 부르고, 더 큰 쾌락은 더 큰 공허함을 불러들입니다. 그래서 나중에는 무엇으로도 만족할 수 없는 불행한 사람으로 바뀝니다. 이것이 문명이 주는 종말입니다. 마치 마약이 주는 결과와 같습니다. 주사 한 대로 만족하던 사람이 두 대를 맞아도 안 되고, 나중에는 돈을 끌어모아 맞아야 할 정도로 헤어나올 수 없게 됩니다. 오늘날 하나님을 떠나 자기 마음대로 사는 인생이 결과가 이렇습니다.

전 세계를 누비며 여행을 많이 한 사람일수록 허무감에 빠진 것을 많이 봐왔습니다. 그들에게 더 가고 싶은 데가 있느냐고 물으면, 대부분 없다고들 이야기합니다. "나는 갈 데가 너무 많은데 당신은 이제 갈 데가 없다니……. 나이는 비슷한데 당신보다 내가 훨씬 더 행복한 것 같은데요." 그들도 제 말에 고개를 끄덕입니다. 어느 정도 즐길 대로 즐기면 더 즐기고 싶은 게 없어집니다. 다 거기서 거기입니다. 그러다 보면 삶의 의미를 찾지 못한 방랑자가 되기 쉽습니다.

정말 성경에 있는 말씀 그대로 아닙니까? 평생을 수고해도 근심과 고생만 남고, 나중에는 마음에 쉼을 얻지 못하는 헛된 존재가 됩니다. 이것이 하나님을 떠난 작은아들의 운명입니다.

이러한 위기는 아파트 평수가 60평, 70평인 사람일수록 더 빨리 올 것입니다. 사회적으로 추앙받는 사람일수록 더 빨리 올 것입니다. 지금 근심 걱정이 전혀 없고 젊음을 즐기는 사람일수록 이 무서운 결과는 하루아침에 올 것입니다. 왜 그렇습니까? 하나님을 멀리 떠나 자기 마음대로 사는 허랑방탕한 둘째 아들의 자손이기 때문입니다.

죄의 삯은 사망입니다. 하나님을 떠나 자기 마음대로 사는 것이 죄입니다. 기독교가 말하는 죄를 이상하게 보지 마십시오. 부모 떠난 자식이 자기 마음대로 방탕하게 살면 죄인 것처럼, 하나님이라는 뿌리를 무시하고, 부정하고, 자기 마음대로 사는 것이 죄입니다. 그 결과는 영원한 죽음입니다. 이러한 우리의 현주소를 꼭 알아야 합니다.

• '그제야' 라는 순간

사람마다 어떠한 계기를 통해 자신의 영혼 깊숙이 말씀하시는 하나님의 음성을 듣게 됩니다. 17절 말씀을 다시 보십시오. "이에 스스로 돌이켜 이르되 내 아버지에게는 양식이 풍족한 품꾼이 얼마나 많은가 나는 여기서 주려 죽는구나" 여기에서 스스로 돌이켰다는 말은 자기 자신에게로 돌아왔다는 말입니다. 그러면 이 둘째 아들은 언제 자기 자신에게 돌아오는 순간을 맞이했을까요? 자신의 소유가 다 없어졌을 때, 자신감마저 사라졌을 때, 모든 문이 완전히 닫혀서 사면초가가 되었을 때, 그제야 정신이 번쩍 들었습니다. 자신에게로 돌아온 것입니다. 인생을 살다 보면 이런 기회가 꼭 한두 번은 있습니다.

하나님을 떠나 사는 사람은 자기 자신을 모르고 사는 사람입니다. 그러나 하나님에게로 돌아오는 순간이 있습니다. 하나님은 다양한 방법을 통해서 우리로 '그제야'라는 순간으로 돌아오게 합니다. 어떤 분은 딸 셋 낳아 날마다 병치레를 하다가 '그제야'를 맞이했고, 이 둘째 아들은 자기 재산을 다 허비하고 거지가 되자 '그제야'를 맞이했습니다. 자기를 돌아보는 순간을 맞이했다는 말입니다. 가장 순수한 자기 자신으로 돌아온 것입니다. 저는 이 '그제야'에 의해서 예수님에게 돌아온 사람을 많이 봤습니다.

한 자매 이야기를 소개하겠습니다. 이 자매는 예수를 잘 믿는 집안에서 태어났습니다. 할아버지도 장로고 친정아버지나 작은아버지도 다 유명한 교육가였습니다. 태어나면서부터 좋은 집안에서 좋은 것만 얻어 살아서 그것이 귀한 줄 모르고 성장했습니다. 사실 어릴 때부터 성경을 배우면서 하나님을 섬기고 하나님의 뜻대로 사는 게 얼마나 복입니까? 그런데 아이들은 그것이 복인 줄 모릅니다. 이 자매도 마찬가지였습니다.

자기 마음대로 적당히 교회 다니다가 드디어 결혼할 나이가 되자 예수 안 믿는 남자와 덜컥 결혼했습니다. 그리고 자신은 약국을 경영하면서 돈 버는 일에만 수년을 보냈습니다. 신앙생활도 다 포기했습니다. 번 돈으로 즐기면서 가정생활을 천국처럼 생각하고 살았습니다. 그러기를 11년, 하지만 양심의 가책이란 전혀 느끼지 못했습니다. 하나님 섬기지 않는 게 자신의 인생에 아무런 문제도 되지 않았습니다. 그런데 이상하게도 돈을 벌어 놓으면 남편이 가지고 나가서 탕진해 버립니다. 그런 일이 계속 일어나는데도 무슨 의미인지 몰랐습니다. 그러다가 남편이 세상을 떠났습니다. 그제야 그 자매는 자기 자신을 발견합니다. 그제야 눈을 뜬 것입니다. '내가 지금 잘못된 길에 와 있구나.' 이때를 계기로 그 자매는 하나님 앞에 철저하게 회개하고 이제는 얼마나 예수를 잘 믿는 사람이 되었는지 모릅니다. 이 자매는 불행하게도 남편을 잃어버린 시간이 '그제야'가 된 것입니다.

• **주의 음성이 들리는 순간**

우리에게도 그런 순간이 있습니다. 오늘 여러분에게도 여러 가지 형태의 '그제야'가 있을 것입니다. 그러나 가장 중요한 '그제야'는 바로 여러분이 이 자리에 와 계신다는 것입니다. 이 자리에 와서 하나님의 말씀을 듣는 이것이야말로 여러분이 여러분 자신에게로 돌아오는 가장 중요한 순간이 됩니다.

'그제야'라는 순간에 이르면, 마음속에 하나님의 음성이 은은히 들리기 시작합니다. 방탕한 둘째 아들이 아버지 생각을 하게 된 것처럼 말입니다. 드디어 그에게 아버지 생각이 났습니다. 아버지 집이 생각났습니다. 아버지의 사랑이 생각났습니다. 다시 말해서 하나님의 음성이 들리기 시작한 것입니다. 이 시간 여러분이 말씀을 들으면서, '아, 나에게도 '그제야'라는 순간이 왔구나' 하고 인정하면 하나님의 음성이 들릴 것입니다. 다음 구절은 하나님께서 우리에게 들려주시는 음성입니다.

"여호와께서 말씀하시되 오라 우리가 서로 변론하자 너희의 죄가 주홍 같을지라도 눈과 같이 희어질 것이요 진홍 같이 붉을지라도 양털 같이 희게 되리라"(사 1:8).

이 구절은 "지금까지 너는 나를 모르고 네 마음대로 살았지만 오너라. 지금까지 잘못한 게 많아도 다 용서해 주마"라는 의미입니다. 이어서 다음 구절은 예수님께서 우리에게 들려주시는 음성입니다.

"수고하고 무거운 짐 진 자들아 다 내게로 오라 내가 너희를 쉬게 하리라"(마 11:28).

만일 이 시간 이런 음성이 들린다면, 여러분은 '그제야'라고 할 수 있는 순간에 선 것입니다. 여러분에게 하나님의 음성이 들리길 바랍니다. 여러분의 마음속에 하나님께서 부르는 음성이 들리길 바랍니다.

• 하나님께 돌아가는 길

드디어 둘째 아들이 거지가 되어 남루한 옷을 입고 아버지에게 돌아가기로 마음먹습니다. 돌아가는 길을 그는 알고 있습니다. 지금까지 우리는 하나님을 모르고 내 마음대로 세상을 살았습니다. 하나님께 돌아가고 싶은데 어떻게 갈 수 있을까요? 어디를 통해 하나님께로 갈 수 있을까요? 그 길이 어디일까요? 분명히 아십시오. 죄에 빠진 인간이 스스로 하나님을 찾아갈 수 있는 길은 없습니다. 아무리 가고 싶어도 내 힘으로는 못 갑니다.

"모든 사람이 죄를 범하였으매 하나님의 영광에 이르지 못하더니"

(롬 3:23).

모든 사람이 죄를 짓고 허랑방탕하게 자기 마음대로 살았기에 하나님 앞에 갈 수 없습니다. 모든 길이 차단되었습니다. 그런데 하나님 아버지께로 돌아갈 길을 열어주신 분이 있습니다. 바로 예수님입니다. 그래서 여러분에게 예수 믿으라고 하는 것입니다. 다른 이유가 아닙니다.

"그리스도께서 우리를 위하여 저주를 받은 바 되사 율법의 저주에서 우리를 속량하셨으니 기록된 바 나무에 달린 자마다 저주 아래에 있는 자라 하였음이라(갈 3:13).

예수님은 하나님의 아들입니다. 그는 죄가 없는 분입니다. 그는 이 세상을 창조하신 창조자입니다. 그런데 그가 어떻게 우리 길을 열어 주었습니까? 사람이 되어 이 세상에 태어나시고, 사람들 틈에 오셔서 그들이 하나님을 떠나 얼마나 허무한 인생을 살고 있으며 고생하고 고통받는가를 몸소 체험하시고, 그들을 무서운 죽음의 계곡에서 건져주기 위해서 둘째 아들이 범한 모든 죄를 대신 짊어져 주시는 방법으로 길을 열어 주셨습니다.

그 이유가 무엇입니까? 죄 문제를 해결하지 않으면 아무도 하나님 앞으로 갈 수 없기 때문입니다. 그래서 예수님은 죄가 없으면서도 이 세상에 인간의 몸을 입고 오셔서 우리의 모든 잘못을 대신 짊어지기로 하셨습니다. 죄의 삯은 사망이기 때문에(롬 6:23) 그 죽음을 예수님이 대신 죽어 주시기로 한 것입니다. 죄 없는 그분은 하나님 없이 자기 마음대로 살던 우리 죄를 짊어지시고, 십자가에서 하나님이 내리시는 그 무서운 벌을 다 받으셨습니다. 이것이 십자가의 죽음입니다. 십자가에 죽는 저주를 홀로 당하셨습니다. 나무에 달려 죽는 사람은 저주받은 사람입니다. 어떤 면에서는 가장 참혹한 죽음입니다. 그 죽음을 우리 주님이 당하신 이유가 무엇입니까? 우리가 당할 죽음을 대신 짊어지셨기 때문입니다. 예수 그리스도가 이렇게 우리의 죄 때문에 죽임을 당하셨습니다.

하지만 세상의 많은 죄를 짊어지고 무덤에 들어간 아들을 하나님께서 가만두실 리 없습니다. 하나님께서는 죽임을 당하여 무덤에 간 자기 아들을 3일 만에 살려 놓았습니다. 그런 다음 그 아들에게 놀라운 축복을 주셨습니다. "이제 전 세계에 있는 모든 사람, 하나님을 떠나 자기 마음대로 사는 둘째 아들을 구할 수 있도록 길을 열어 주어라." 하나님께서 예수님에게 이 일을 위임하셨습니다.

그래서 예수님은 우리에게 말씀합니다. "너는 나를 믿어라. 믿기만 하면 하나님 앞으로 돌아오는 길을 가르쳐 주마." 믿으라는 말은 예수님의 옷자락을 꼭 붙들라는 말과 같습니다. 다시 말해서 "내가 가는 대로 따라만 와라. 그러면 하나님 앞으로 다시 돌아갈 수 있다"라는 말입니다. 그분이 우리의 모든 죄를 대신 짊어지셨기 때문에, 그분이 우리를 하나님 앞으로 인도하면 하나님은 우리를 받아들이게 되어 있습니다.

하나님은 여러분을 사랑하십니다. 하나님께 돌아오기만 하면 천국의 모든 축복을 안겨 주실 것입니다. 둘째 아들이 돌아왔을 때 아버지는 그의 잘잘못을 따지지 않았습니다. 오히려 좋은 옷을 입히고, 가락지를 끼워주고, 신발을 신겼습니다. 좋은 옷을 입힘으로 아들의 명예를 회복해 주었고, 가락지를 끼움으로 아들의 권위를 인정해 주었으며, 신발을 신김으로 자기 아들임을 증명했습니다.

그 아버지는 작은아들에게 지금껏 어떻게 살았는지, 돈은 어디에 썼는지 묻지 않았습니다. 전부 묻어 버렸습니다. 둘째 아들이 돌아와서 "아버지, 제가 하늘과 아버지께 죄를 지었습니다"라고 하자, 그 말 한마디에 아들의 모든 과거를 다 묻어 버렸습니다. 그만큼 아버지는 그 아들을 사랑하고 기다렸기 때문입니다.

나를 위하여 십자가에 죽으신 예수님, 3일 만에 살아나셔서 우리로 하나님께 가는 길을 열어주신 예수님을 믿기만 하면, 하나님 아버지는 우리의 과거를 묻지 않습니다. 다 덮어버립니다. 하나님 앞에 와서 "아버지, 저는 지금까지 하나님을 떠나 제 마음대로 살았습니다. 용서해 주세요"라고 하면, 그 한마디로 모든 과거를 묻어 버리십니다. 다 용서해주십니다. 우리를 기꺼이 받아들이고 끌어안으십니다.

이것이 우리 하나님 아버지입니다.

"자기 아들을 아끼지 아니하시고 우리 모든 사람을 위하여 내주신 이가 어찌 그 아들과 함께 모든 것을 우리에게 주시지 아니하겠느냐"
(롬 8:32).

누구든지 예수 믿기만 하면 하나님은 놀라운 축복을 예수님과 함께 우리에게 주시겠다고 약속하셨습니다. 또한 영원한 생명까지도 보장해 주셨습니다.

"내가 그들에게 영생을 주노니 영원히 멸망하지 아니할 것이요 또 그들을 내 손에서 빼앗을 자가 없느니라"(요 10:28).

하나님은 어떤 분입니까? 우리를 사랑하시는 분입니다. 하나님 어떤 분입니까? 우리에게 영원한 위로를 주시는 분이요, 우리에게 좋은 소망을 안겨 주시는 분입니다.

"우리 주 예수 그리스도와 그리고 우리를 사랑하시고 은혜로 우리에게 영원한 위로와 좋은 희망을 주신 하나님 우리 아버지께서"(살후 2:16).

그 하나님이 지금 이 자리에 계십니다. 이 자리에 계시면서 여러분이 돌아오길 기다리고 계십니다. 우리가 할 수 있는 건 하나입니다.

"예수님, 저는 집 떠난 작은아들이었습니다. 지금까지 정신없이 살았지만 이제 하나님 앞으로 돌아가길 원합니다. 제가 예수 믿겠습니다. 지금까지 지은 모든 죄를 회개합니다. 용서해 주십시오." 이 한마디만 하면 하나님께서 여러분을 끌어안아 주시고, 지금까지 준비해 놓은 모든 축복을 안겨 주십니다. 마치 집으로 돌아온 작은아들에게 그랬던 것처럼 아낌없이 옷을 입힐 것입니다. 가락지를 끼워 주실 것입니다. 신발을 신겨 주실 것입니다. 아버지 집으로 인도해 주실 것입니다. 잔치할 것입니다.

하나님께서 지금 여러분을 기다리고 계십니다. 나의 현주소가 잘못되었다는 것을 인정하십시오. 지금까지 살아온 3, 40년의 생활이 어딘가 모르게 빗나갔다는 것을 인정하십시오. 구원자가 되신 예수 믿으십시오. 나를 사랑하여 나 대신 자기 생명을 주신 예수님, 3일 만에 살아나셔서 어리석은 우리를 하나님 앞으로 인도해주시는 예수님, 이 예수님을 마음을 활짝 열고 붙드십시오. 그러면 하나님께서 여러분을 안아 주실 것입니다.

PART
3

영원 없는 인생 :
인생을 생각하다

언제가 나에게 가장 위대한 순간입니까?

내가 하나님의 사랑을 받는 존귀한 존재라는 것을 깨달은 순간입니다.

언제가 나에게 가장 위대한 순간입니까?

하나님이 나에게 영원한 생명을 주셨다는 것을 발견하고

그 생명을 내 것으로 소유하게 된 순간입니다.

제 3부 _ 영원없는인생 : 인생을 생각하다

01
다 내게로 오라
(마 11:28-30)

적어도 인생을 30년 이상 살았다면 누구나 공감하는 사실이 있습니다. 곧 한 생을 사는 것이 얼마나 힘들고 고달픈가에 대해서 말입니다. 우리가 걸어가는 인생길은 양탄자가 깔린 길이 아닙니다. 인생이란 절대 단순하지 않습니다. 이러한 인생의 실존에 대해서 솔로몬처럼 솔직하고 정직하게 표현한 사람도 없습니다. 하나님께서 솔로몬의 입을 통해 인생의 진면모를 이렇게 말씀합니다.

"사람이 해 아래에서 행하는 모든 수고와 마음에 애쓰는 것이 무슨 소득이 있으랴 일평생에 근심하며 수고하는 것이 슬픔뿐이라 그의 마음이 밤에도 쉬지 못하나니 이것도 헛되도다"(전 2:22-23).

어떻게 보면 허무가를 부르는 것 같지만, 이것이야말로 숨길 수 없는 인생의 진면모입니다. 일평생 근심하며 수고하다가 결국 슬픔으로 끝나는데, 그 짐이 얼마나 무거운지 밤에도 쉬질 못하는 게 우리 인생입니다. 아무도 부인할 수 없을 것입니다. 따라서 우리는 쉬고 싶다는 생각을 자주 합니다. '좀 쉬고 싶다. 쉬었으면 좋겠다. 피곤하다'는 생각을 자주 하지 않습니까? 예수님도 우리 인생을, 무거운 짐을 지고 끙끙거리며 걸어가는 한 사람의 모습으로 보셨습니다.

• 예수가 누구이길래

저는 열네댓 살 정도 될 때 무거운 짐을 지게에 지고 해발 3, 400미터 정도 되는 산을 여러 번 넘어본 경험이 있습니다. 죽을 고생을 하며 짐을 지고 산을 넘어봤기에 이것이 얼마나 고통스러운가를 조금 압니다. 땀은 비 오듯 흐르고, 심장은 터질 듯 가쁩니다. 그런데도 쉬지를 못합니다. 산비탈이다 보니 아무 데나 짐을 내려놓고 쉴 수 없습니다. 그러다가 적당한 자리가 보이면 지게를 내려 막대기로 받쳐놓고는 털썩 주저앉습니다. 그럴 때 어린 꼬마에게 무슨 생각이 드는지 아십니까? '이 자리에서 이렇게 죽으면 좋겠다. 죽었으면 좋겠다.' 어린아이 같지 않은 생각이지만 너무 힘든 나머지 그런 생각을 했던 게 기억납니다. 우리 인생이 바로 이렇습니다. 무거운 짐을 지고 헉헉거리며 가다가 쉴만한데 앉으면 '아, 이대로 가버렸으면 좋겠다' 하는 생각이 들 정도로 힘들고 무거운 것이 우리 인생길입니다.

이런 우리에게 예수님께서 어떤 말씀을 해 주시는지 압니까? 성경을 읽은 분들이라면 이 말씀이 주는 아름다운 은혜를 잊지 못합니다. 누구나 좋아하는 말씀입니다.

"수고하고 무거운 짐 진 자들아 다 내게로 오라 내가 너희를 쉬게 하리라 나는 마음이 온유하고 겸손하니 나의 멍에를 메고 내게 배우라 그리하면 너희 마음이 쉼을 얻으리니 이는 내 멍에는 쉽고 내 짐은 가벼움이라 하시니라"(마 11:28-30).

살벌한 사막에서 발견한 오아시스요, 하늘로부터 들리는 상쾌한 위로의 말씀입니다. 마음 놓고 기대고 싶은 넓고 따뜻한 품처럼 느껴지지 않습니까? 예수님이 우리를 향해 주시는 초청의 말씀입니다. 도대체 그가 누구이길래 우리에게 이렇게 말씀합니까? 그가 누구이길래 우리에게 오라고 합니까? 그가 누구이길래 내가 너를 쉬게 해주겠다고 합니까? 도대체 누구이길래 그렇게 자신 있게 우리를 초청하고 쉬게 해주겠다고 말씀하느냐 이 말입니다. 이것은 여러분이 알아야 할 굉장히 중요한 내용입니다.

나에게 오라고 하고 쉬게 해 주겠다고 하는 그분이 도대체 누구입니까? 누구이길래 나에게 그런 이야기를 함부로 합니까? 과연 내가 믿을 수 있는 분인지, 내가 신뢰해도 되는지, 정말 그분에게 가도 되는지 등등 이런 질문에 대해서 확신이 생겨야 오늘 이 자리에 오신 여러분들이 예수를 믿어야 할 분명한 의미를 발견하게 될 것입니다.

그가 누구입니까? 예수님이 누구입니까? 이에 대해 다음 구절을 통해 설명해 드리겠습니다.

"그는 근본 하나님의 본체시나 하나님과 동등됨을 취할 것으로 여기지 아니하시고 오히려 자기를 비워 종의 형체를 가지사 사람들과 같이 되셨고 사람의 모양으로 나타나사 자기를 낮추시고 죽기까지 복종하셨으니 곧 십자가에 죽으심이라"(빌 2:6-8).

'빌립보서'라고 하는 성경이 있습니다. 다소 어려운 내용입니다만, 하나님께서 여러분의 마음을 열어주시면 이해할 수 있을 것입니다. 여기에서 '그'란 예수님을 말합니다. 그가 하나님의 본체라는 말은 예수님이 곧 하나님 자신이요, 하나님과 동등한 분이라는 의미입니다. 예수님은 하나님입니다. 예수님은 천지 만물을 창조하신 하나님입니다. 예수님은 알파와 오메가입니다. 시작과 끝입니다. 모든 만유의 주가 되시는 분입니다. 그분이 바로 예수님입니다.

그런데 그에게 어떤 변화가 일어났습니까? 하나님과 동등됨을 취할 것으로 여기지 않으셨습니다. 이 말은 하나님으로서 받을 영광을 거절하시고, 오히려 자기 영광을 다 내버리고 종의 형체를 가지셨다는 말입니다. 다시 말하면 노예와 같은 모습으로, 노예와 같은 천한 신분으로 세상에 오셨다는 말입니다. 그래서 사람들과 같이 되었고 사람의 모양으로 오셨습니다. 우리는 이것을 놓고 예수님이 세상에 오셨다고 말합니다.

본래 하나님이신데 우리를 불쌍히 여겨 찾아오셨습니다. 우리 형편을 직접 경험해 보기 위해 오셨습니다. 우리가 짊어진 무거운 짐을 자기도 한번 져보기 위해, 왜 우리가 짐을 지고 고생해야 하는지 하나님의 응답을 주시기 위해, 또한 그 짐을 벗고 쉬는 길이 무엇인지 가르쳐주시기 위해, 친히 사람의 몸을 입고 이 세상에 오셨습니다. 오셔서 자기를 낮추시고 죽기까지 복종하셨습니다. 즉 십자가에 죽으셨습니다.

• 십자가 죽음의 이유

반복해 말씀드리지만 예수님은 십자가에 죽으셨습니다. 자기 죄 때문에 죽으신 게 아닙니다. 하나님이 무슨 죄가 있습니까? 하나님께는 죄가 없습니다. 그러면 왜 죽으셨습니까? 누군가의 죄 때문에 죽으셨습니다. 왜냐하면 죄의 결과는 죽음이기 때문입니다. 죄는 죽음을 자초합니다. 죄는 하나님을 반역한 것이요, 하나님을 거역한 것이요, 하나님의 뜻을 어긴 것이기 때문에 성경에 의하면 죄의 삯은 죽음입니다. 영원한 죽음입니다.

예수님이 왜 죽으셨습니까? 누군가의 죗값으로 죽으셨습니다. 저나 여러분이나 그 누군가가 누군지 몰랐습니다. 예수님이 십자가에 죽으셨다는 말은 많이 들었지만, 도대체 누구 때문에 죽었는진 잘 몰랐습니다. 당시 예수님을 십자가에 못 박았던 사람들은 예수님이 정치적으로 잘못했기 때문에 처형당한다고 생각했습니다. 그러나 그렇지 않습니다. 그분은 처형당할 일을 하지 않았습니다.

그런데 왜, 누구 때문에 죽으셨을까요? 하나님의 말씀은 우리에게 이렇게 대답합니다. 우리를 위해 하나님의 아들이 십자가에서 죽으셨다고 말입니다. 그 이유는 내게 죽어야만 하는 이유가 있었기 때문입니다. 나를 위해 그분이 대신 죽지 않을 수가 없었습니다. 그래서 십자가에 죽으신 것입니다.

만일 이 말씀이 마음에 와 닿으면 여러분에게 오늘 굉장한 일이 일어날 것입니다. 많은 분들이 이 이야기를 하면 코웃음을 칩니다. 그게 나와 무슨 상관이냐고 말입니다. "역사책에서 예수라는 청년이 죽었다는 내용은 읽은 적이 있어. 그런데 그게 나와 무슨 관계지? 나와 무슨 상관이야?" 믿음이 없으므로 이런 말을 합니다. 마음이 열리지 않았기 때문에 이렇게 말하는 것입니다. 그러나 '하나님의 아들이신 그분이 십자가에 죽으신 게 나 때문이었구나. 나 대신 죽으신 죽음이구나'라고 깨닫게 되면 여러분의 마음에 큰 혁명이 일어납니다.

교회를 10년, 20년 다녀도 이 사실을 전혀 모르는 사람이 많습니다. 이런 사람은 신앙생활도 맹숭맹숭합니다. 흔히 말하는 선데이 크리스천입니다. 주일날만 교회 와서 신자인 척하고, 사회에 나가면 예수 믿지 않는 사람과 똑같습니다. 게다가 예수 믿는다는 것을 잘 드러내지 않습니다. 그래서 그를 멀리서 본 사람은 그가 크리스천인지 모릅니다. 이런 분들이 교회 안에 많습니다. 그도 그럴 것이 하나님의 아들이 나를 위해 죽으셨다는 사실이 마음에 와 닿지 않기 때문에 예수를 믿을 동기도 안 생깁니다. 예수님이 죽으셨다는 것이 전혀 감정이입이 되지 않습니다. 따라서 감동도 없고, 눈물도 없고, 맹숭맹숭합니다.

이런 사람들이 교회 밖에 나가 믿지 않는 사람과 똑같이 거짓말하고 사기치는 것입니다. 자기 욕심을 따라 행동하다가 결국은 많은 사람들이 예수를 믿지 못하게 만듭니다. "예수 믿는 사람이 저 꼴인데 믿으면 뭐해. 뭔가 다른 점이 하나도 없는데." 이런 식이 되어 버립니다. 이것은 십자가를 보는 관점에 근본적인 문제가 있음을 보여줍니다. 예수님이 내 죄로 인해 죄 없이 십자가에서 죽으셨다는 것을 아는 사람, 그것 때문에 가슴이 한번 찢어진 사람, 그것 때문에 한번 주님 앞에 무릎 꿇고 눈물로 자기 죄를 회개한 사람이라면 자아가 완전히 깨져버립니다.

몇 년 전에 설악산에서 있었던 일입니다. 대학에서 같은 동아리에 있는 몇 사람이 여름철 비가 많이 오던 날 산행을 했던가 봅니다. 그런데 여학생 한 명이 그만 절벽에서 미끄러져 물속에 빠졌습니다. 허우적거리는 여학생을 보자 남학생 두 명이 놀라서 바로 뛰어들었습니다. 깊어 보이지 않아도 물살이 셀 때는 얼마나 무서운지 모릅니다. 그런데 간신히 여학생만 살리고는 남학생 둘은 결국 익사하고 말았습니다.

제가 그 기사를 읽으면서 이런 생각을 했습니다. '이 여학생이 평생 어떻게 인생을 살까? 자기 때문에 희생당한 두 남학생의 몫까지 의미 있는 삶을 살 수 있을까?'

만일 그 여학생이 정신을 바로 차리고 인생을 제대로 산다면, 다른 사람이 잘 하지 않는 가치 있는 일을 선택해 평생을 희생할 수 있다고 봅니다. 하지만 시간이 지나면서 그때 일을 잊어버리고 인생을 즐기며 생활한다면 주변 사람들이 손가락질할지 모릅니다.

마찬가지로 여러분이 예수 믿는다는 것을 우습게 보지 마십시오. '하나님의 아들이 나 대신 희생하셨다. 그러므로 그분의 사랑과 은혜가 헛되지 않도록 살아야 한다'라는 각오와 결심 가운데 인생을 사는 것이 예수 믿는 것입니다. 바로 그분이 우리에게 "내게로 오라 내가 너희를 쉬게 하리라"고 말씀하십니다. 십자가에 죽으신 예수님을 오늘 여러분이 발견하시길 바랍니다. 그리고 만나시길 바랍니다. 굉장한 역사가 일어납니다.

• 경배할 수밖에 없는 이유

앞서 언급한 빌립보서 말씀을 이어서 보겠습니다.

"이러므로 하나님이 그를 지극히 높여 모든 이름 위에 뛰어난 이름을 주사"(빌 2:9).

여기에서 '지극히 높였다'라는 말은 죽음에서 그분을 살리셨다는 의미입니다. 예수님이 죽음을 이기고 죽음에서 살아나셨습니다. 그리고 하나님이 그를 아주 존귀한 자리로 옮기셨습니다. 비록 세상에 올 때는 종의 모습으로 오셔서 우리 때문에 종처럼 살다가 가장 비참한 죽음을 죽으셨지만, 그가 모든 일을 끝내자마자 하나님이 그를 살리시고 가장 높은 존귀한 자리에 앉히셨습니다. 그리고 모든 무릎을 예수님의 이름 앞에 꿇게 하셨습니다. 그리고 모든 사람이 입을 열어 예수 그리스도를 주라고 시인하여 하나님 아버지께 영광을 돌리게 하셨습니다.

> "하늘에 있는 자들과 땅에 있는 자들과 땅 아래에 있는 자들로 모든 무릎을 예수의 이름에 꿇게 하시고 모든 입으로 예수 그리스도를 주라 시인하여 하나님 아버지께 영광을 돌리게 하셨느니라"(빌 2:10-11).

예수님이 우리를 위해 죽으셨습니다. 이로써 우리의 모든 죗값을 대신 치르셨습니다. 그리고 사흘 만에 부활하셔서 가장 높고 영광스러운 자리에 앉으셨습니다. 세상에서 예수님보다 더 영광스러운 분은 없습니다. 그분보다 더 권세 있는 분은 없습니다. 그분의 손에 인간의 생사화복이 있습니다. 모든 역사의 수레바퀴가 그분의 손에 의해 굴러갑니다. 그분이 온 우주의 주가 되셨습니다.

그러므로 이 위대하고 광대하며 거룩하고 전지전능한 예수 그리스도 앞에 모든 피조물이 무릎을 꿇고 나의 구원자요 주님이라고 고백하면서 경배해야 합니다. 마치 신하가 왕 앞에 설 때마다 무릎을 꿇고 충성을 맹세하며 경배하는 것처럼 말입니다. 하나님은 예수 그리스도 앞에 땅 위에 있는 우리는 물론이고, 천사들이나 먼저 천국에 간 성도들, 그리고 자기 죗값을 짊어지고 저주 아래 고통받는 사람들까지 모두 무릎을 꿇고 경배하도록 하셨습니다.

이분이 바로 예수님입니다. 원래는 하나님이지만 우리를 위해 세상에 오셔서 죽으셨고 부활하셨습니다. 그리고 지금은 하나님의 영광 가운데 계시면서 모든 피조물로부터 경배를 받으시는 크고 높으신 분입니다. 그분이 바로 예수 그리스도입니다.

이 세계 역사는 곧 예수님의 이야기입니다. 그래서 기원이 있고 기원전이 있고 기원후가 있습니다. 세계 역사는 예수 그리스도를 축으로 시작하여 종말을 맺습니다. 그분 외에 이 우주에 주가 없기 때문입니다. 이런 예수님이 우리에게 "수고하고 무거운 짐 진 자들아 다 내게로 오라 내가 너희를 쉬게 하리라"고 말씀하시면 믿을만하지 않습니까? 이 정도의 분이 오라고 초청한다면 한번 가볼 만하지 않습니까? 이 정도의 능력 있고 신뢰할 만한 하나님이라고 한다면 만사 제쳐놓고 쉬기 위해서 그분을 만나야 하지 않겠습니까?

• 무겁게 짐 진 인생

예수님이 어떻게 우리를 쉬게 할까요? 먼저 우리가 짊어진 인생의 짐을 덜어주시거나 그 짐을 가볍게 지고 가도록 해주십니다. 쉽게 말하면 인생고(人生苦)에서 우리를 쉬게 해준다는 말입니다.

저는 목사이기 때문에 수만 명의 사람과 직간접적으로 인간관계를 맺고 사는 사람입니다. 그리고 세계 곳곳에 있는 교회로부터 초청받아 집회 인도차 여기저기 다니는 편입니다. 그런데 집으로 돌아올 때마다 마음속으로 중얼거리는 말이 있습니다. '세상은 어딜 가도 똑같다. 사람 사는 건 어딜 가도 똑같다.' 무거운 짐을 지고 밤에도 쉬지 못하는 인생입니다.

저는 부유한 집에도 많이 가봤습니다. 초대를 받아 하루 이틀 같이 있다 보면 마냥 그들이 행복해 보입니다. 그러나 일주일 정도 같이 지내면서 마음을 터놓는 상황이 되면 깜짝 놀랄만한 이야기를 합니다. 지고 있는 짐이 너무나 무거운 것입니다. 다른 사람들과 별 차이가 없습니다. 빈부귀천, 남녀노소 할 것 없이 모두 다 한 짐씩 가득 진 채 인생을 살아갑니다. 이것이 제가 알고 있는 인생 전부입니다. 제 말에 동의하지 못하는 분이 계십니까? 하지만 나중에는 제 말이 옳다는 것을 알게 될 것입니다. 제 말이 아니라 예수님의 말씀이 옳다는 것을 알게 될 것입니다. 우리 모두 무거운 짐을 진 사람이라는 것을 시인하게 될 것입니다. 모든 인생은 다 짐을 지고 살아갑니다.

어떤 사람은 자신의 연약함으로 무거운 짐을 한평생 지고 갑니다. 학력이 부족해서, 체력이 약해서, 병을 앓아서, 아니면 성격에 장애가 있어서 한평생 고통받으며 무거운 짐과 씨름하는 것을 자주 봅니다. 다른 사람 때문에 무거운 짐을 지고 평생을 사는 사람도 많습니다. 남편이나 아내를 잘못 만나서, 또는 자식 때문에, 아니면 사회생활하면서 서로 술잔을 주고받으며 우정을 나누던 사이인데 그 사람 때문에 평생 고통에서 헤어나지 못하는 경우가 얼마나 많은지 모릅니다. 지도자를 잘못 만나 엄청난 고통을 겪기도 합니다. 다 다른 때문에 평생 무거운 짐을 지고 끙끙거리며 밤에도 쉬지 못하는 경우를 자주 봅니다. 마음에 숨겨놓은 불안이나 공포로 밤에도 쉬지 못하는 분들이 얼마나 많습니까?

요즈음은 남자 수난시대라고 말합니다. 통계청에서 발표한 사망원인 분석 자료만 봐도 여자보다 남자가 일찍 죽습니다. 특히 4, 50대 남성 사망률은 여자보다 훨씬 높습니다. 그도 그럴 것이 직장에 가면 상사는 위에서 누르고 후배는 밑에서 치고 올라와 샌드위치가 되기 일쑤입니다. 반면에 가정과 사회에서 져야 할 책임은 너무나 무겁습니다. 돈이 들어갈 곳이 얼마나 많습니까? 혹여 쓰러지는 날엔 가정이 풍비박산 날 위험이 있습니다. 그런 아슬아슬한 위기 속에서 얼마나 긴장하며 살겠습니까?

어느 대학병원 의사의 말에 의하면, 만성피로와 스트레스 때문에 4, 50대 남자에게 돌연사가 많다고 합니다. 얼마나 쉼이 필요한 존재입니까? 우리에게 얼마나 쉼이 필요합니까? 자기도 모르게 쉬고 싶다는 소리를 몇 번이나 합니까? 그런데도 내 마음에 있는 이 짐을 덜어줄 사람이 아무도 없습니다. 아내가 덜어줍니까? 자녀가 덜어줍니까? 속을 썩이지 않는 것만도 감사할 일입니다. 나 혼자 쉬면서 피곤을 풀고 마음의 평안을 얻고 싶지만, 누구에게 기댈 수도 없고 대안도 없습니다. 그래서 찾게 되는 게 술입니다. 이것이 대부분의 남자들이 처한 현주소입니다.

• 내가 쉬게 하리라

주님은 고달픈 우리의 삶을 너무나 잘 아시기에 초대의 말씀을 하십니다. "혼자 잘난체하지 말고, 혼자 짐 진 채 고생하지 말고 다 내게로 오라. 내가 너희를 쉬게 하리라." 이렇게 피곤함에 지쳐 허덕이는 사람들을 정말 예수님이 쉬게 해주신다는 말씀입니까? 물론입니다. 분명히 쉬게 해주십니다. 히브리서 4장을 보면 예수님은 자신을 이렇게 소개합니다.

> "우리에게 있는 대제사장은 우리의 연약함을 동정하지 못하실 이가 아니요 모든 일에 우리와 똑같이 시험을 받으신 이로되 죄는 없으시니라"(히 4:15).

예수님은 우리를 위한 대제사장이신데, 세상에 계실 때 우리가 당하는 모든 인생고를 맛보셨습니다. 지금 우리가 짊어지고 있는 슬픔, 피곤, 허무, 고통, 상처, 이 모두를 친히 맡아 주셨습니다. 우리와 한배를 타고 인생을 살아 보신 분이기에 우리의 사정을 너무나 잘 아십니다. 그래서 언제든지 도움이 필요하면 찾아오라고 주님은 말씀하십니다. 그러면 우리에게 꼭 필요한 도움을 주겠다고 약속하셨습니다. 그 약속의 말씀이 바로 이것입니다.

"그러므로 우리는 긍휼하심을 받고 때를 따라 돕는 은혜를 얻기 위하여 은혜의 보좌 앞에 담대히 나아갈 것이니라"(히 4:16).

우리는 때를 따라 하나님의 도움이 필요합니다. 때마다 하나님에게 뭔가를 얻어야 사는 사람입니다. 그럴 때마다 그것을 얻고자 은혜의 보좌 앞에 담대히 나아가야 합니다. 은혜의 보좌가 무엇입니까? 예수님이 계시는 곳입니다. 예수님의 이름을 부르고 그분께 나아가기만 하면, 주님은 내 형편에 따라 쉽게 해주십니다. 예수 믿으면 이러한 은혜를 알게 됩니다.

• 남자의 회심

저는 이 교회를 오랫동안 섬기면서 여러 가지 일들을 많이 보았습니다만, 특별히 4, 50대 남자분들이 아내를 따라 교회 나와 예수 믿는 경우를 많이 봅니다. 대부분 가정에서 누가 먼저 예수를 믿습니까? 여자분이 먼저 믿습니다. 제가 목회를 해보니까 아내들이 영적으로 훨씬 앞섭니다. 그 이유는 잘 모르겠지만 놀라운 축복임에는 분명합니다. 이렇게 여자가 먼저 예수 믿고, 그다음에 자녀들이 믿게 됩니다. 이쯤 되면 아버지만 외톨이가 되어 식탁에 앉았을 때도 "아빠는 왜 식사 기도 안 해?"라는 소리를 아이들에게서 듣습니다. 그런 곤란한 상황을 겪으면 그다음부터는 아이들을 위해서라도 고개를 숙이고 기도하는 척합니다.

그러다 자기도 모르게 아내를 따라 교회에 나오게 됩니다. 처음에는 찬송을 부르지도, 기도할 때 눈을 감지도 않습니다. 설교 시간에도 거의 잠을 잡니다. 그래도 하나님께서 계속 그의 마음에 빛을 비추면 나중에는 말씀이 귀에 들어오고, 눈을 번쩍 뜨고 설교를 듣고, 자기도 모르게 찬송을 따라 부릅니다. 나아가 예수님에 관해 좀 더 알고 싶은 마음이 생겨 다락방에 들어가 성경공부를 시작합니다. 어느 순간 예수님이 나를 위해 죽으셨다는 사실을 가슴 깊이 받아들입니다.

그다음부터는 교회만 나오면 눈물을 흘립니다. 점잖은 남자가 부끄러운 줄도 모르고 손수건으로 연신 눈물을 훔칩니다. 그런 일을 한두 번 본 게 아닙니다. 왜 그런지 아십니까? 자기 서러움에 복받쳐서 우는 게 아닙니다. 우는 이유가 있습니다. 내가 쉴 수 있는 넓은 품을 발견한 것입니다. 그동안 누구에게도 말하지 못한 채 마음에 쌓아둔 것을 마음껏 말할 수 있는 하나님을 발견한 것입니다. 그 놀라운 사랑 앞에 모든 근심과 걱정이 눈 녹듯 사라지고 마음에 평화가 찾아오면서 자기도 모르게 감정이 복받친 것입니다.

그래서 예배 시간만 되면 웁니다. 찬송을 부르면서도, 기도를 하면서도, 설교를 들으면서도 계속 웁니다. 두 달 넘게 우는 분도 봤습니다. 그 이유가 무엇입니까? 주님이 그에게 힘을 주시기 때문입니다. 주님이 그의 마음을 쓰다듬으며 모든 피곤을 씻어주시자 갑자기 마음이 평안해지면서 울고 싶은 충동을 느끼는 것입니다. 예수 믿는 한 사람으로서 저 역시도 이런 은혜를 수없이 체험했습니다. 제가 목사이기 때문에 그런 것이 아닙니다. 제 과거를 돌아봐도 예수님이 주시는 쉼이 얼마나 놀라운지 고백하지 않을 수 없습니다.

• 가난을 통해 만난 예수

저는 가난한 집안에서 가난 때문에 고통을 많이 겪었습니다. 8·15 이후 얼마나 어려웠던지 우리 집은 특히 더 가난했던 것 같습니다. 하루 세끼를 죽으로 때우는 것, 한번 상상해 보시겠습니까? 늘 가난과 씨름하면서 자란 탓에 그 시절 가난이 몸에 배어 있었습니다. 하지만 하나님께서 놀라운 은혜를 주셔서 어린 나이에도 예수님을 만날 수 있었습니다.

가난 속에서도 제 마음은 항상 그분과 교통하고 있었습니다. 어려움을 만나면 예수님을 찾으며 무릎 꿇고 기도했고, 내 마음에 있는 모든 서러움과 고통, 소원을 그분께 아뢰었습니다. 이런 기도를 하루, 이틀, 사흘, 나흘 계속하면, 어느 날 주님께서 그 모든 무거운 짐을 지고도 달려갈 힘을 주셨습니다. 그때마다 주님이 제게 은혜를 주셨기에 정서적으로 상처도 없고, 성격도 삐뚤어지지 않고 성장할 수 있었습니다. 대인관계도 전혀 문제가 없었고, 열등감으로 자신을 괴롭히지도 않았습니다. 모두 하나님이 주시는 은혜가 있었기에 가능했습니다.

저는 몇 차례 병 때문에 오랜 기간 고통을 겪은 사람입니다. 눈만

뜨면 '죽는다', '산다' 이 두 사이에서 시계추가 왔다 갔다 하는 것을 제 의식에서 지울 수가 없습니다. 왜냐하면 나와 똑같은 병을 앓는 사람이 죽어 나가는 것을 많이 봐왔기에, 나도 죽을 수 있다고 생각했습니다. 게다가 수술할 수 없다는 의사의 말에 더욱 그렇게 느꼈습니다. '이 약을 먹고도 낫지 못하면 죽는 거다'라고 생각할 만큼 상태가 심각했습니다. 대학에 다니면서도 계속 제 손으로 제 몸에 주사기를 꽂아 가며 삶과 죽음 사이를 오갔습니다.

이럴 때 자칫 잘못하면 인간은 황폐화지기 쉽습니다. 정신적으로 완전히 산산조각이 나기 때문입니다. 그때마다 저는 예수님을 찾았습니다. 교회에 가거나 아무도 없는 방에 엎드려 성경을 읽다가 마음속에 있는 서러움을 주님께 다 풀어놓았습니다. "전 아직 젊은 나이인데요. 주님, 아시지 않습니까?" 하고 넋두리 비슷하게 주님 앞에 털어놓는 것입니다. 주님은 제게 기댈 언덕이었습니다. 그때마다 주님은 제 눈에 눈물을 씻어 주시고 다시 소망 가운데 일어서도록 해주셨습니다.

그래서 오늘의 제가 있는 것입니다. 지금 제 모습을 보시고 우리에게 힘을 주시는 주님이 얼마나 대단한 분인지, 또한 그분은 절대 거짓말하지 않는다는 것을 꼭 믿으시기 바랍니다. 인생의 무거운 짐을 지고 이 자리에 앉아 계신 여러분이 저를 보고 믿으시기 바랍니다. 목사이기 때문에 이런 말씀을 드리는 게 아닙니다. 여러분과 똑같은 남자로서, 가장으로서, 남편으로서, 아버지로서, 또 50년 이상 인생을 산 사람으로서 여러분에게 저 자신을 드러내는 것입니다. 주님은 우리를 쉬게 해주십니다. 쉬게 해주실 만한 능력과 사랑을 가지고 계시는 분입니다.

그래서 저는 예수님 때문에 찬송을 즐겨 부릅니다. 목소리는 좋지 않지만, 찬송이란 게 목소리가 좋아야만 부르는 건 아닙니다. 아직 예수 믿지 않고 이 자리에 나와 계시는 분들은 아마도 노래방을 자주 찾을 것입니다. 노래방에 가서 무슨 노래합니까? 하나님이 없는 노래일 것입니다. 하나님이 없는 노래는 소망이 없는 노래입니다. 하지만 살아계신 하나님을 생각하고 부르는 찬양은 다릅니다.

"약할 때 강함 주시네/ 나의 보배가 되신 주/ 주 나의 모든 것……
쓰러진 나를 세우고/ 나의 빈 잔을 채우네/ 주 나의 모든 것……."

내가 쓰러졌을 때 나를 일으켜 세우시는 분이 예수님입니다. 나의 잔이 빌 때마다 내 잔을 채워주시는 분이 예수님입니다. 비록 세상은 나에게 상처를 주고 짓밟지만 나를 가까이 찾아오셔서 다시 일으켜 주시는 분이 예수님입니다. 비록 내 눈에는 보이지 않지만, 그분의 크고 따뜻한 손이 항상 나를 붙들고 계심을 자주 체험합니다. 예수님이 주시는 이런 힘을 여러분도 받아 누리도록 하고자 오늘 여러분을 초청했습니다. 저 혼자 그런 은혜를 받는 게 너무 아쉬워서 여러분을 오시도록 한 것입니다. 여러분의 등에 있는 짐이 너무 무겁습니다. 예수님이 내려주시든지, 아니면 무거운 짐도 한 손으로 들고 달려갈 수 있는 새 힘을 주시든지 해야 합니다. 이를 위해 여러분이 이 자리에 오신 것입니다.

•죄책감에서 벗어나는 길

예수님은 우리에게 죄책감의 짐을 덜어주십니다. 죄를 짓지 않고 사는 사람은 아무도 없습니다. 저도 죄를 짓고 여러분도 죄를 짓습니다. 죄는 짓고 나면 양심에 큰 상처를 남깁니다. 그래서 나도 모르게 불안해집니다. 가정에 좋지 않은 일이라도 일어나면 지은 죄가 많아 그런 건 아닌가 생각합니다. 이게 죄책감입니다. 한두 번 거짓말한 것으로는 두려워하지 않지만, 죄책감은 우리에게 공포와 불안을 일으킵니다. 이것은 정말 무거운 짐입니다. 누구나 다 조금씩은 있습니다. 평생 아내에게, 남편에게 털어놓지 못한 죄도 있습니다. 자신의 신분이 높아질수록, 신문에 자기 이름이 많이 나올수록 무언가 들통나지 않길 간절히 바라는 어두운 구석이 있습니다.

이 죄책감은 우리가 하루빨리 덜어야 합니다. 이것이 계속 남아서 우리를 짓누르면 자신도 모르게 피폐해집니다. 주님이 왜 십자가에 죽으셨습니까? 바로 이 죄책감을 덜어 주시기 위해서입니다. 그러므로 예수님이 "다 내게로 오라 내가 너희를 쉬게 하리라"고 하신 말씀은 내가 너를 죄책감에서 자유롭게 하겠다는 말입니다. 오직 예수님만이 죄를 사하는 권세가 있습니다. 하나님이신 예수님만이 우리의 죄를 용서해 주십니다. 예수님이 용서하지 않으시면 어떤 죄라도 영원히 남습니다. 예수님이 제게 "네 모든 죄를 내가 용서해주마"라고 말씀해주시면 마음에 평안이 옵니다. 예수님은 우리의 죄책감을 덜어 주십니다.

"내가 네 허물을 빽빽한 구름 같이, 네 죄를 안개 같이 없이하였으니 너는 내게로 돌아오라 내가 너를 구속하였음이니라"(사 44:22).

우리 죄가 아무리 크고 무겁고 두텁다 할지라도 주님이 용서하기로 하시면, 모든 죄가 깨끗이 씻음 받고 마음을 짓누르던 죄책감에서 자유롭게 됩니다. 이것이 예수님 주시는 쉼입니다. 과거에 어떤 죄를 범했어도 주님 앞에 나와 예수님의 십자가를 바라보며 "주님, 제가 잘못했어요. 용서해 주세요. 몰라서 그랬어요." 하고 예수님의 이름을 부르면, 예수님은 한순간에 여러분의 짐을 덜어주십니다. 마음에 평안과 기쁨을 주십니다.

이런 은혜를 좀 받고 세상을 살길 바랍니다. 남모르게 지은 죄를 차곡차곡 쌓아 놓고 그 밑에서 질식하지 마십시오. 예수 믿고 다 털어버리십시오. 그리고 기뻐하고 감사하면서 사십시오. 이것이 주님이 주시는 축복입니다.

• 믿음과 쉼

예수님이 주시는 쉼이 무엇입니까? 세상에서 하나님 나라로 데리고 가 그곳에서 영원히 살게 하는 쉼입니다. 세상은 우리가 영원히 쉴 곳이 아닙니다.

> "또 내가 들으니 하늘에서 음성이 나서 이르되 기록하라 지금 이후로 주 안에서 죽는 자들은 복이 있도다 하시매 성령이 이르시되 그러하다 그들이 수고를 그치고 쉬리니 이는 그들의 행한 일이 따름이라 하시더라"(계 14:13).

이 말씀을 보면 지금 이후로 예수 믿고 주 안에서 죽는 자들은 복이 있다고 말씀합니다. 하나님 나라에서 영원히 쉬기 때문입니다. 그래서 안식이라는 말을 씁니다. 때가 되면 영원히 쉬는 나라로 주님이 인도하실 것입니다. 눈물도, 고통도, 늙음도, 죽음도 없는 그곳으로 우리를 주님이 인도해 주십니다. 이런 소망 없이 세상을 살다가 몇 평짜리 무덤만 남겨 놓고 떠나실 생각입니까? 그러지 마십시오. 사람은 그렇게 형편없는 존재가 아닙니다. 우리는 그렇게 끝나는 존재가 아닙니다. 우리는 주님 앞으로 가야 하는 존재입니다. 하나님이 우리를 만드셨으므로 아버지에게로 가야 합니다. 아버지 품에 안길 때 영원히 쉬게 됩니다. 이 쉼을 우리 주님이 주십니다.

인생의 무거운 짐을 가볍게 해주시고 우리를 쉬게 하시는 예수님, 죄책감의 짐을 내려 주시고 씻어 주시며 쉬게 하시는 예수님, 그리고 이 세상에서 영원히 쉴 곳으로 옮겨 주셔서 우리에게 쉼을 주시는 예수님, 그 예수님이 오늘 우리에게 말씀합니다. "수고하고 무거운 짐 진 자들아 다 내게로 오라 내가 너희를 쉬게 하리라" 예수님의 이 초청 앞에 이제 여러분이 응답할 시간입니다. 여러분이 반응을 보일 시간입니다. 거부하시겠습니까, 받아들이시겠습니까? 이것으로 여러분의 앞날의 행복이 결정됩니다.

그러면 주님 앞에 어떻게 나가야 합니까? 나간다는 것은 믿는 것입니다. 예수님이 나의 하나님이라고 믿는 것입니다. 예수님이 나에게 힘을 주시는 분임을 믿는 것입니다. 예수님이 나를 위해 죽으신 것을 믿는 것입니다. 예수님이 나와 동행하시는 분임을 믿는 것입니다. 이것을 믿으면 주님께서 우리에게 약속하신 쉼을 준다고 말씀하셨습니다.

"네가 만일 네 입으로 예수를 주로 시인하며 또 하나님께서 그를 죽은 자 가운데서 살리신 것을 네 마음에 믿으면 구원을 받으리라 사람이 마음으로 믿어 의에 이르고 입으로 시인하여 구원에 이르느니라"

(롬 10:9-10).

믿는 것이 무엇입니까? 사람이 무엇으로 믿어야 합니까? 마음으로 믿어야 합니다. 마음으로 믿고 가만히 있으면 안 됩니다. 그 다음에 할 일이 있습니다. 바로 입으로 시인하는 것입니다. 입으로 시인하면 믿음이 확정됩니다.

오늘 집으로 돌아가 주무시기 전에 이렇게 기도해보십시오. "예수님, 오늘부터 예수님을 믿게 되었네요. 잘은 모르지만 제가 갑자기 이상해졌습니다. 그러나 주님은 잘 아실 테니 제게도 쉼을 주세요. 전 굉장히 피곤합니다." 이렇게 기도하고 잠자리에 들어가 보십시오. 다음 날 아침에 일어나면 여러분의 마음에 변화가 있을 것입니다. 주님께서 우리를 쉬게 하십니다. 주님만이 우리를 쉬게 하십니다.

02 영원을 사모하는 마음
(전 3:11)

우리나라는 이미 고령화 사회에 접어들었지만 아직 노인 기준 연령은 65세입니다. 노년이 되면 너나 할 것 없이 인생의 겨울을 앞두게 됩니다. 그때가 되면 아마 찬바람이 부는 날이 자주 있을 것입니다. 눈보라가 치는 괴로운 날도 자주 오게 될 것입니다. 그런 눈보라를 맞으면서 서서히 역사 속에서 사라지는 존재가 될 것입니다. 이것이 인생이 겪는 겨울입니다.

사람이 꼭 오래 살아서 좋은 건 아닙니다. 65세가 넘으면 언제든지 하나님이 불러가도 좋다는 마음으로 자유롭게 살 나이가 됐다고 봅니다. 그런데도 마음 한구석에는 서글픈 심정이 있습니다. '인생이 너무 짧구나. 삶이 이처럼 허무할 수 있을까?' 이는 인간적으로 느끼는 본능적인 감정이라고 할 수 있습니다. '이렇게 살면서 인생을 살았다고 말할 수 있을까? 이렇게 해서 인생이 끝난다면 어떤 의미가 있을까?' 하는 생각이 자주 듭니다. 어쩌면 나이 탓인지도 모르겠지만, 이런 감정이 비단 저뿐이겠습니까? 이 자리에 계시는 여러분도 대부분 이런 감정을 자주 느낄 것입니다. 누구나 다 마찬가지입니다. 인생이 허무하고 무상하다는 것을 자주 느낍니다.

• **피할 수 없는 인생의 허무**

의료기술의 발달로 인간의 수명은 1세기 전에 비하면 갑절로 늘어났습니다. 그런데도 평균수명이 40세이던 시대에 살던 사람이 느끼던 감정이나 80세, 100세까지 사는 사람이 느끼는 감정이나 크게 다르지 않습니다. 인생이 너무나 짧고 허무하다는 것이 공통된 생각입니다. 동시에 평균수명이 길어질수록 사람들은 더 오래 살고 싶은 욕망을 갖게 되는 것 같습니다. 그래서 몸에 좋다면 무엇이든지 먹어대는 이상한 현상이 우리 주변에서 일어나고 있습니다. 어떻게든 오래 살고자 이런저런 시도를 많이 합니다.

하지만 아무리 몸부림쳐도 한 가지 분명한 사실이 있습니다. '인생이 너무나 짧구나, 이것이 과연 인생일까, 지난 시절 나는 무얼 하고 살았을까, 벌써 50세라니, 왜 주름살은 이렇게 빨리 생길까, 왜 머리카락은 이렇게 빨리 셀까' 등등 인간은 오만 가지 탄식을 피할 수 없습니다. 100년을 살든, 150년을 살든 인생은 똑같습니다. 똑같은 감정을 갖기 마련입니다. 성경 말씀을 보면 이런 인생의 무상과 허무를 솔직하고 적나라하게 표현한 내용이 많습니다.

"주께서 나의 날을 한 뼘 길이만큼 되게 하시매 나의 일생이 주 앞에는 없는 것 같사오니 사람은 그가 든든히 서 있는 때에도 진실로 모두가 허사뿐이니이다 진실로 각 사람은 그림자 같이 다니고 헛된 일로 소란하며 재물을 쌓으나 누가 거둘는지 알지 못하나이다"(시 39:5-6).

"주께서 그들을 홍수처럼 쓸어가시나이다 그들은 잠깐 자는 것 같으며 아침에 돋는 풀 같으니이다"(시 90:5).

"내일 일을 너희가 알지 못하는도다 너희 생명이 무엇이냐 너희는 잠깐 보이다가 없어지는 안개니라"(약 4:14).

• 내세에 대한 기대

이 세상에 붙들려 사는 사람치고 결과가 초라하지 않은 사람이 없습니다. 한때 천하를 호령하던 사람이라도 한 뼘밖에 안 되는 이 인생의 결과는 초라했습니다. 그런데 놀라운 사실이 하나 있습니다. 이렇게 인생의 무상과 허무로 씨름하는 사람들 마음속에 거의 예외 없이 이상한 본능이 있다는 점입니다. '사람 사는 세상이 이 세상에만 존재하는 게 아닐 텐데, 뭔가 내세가 있을 텐데, 지금 세상보다 더 좋은 세상이 분명히 있을 텐데' 하는 내세에 대한 향수가 사람들의 마음 한구석에 다 있다는 것입니다. 이것은 놀라운 이야기입니다. '영원히 사는 생명이 있을지 모른다. 비록 내가 이 세상에서는 고생하지만 죽고 나면 더 좋은 세상이 나를 기다리고 있을 것이다. 그 세상을 꼭 가야겠다' 하는 내세에 대한 향수가 누구에게나 있습니다.

인류 문화를 연구하는 학자들이나 인류 종교를 연구하는 학자들 사이에 공통으로 동의하는 부분이 있습니다. 어떤 문화나 종교도 내세에 대한 믿음과 신앙이 없는 것은 존재하지 않는다는 사실입니다. 모든 인류 역사의 발자취를 더듬어 보면 거기에는 내세에 대한 동경, 향수, 막연한 믿음, 막연한 기대가 다 베어 있다는 것입니다.

이집트에 있는 거대한 피라미드도 이와 무관하지 않습니다. 이집트의 왕 파라오가 직위 하자마자 왜 자기 무덤을 만들기 시작했을까요? 어린 나이에 왕이 되었는데도 왜 그때부터 자기 무덤을 만들기 시작했을까요? 내세에 대한 소망이 있기 때문입니다. 내세가 있기에 그 내세에서 살 길을 미리 준비한 것입니다.

이집트에서는 사람이 죽으면 미라를 만듭니다. 어느 학자의 견해에 따르면, 이집트에 존재하는 미라가 적어도 천만 두가 넘는다고 합니다. 천만 명이 넘는 사람들이 그 몸이 썩지 않도록 미라를 만들었다는 것입니다. 그 이유가 무엇입니까? 왕들이 죽을 때 아내와 종들까지 함께 무덤에 매장하는 이유가 무엇입니까? 내세가 있다고 믿기 때문입니다. 고대사회만 그런 게 아닙니다. 21세기 문명을 살아가는 사람들 역시 저마다 내세에 대한 기대가 있습니다.

• 영원을 사모하는 마음

그러면 내세에 대한 기대는 어디에서 오는 걸까요? 성경에 보면 그 답이 있습니다.

"하나님이 모든 것을 지으시되 때를 따라 아름답게 하셨고 또 사람들에게는 영원을 사모하는 마음을 주셨느니라 그러나 하나님이 하시는 일의 시종을 사람으로 측량할 수 없게 하셨도다"(전 3:11).

'하나님이 모든 것을 지으시되', 즉 이 세상 만물은 하나님이 창조하신 것입니다. 여러분이 학교에서 어떻게 배웠든지 일단 그것은 접어두고 제 이야기를 들으시길 바랍니다. 이 세상은 창조자가 있습니다. 자연히 생겨난 게 아닙니다. 진화론에 의해 드러난 어떤 형상이 아닙니다. 창조자 되신 하나님이 만드셨습니다. 하나님이 이 모든 것을 만드시고 모든 것마다 존재하는 목적, 만드신 목적을 두고 세상에 배치하셨습니다.

그다음에 중요한 말이 나옵니다. '영원을 사모하는 마음'을 주셨다는 말인데, 사람을 만드신 하나님께서 인간의 마음속에 본능 하나를 심어주셨습니다. 곧 영원을 사모하는 마음입니다. 이는 영원히 살고 싶은 마음의 소원을 심어주셨다는 말입니다. 영원히 살 수 있는 복된 나라가 있을지 모른다는 막연한 생각을 하도록 만드셨습니다. 하나님께서 그러한 본성을 사람들의 마음에 심어 주셨다는 것입니다.

사람과 짐승의 차이점이 뭔지 아십니까? 사실 닮은 점이 더 많습니다. 똑같이 흙으로 만들어졌고, 숨 쉬고 살아야 하고, 먹고 살아야 하고, 암수가 서로 짝이 되어야 후손을 남길 수 있고, 날마다 안 먹으면 안 되고, 안 자면 안 되고 등등 거의 똑같습니다. 나중에 늙으면 추해지는 것까지 똑같습니다. 그런데 한 가지 아주 중요한 차이가 있다고 하나님은 말씀합니다.

사람이 짐승과 다른 점, 곧 사람에게 영원을 사모하는 마음이 있다는 점입니다. 짐승에게는 영혼이 없습니다. 영원을 사모하는 마음을 주시기 위해서 하나님은 우리 인간에게 영혼을 주셨습니다. 영혼은 하나님을 닮은 형상입니다. 그러므로 이 영혼을 가진 사람은 하나님을 막연히 생각하게 되어 있습니다. 그리고 하나님이 계시는 영원한 나라, 영원한 생명에 대해 막연한 동경을 하게 되어 있습니다. 이것이 인간입니다. 이것이 짐승과 다른 우리의 모습입니다.

인간은 죽으면 끝나는 게 아닙니다. 인간은 절대 죽지 않습니다. 죽는 것은 몸입니다. 하나님이 우리에게 주신 영혼은 절대 죽지 않습니다. 그런데 이 절대 죽지 않는 생명은 나중에 두 갈래로 갈라집니다. 하나는 하나님과 영원히 사는 복락을 누리는 자리로, 다른 하나는 자기 죄를 짊어지고 영원히 저주받는 자리로 나누어집니다. 우리는 육신이 죽는다고 해서 절대 없어지지 않습니다. 속지 마십시오. 인간은 절대 사라지지 않습니다. 이 세상에 한 번 태어난 사람은 하나님이 보내서 태어난 사람이기 때문에, 하나님이 그에게 영혼을 심어주셨기 때문에 절대로 소멸하지 않습니다.

하지만 사람들은 죽으면 그만이라고 생각합니다. 천만의 말씀입니다. 만일 그렇다면 왜 우리가 이렇게 고생하면서 고민하겠습니까? 우리 마음속에 내세에 대한 본능적인 향수가 있다는 것은 영원한 나라가 있다는 증거입니다. 어린 고아를 키우다 보면 몇 살 되지 않아서 엄마, 아빠를 찾습니다. 본능적으로 찾는 것입니다. 그러면 찾는 이유가 뭘까요? 엄마, 아빠가 분명히 계신다는 것입니다. 왜 우리가 막연하게나마 영원한 나라, 내세에 대해서 동경하게 됩니까? 그 나라가 있다는 증거입니다. 그러므로 자기를 속일 수가 없습니다.

• 육신의 생명, 영적 생명

하나님께서는 성경을 통해 우리에게 말씀합니다. 우리에게는 육신의 생명이 있고 영적 생명이 있다고 가르쳐줍니다. 육신의 생명은 우리가 잘 압니다. 계속 소모되고 쇠퇴하는 성질을 갖고 있습니다. 그래서 공기를 마셔야 하고, 물도 마셔야 하고, 음식도 먹어야 합니다. 한 사람이 세상에 태어나서 평생 먹고 마시는 물과 음식의 양이 1톤 이상 된다고 합니다. 엄청나게 먹고 마시는 것입니다. 그렇게 해서 육신의 생명을 유지할 수 있습니다. 그러나 아무리 잘 먹고 아무리 편안하게 살아도 벌써 스물두 살을 전후로 우리 피부는 노화현상을 일으킵니다. 아무리 현대문명의 혜택을 입으며 관리한다고 해도 100세를 넘기기가 힘듭니다. 이것이 육신의 생명입니다.

반면에 영적 생명은 창조자 하나님이 누리는 생명입니다. 창조자 되신 하나님이 지금 우리가 누리고 있는 생명 그것을 일컬어서 영적 생명 또 영원한 생명 줄여서 영생이라고 하는 말로 표현 합니다. 이 생명은 영원합니다. 노쇠하지 않습니다. 죽지 않습니다. 그래서 어떤 사람은 육신의 생명과 영적인 생명을 풍경 사진에 비유하기도 했습니다.

제게는 카메라를 들고 다니면서 풍경 사진을 찍는 취미가 있습니다. 지난달 말 뉴욕과 워싱턴에서 집회를 인도하면서 틈을 내어 가을 단풍이 절경인 곳을 찾아갔습니다. 그곳에서 사진을 찍었는데, 돌아와서 현상해 보니 실사와 다소 차이가 있습니다. 아무리 사진 현상을 잘해도, 아무리 사진을 크게 만들어도, 제가 직접 본 풍경과는 비교가 안 됩니다. 여러분도 인정하실 것입니다. 그러니 그냥 적당히 셔터를 누른 사람이라면 더더욱 건질만 한 사진이 없을 것입니다. 눈으로 본 것과 차이가 커서 다 휴지통으로 갈 것입니다.

육신의 생명은 마치 사진과 같습니다. 반면 영원한 생명은 풍경과 같습니다. 진짜 풍경과 사진은 비교가 안 됩니다. 지금 우리가 숨쉬고 있고 유지하고 있는 이 생명은, 하나님이 우리에게 주시려고 준비해 놓으신 영원한 생명과 비교가 안 됩니다. 여러분이 이 사실을 알아야 합니다.

그런데 문제는 사람들이 "어떻게 하면 그 영생을, 영원한 생명을 찾을 수 있는가? 어떻게 하면 그 영생을 얻을 수 있는가? 어떻게 해야 그 영생을 내 것으로 소유할 수 있는가?"에 대해 전혀 대답하지 못한다는 점입니다. 영원한 생명이 있지만, 그 영원한 생명에 접근하는 방법을 모른다는 것입니다. 어떻게 해야 그것이 내 것이 되는지 모릅니다. 인생에서 가장 본질적인 문제에 대해서는 모두 다 낙제점수입니다. 이것이 오늘 우리의 문제입니다.

• **예수님이 하신 일**

이에 대해 하나님은 우리에게 분명한 해답을 주셨습니다. 이 해답을 드리고자 여러분을 오늘 이 자리에 초청한 것입니다. 다음 구절에 이에 대해 몇 마디가 나옵니다.

"하나님이 세상을 이처럼 사랑하사 독생자를 주셨으니 이는 그를 믿는 자마다 멸망하지 않고 영생을 얻게 하려 하심이라"(요 3:16).

여기에서 '세상'이라는 말은 나 자신으로 보면 됩니다. 즉 하나님이 나를 너무나 사랑하신다는 말입니다. 그다음에 중요한 말이 나옵니다. '독생자'라는 말에 주목하십시오. 즉 독생자 외아들이라는 말입니다. 다시 말해서 하나님이 나를 너무 사랑해서 나를 위해 외아들을 주셨다는 것입니다.

그 이유가 무엇입니까? 외아들 되신 그분을 믿는 자마다 멸망치 않고 영생을 얻게 하기 위함입니다. 여기에 '멸망'이라는 말과 '영생'

이라는 말이 나옵니다. 결국 사람의 운명은 두 갈래로 갈라집니다. 비록 우리의 육신이 죽어 무덤에 들어갈지라도 그다음 세계는 두 갈래로 갈라집니다. 하나는 영생이고, 다른 하나는 멸망입니다. 영생은 하나님과 함께 영원히 하늘나라에서 복락을 누리는 삶이고, 멸망은 자기의 모든 죄를 안고 가서 그 죗값을 받으며 영원히 고통받는 삶입니다. 따라서 멸망은 없어지는 게 아닙니다. 인간은 절대 죽지 않습니다. 하나님의 형상을 닮았기 때문에 인간은 절대 소멸하지 않습니다.

하나님께서 왜 자신의 외아들을 우리에게 주셨을까요? 우리가 영원히 사는 생명을 얻게 하기 위해서라고 말씀합니다. 우리가 멸망 받지 않고 영원한 생명을 누리게 하시고자 자기 아들 독생자를 주셨다는 것입니다.

그러면 그 독생자가 누구입니까? 예수 그리스도입니다. 줄여서 말하면 하나님의 아들 예수님입니다. 이 예수님을 하나님께서 우리에게 영생을 주시는 하나의 도구로, 영생을 얻는 하나의 길로 허락해 주셨습니다. 그렇다면 예수님이 어떤 일을 하셨길래 우리에게 영생을 주실 수 있습니까? 우리에게 영원한 생명을 주고자 예수님이 하신 일이 있습니다.

첫째, 하나님이신 예수님은 우리가 사는 세상에 사람의 옷을 입고 오셨습니다. 사람이 되어서 이 세상에 오셨습니다.

"오히려 자기를 비워 종의 형체를 가지사 사람들과 같이 되셨고"(빌 2:7).

게다가 아주 낮은 신분으로 이 세상에 오셨습니다. 왕족으로 오신 것이 아니고 아주 천한 모습으로 이 세상에 오셨습니다. 그분이 예수님입니다. 그 예수님이 나를 위해 오셨습니다.

둘째, 예수님은 내 죄를 대신 짊어지고 십자가에서 죽으셨습니다.

"그가 찔림은 우리의 허물 때문이요 그가 상함은 우리의 죄악 때문이라 그가 징계를 받으므로 우리는 평화를 누리고 그가 채찍에 맞으므로 우리는 나음을 받았도다"(사 53:5).

예수님이 십자가에 죽으신 이유는 내 죄를 다 짊어지기 위함이고, 내가 하나님께 모든 죄를 용서받도록 하기 위함이고, 나를 하나님 앞에 당당히 나갈 수 있는 자격자로 만들기 위해 예수님이 십자가에 죽으셨습니다. 이 사실을 알고 계셨습니까? 예수님은 여러분 한 분 한분을 위해 죽으셨습니다. 그렇게 하지 않으면 우리는 영원한 영생을 얻을 수 없습니다. 왜냐하면 죄인이기 때문입니다. 죗값은 죽을 수밖에 없습니다. 그런데 그 죽음을 예수님이 대신 당해주셨기 때문에 내가 살아난 것입니다. 예수님이 죽으심으로 내가 대신 살아난 것입니다. 예수님이 죄가 되심으로 나는 하나님 앞에 의가 된 것입니다. 하나님이 그렇게 하셨습니다.

셋째, 예수님은 사흘 만에 다시 살아나셨습니다.

"장사 지낸 바 되셨다가 성경대로 사흘 만에 다시 살아나사"(고전 15:4).

예수님은 부활하셨습니다. 죽음을 이기셨습니다. 사탄을 이기셨습니다. 모든 죄를 정복하시고 부활하셨습니다.

넷째, 예수님은 우리의 구원자가 되셨습니다.

"그런즉 이스라엘 온 집은 확실히 알지니 너희가 십자가에 못 박은 이 예수를 하나님이 주와 그리스도가 되게 하셨느니라 하니라"(행 2:36).

하나님께서는 예수님이 우리의 주인이 되도록 하셨습니다. 여기에서 '그리스도'라는 말도 구원자라는 뜻입니다. 다시 말하면 예수님이 우리의 구원자가 되신다는 말입니다. 이를 위해 예수님이 십자가에 죽으셨고, 사흘 만에 다시 살아나셨습니다. 이로써 예수님은 우리를 하나님 앞에 인도하는 구원자요, 우리의 주인이 되셨다는 것입니다. 이렇게 중요한 일을 하신 분이기에 하나님께서는 예수님을 통해 우리로 영생을 얻도록 하셨습니다. 영원히 사는 길을 얻도록 허락해 주셨습니다.

• 예수님을 믿기만 하면

이제 우리에게 남는 중요한 일은 이 예수님을 내가 믿는 것입니다. '예수님이 나를 위해서 사람이 되셨구나! 예수님이 내 죄 때문에 십자가에 죽으셨구나! 예수님이 죄를 이기고 부활하신 분이구나! 그러므로 예수님이 나에게 구원자 되시는구나! 예수님만 믿음으로 붙들면 나를 영원히 사는 축복의 나라로 인도해 주시는구나!' 하고 확신할 수 있어야 합니다. 이를 위해 하나님은 우리가 믿기만 하면 된다고 말씀합니다.

"네가 만일 네 입으로 예수를 주로 시인하며 또 하나님께서 그를 죽은 자 가운데서 살리신 것을 네 마음에 믿으면 구원을 받으리라"(롬 10:9).

여기에서 '구원을 받는다'는 말은 바꾸어 말하면 영원히 사는 생명을 얻는다는 말입니다. 예수를 마음으로 믿고 "예, 믿겠습니다" 하고 고백만 하면, 하나님께서 그 사람의 과거를 묻지 않으시고 무조건 영원히 사는 생명을 선물로 주신다는 것입니다. 이처럼 하나님은 우리가 영원히 사는 생명을 얻도록 길을 열어 주셨습니다. 세상을 떠난 사람이 예수를 믿음으로 영원히 사는 생명을 얻었다는 것, 이것은 마치 아무런 생명이 없는 조각상이 갑자기 살아서 움직이는 것과 같은 사건입니다. 그만큼 엄청난 사건입니다. 그뿐만 아니라 예수님은 이렇게 선언합니다.

"내가 그들에게 영생을 주노니 영원히 멸망하지 아니할 것이요 또 그들을 내 손에서 빼앗을 자가 없느니라"(요 10:28).

여러분의 인생이 어떤지 모르겠지만, 한번 냉정하게 생각해 보십시오. 여러분은 이 세상만 살다 가면 되겠습니까? 그러면 원통하지 않겠습니까? 목회하면서 저는 많은 사람을 만나면서 다양한 삶을 봅니다. 그런데 어떤 때는 이런 생각이 듭니다. '저분이 예수를 믿지 않았다면 나중에 죽을 때 눈이나 제대로 감을 수 있을까?' 그분이 너무나 억울한 인생을 살았기 때문입니다. 이런 예는 하나하나 다 들 수 없을 정도로 많습니다.

우리의 삶이 이 세상에서 단지 70년뿐이라고 합시다. 그런데 70년을 살면서 죽도록 고생만 하고, 원통한 일도 많이 당하고, 힘겹게 밑바닥 생활을 하다 떠난다면, 그것이 인생 전부라면 도대체 어떻게 눈을 감겠습니까? 하지만 예수를 믿고 영원히 사는 생명을 선물로 받고 그 생명 때문에 날마다 하나님 나라를 내다보며 사는 사람이 되면, 원통할 게 하나도 없습니다. 언제 죽든 죽으면 하나님 나라에 가므로, 그곳에 가면 하나님과 더불어 영원히 사는 축복을 누리게 되므로 원통할 게 하나도 없는 것입니다.

• 한 치 앞도 모르는 인생

제가 교회를 시작하고 불과 20명밖에 안 모일 때였습니다. 한 젊은이가 연세대를 졸업하고 바로 입사해서 신나게 직장생활을 할 무렵 그만 암에 걸렸습니다. 이 젊은이가 어느 날 아침 화장실에 들어가 거울을 보는데 어깨에 뭔가 불쑥 올라와 있었다고 합니다. 아무래도 상태가 이상해서 병원에 갔는데, 빨리 입원하라고 해서 바로 입원했습니다. 그런데 수술실에서 의사가 환부를 열어 보니, 손을 쓸 수 없을 정도로 이미 암이 퍼져 있어서 다시 닫을 수밖에 없었습니다. 아직 결혼도 안 했는데 시한부 생명이 돼버린 것입니다. 의사는 가족에게 이 사실을 알리고, 본인에게는 종기를 완전히 제거했다고만 말했습니다.

그런데 가족 가운데 예수 믿는 형제가 저를 찾아왔습니다. 자기 동생이 너무나 불쌍하다며 이렇게 죽으면 안 된다고 전도를 부탁해 왔습니다. 제발 예수 믿도록 해달라고 말입니다. 이런 부탁을 하는 이유가 무엇입니까? 예수 믿고 영원한 생명만 얻으면 일찍 세상을 떠나도 덜 억울하다고 생각했기 때문일 것입니다.

그래서 병실에 가서 첫 대화를 나누는데, 정작 본인은 종기를 일찍 발견해서 다 제거했다며 기뻐하고 있었습니다. 제게는 미래에 대한 청사진만 꿈에 부풀어 이야기했습니다. 그 후로도 일주일에 두서너 번 찾아가면 사귀는 자매랑 언제쯤 결혼할 거라는 둥, 그 자매와 결혼하면 앞으로 이런 일을 해보고 싶다는 둥 매번 미래에 대한 아름다운 꿈만 이야기했습니다.

그 이야기를 들을 때마다 제 가슴이 찢어지는 것 같았습니다. 지금 살 날이 며칠 안 남았는데, 아무것도 모른 채 본인은 저렇게 꿈에 부풀어 있으니 말입니다. 그래서 예수 믿자고 말하면 돌아오는 대답은 똑같았습니다. "목사님, 예수는 늙어서 믿는 것 아닙니까? 저같이 젊은 사람이 힘들게 교회 다니면서 살고 싶지 않습니다. 죄송하지만 그런 이야기는 다음에 하시죠." 그런데도 제가 포기할 수 없었습니다. 한번 생각해 보십시오. 영생을 얻지 못하고 인생이 그렇게 끝나면, 하나님이 말씀하신 대로 멸망의 길을 가게 될 텐데 이 얼마나 기막힌 일입니까?

그래서 마음이 너무 아파 나중에는 거의 매일 찾아가 전도했습니다. 그렇게 한 달이 지나갔는데, 그때까지도 퇴원을 안 시켜주자 그 젊은이도 이상한 생각이 들었던 모양입니다. 다 나았는데 왜 퇴원을 안 시켜주느냐며 계속 따져 물었고, 결국 본인에게 솔직하게 이야기할 수밖에 없었습니다. 그 후로 제가 찾아갔을 때는 표정도 말도 달라졌습니다. 예수 믿어야 한다고 하면, 전과 달리 고개를 푹 숙이고 깊이 생각하는 모습을 보였습니다.

그리고는 그런 말을 합니다. "목사님, 인생 참 허무하네요. 젊다는 것도 별거 아니네요." 그래서 예수 믿으라고, 예수 믿으면 하나님이 준비하신 영원한 생명을 얻게 된다고, 하나님이 공짜로 준다는데 왜 안 믿으려 하냐고, 그러니 예수를 믿자고 정성껏 전했습니다. 그러자 나중에는 예수를 믿겠다고 고백했고, 그의 손을 잡고 기도해 주었습니다. 그런 다음 하나님께서 그에게 얼마나 특별히 은혜를 주시는지 날마다 성경을 읽는 등 빠른 속도로 변화해갔습니다.

하지만 암 덩어리들은 계속 온몸에 퍼져 병상에서 힘겹게 투병생활을 이어갔습니다. 하루는 병실에 가보니 여자친구가 먼저 와있었습니다. 남자친구가 꼼짝 못 하고 누워있으니까 그가 용변 본 것까지 치우고 있었습니다.

제가 들어가자마자 그는 "목사님, 제 여자친구예요" 하고 소개했습니다. 그러더니 농담인지, 진담인지 여자친구에게 이렇게 물었습니다. "내가 죽을 때 나랑 같이 안 갈래?" 그 눈빛이 절대 농담이 아니었습니다. 여러분이라면 어떻게 대답하시겠습니까? 이 자매가 고개를 푹 숙이고 대답을 못 합니다.

그 모습을 보면서 저 또한 인생의 허무를 다시금 느꼈습니다. 사랑이 무엇입니까? 따지고 보면 아무것도 아닙니다. "여보"라고 부른들 무슨 의미가 있습니까? 죽을 때 같이 가는 것도 아닌데 말입니다. 물론 같이 가서도 안 되겠지만, 그 순간 그가 너무나 처량해 보였습니다. 그리고 며칠 후 그는 세상을 떠났습니다.

그 형제를 보내고 나서 하나님 앞에 감사했습니다. 세상에서의 삶은 짧았지만, 하나님이 그에게 큰 선물을 주셨기 때문입니다. 예수를 믿는다는 그 조건 하나만 보시고 하나님과 영원히 사는 생명을 그에게 선물로 주셨기 때문입니다. 그 선물을 안고 그 형제가 하나님께 간 것입니다. 아마 지금 이 설교하는 저를 보며 고개를 끄덕끄덕하고 있을 것입니다. 인생에서 영생만큼 중요한 것도 없습니다.

• 무엇과도 바꿀 수 없는 영생

50년 후에도 이 자리에 앉아 있을 분이 몇 분이나 된다고 생각합니까? 여러분이 부유하게 산다고 합시다. 여러분이 사회적으로 명성을 떨치며 산다고 합시다. 여러분의 부부생활이 행복하다고 합시다. 그러나 50년 후 이 자리에 앉아 있을 분이 몇 분이나 될까요? 그런 다음 우리가 어디에 가 있어야 합니까? 어디에 있어야 정상입니까?

한국에서 사기 치고 도망갔다가 미국에서 잡힌 사람이 일등석을 타고 돌아온다고 합시다. 열네 시간 동안 일등석으로 비행한들 내리자마자 감옥 신세라면 무슨 의미가 있겠습니까? 마찬가지로 70년 동안 호화롭게 살다가 죽어서 영원히 심판받는 자리에 선다면, 호화로운 70년이 무슨 의미가 있겠습니까? 이 땅에서의 생명과는 비교할 수 없을 만큼 영원히 사는 생명은 중요합니다.

북한의 종교 탄압과 인권 유린에 대해선 익히 들어보셨을 것입니다. 예수를 믿는 사람들이 모진 고난 속에서도 신앙을 포기하지 않는 이유가 어디에 있습니까? 세상에서 잠깐 사는 삶보다 하나님 나라에서 영원히 사는 삶이 중요하다는 것을 알기 때문입니다. 비록 이 땅에서는 고생해도 하늘나라에서 영원히 행복하게 살 수 있기 때문입니다. 그런 사람들이야말로 지혜자라고 생각합니다.

제가 북한에 가지 않는 이유가 있습니다. 오라고 하는데도 아직 한 번도 가지 않았습니다. 북한에 가신 분들이 돌아와서 "다른 목사님들은 많이 오시는데 왜 옥 목사님은 오지 않습니까?" 하고 묻습니다. 제가 가는 않는 이유가 있습니다. 예수 믿다가 수용소로 끌려가 짐승처럼 취급받는 사람들에게 아무런 도움도 주지 못하는 북한 방문이 목자의 입장에서 무슨 의미가 있겠습니까? 하나님께서 여러분에게는 그런 어려운 시련 가운데 예수 믿도록 하지 않고, 이렇게 편안한 자리에서 아무런 제제 없이 복음을 들을 수 있는 복을 주셨습니다.

• 영생이라는 선물

마지막으로 하나님이 주시는 영원한 생명이 얼마나 대단한지 한번 보십시오.

> "내가 들으니 보좌에서 큰 음성이 나서 이르되 보라 하나님의 장막이 사람들과 함께 있으매 하나님이 그들과 함께 계시리니 그들은 하나님의 백성이 되고 하나님은 친히 그들과 함께 계셔서 모든 눈물을 그 눈에서 닦아 주시니 다시는 사망이 없고 애통하는 것이나 곡하는 것이나 아픈 것이 다시 있지 아니하리니 처음 것들이 다 지나갔음이러라"
> (계 21:3-4).

하나님 나라가 우리 앞에 있습니다. 우리를 기다리고 있습니다. 그 나라를 놓치는 것만큼 원통한 일도 없습니다. 그 나라를 잃는 것만큼 후회스러운 실패도 없습니다.

저는 여러분에게 이 영생을 선물로 받을 기회를 드리려고 합니다. 하나님께서 여러분 모두에게 영생을 주시길 원합니다. '예수님만이 나를 영원히 사는 영생의 길로 인도하시는 분이구나. 그렇다면 그분을 믿어야겠다. 예수님이 하나님의 아들이시고, 나 대신 십자가에서 죽으신 분이고, 3일 만에 부활하셔서 내가 영생을 얻도록 하나님께 인도하시는 분이라고 하니 그분을 꼭 믿어야겠다. 그분만 꼭 붙들면 나는 영원히 사는 복을 누릴 수 있겠구나' 하고 믿음으로 결단하십시오. 그러면 하나님께서 여러분에게 영생을 선물로 주실 것입니다. 하나님께서 놀라운 은혜를 주실 것입니다.

몸이 따뜻해지려면 불 가까이 가야 하지 않습니까? 몸을 적시려면 물속에 들어가야 하지 않습니까? 영생을 얻고 싶으면 예수님에게로 가야 합니다. 그리고 예수님 속으로 들어가야 합니다. 예수님은 우리의 생명이요, 영원한 축복입니다.

03

인생은 짧다
(사 40:6-8)

　사람에게 해결하지 못하는 난제가 하나 있습니다. 그것이 바로 죽음입니다. 죽음 때문에 사람이 얼마나 초라하고 비참해지는지 우리는 주변에서 일어나는 많은 죽음의 사건을 지켜보면서 느끼고 체험합니다. 예수님도 세상에 계실 때 몇 번 눈물을 보이셨습니다. 그중 하나가 사랑하는 친구 나사로가 세상을 떠났을 때 그 죽음의 현장에서 눈물을 보이셨습니다. 그만큼 죽음이란 인간을 슬프게 만듭니다. 초라하게 만듭니다. 또 두렵게 만듭니다.

　오늘 함께 읽은 성경 구절은 여러분이 교회를 다니지 않아도 무슨 이야기인지 금방 알 수 있는 내용입니다. 인간을 무엇에 비유하고 있습니까? 다름 아닌 풀입니다. 인간이 자랑하고 뽐내는 아름다운 것은 아침에 피어 저녁에 지는 꽃과 같다고 말씀합니다. 죽음이란 인간을 이렇게 초라하게 만듭니다.

이 말씀을 읽으면서 그래도 풀은 인간보다 낫다는 생각이 들었습니다. 왜냐하면 풀은 말라도 다음 해에 봄이 오면 새순이 나기 때문입니다. 봄이 돌아오면 또 필 수 있기에 소망이 있습니다. 그러나 인간은 한 번 죽으면 끝입니다. 인간의 젊음이란 한번 시들면 회복되기는커녕 영영 가버립니다. 이 모든 현상을 우리에게 가져다주는 요인이 바로 죽음입니다. 그러므로 이 죽음이라는 것이 얼마나 우리를 슬프게 만듭니까?

우리 교회만 해도 한 해에 장례식이 수백 건에 이릅니다. 그만큼 죽음은 무서운 힘으로 인간을 쓸어갑니다. 그래서 모든 사람이 죽음 앞에 떱니다. 사람들과 즐겁고 지내다가도 어느 순간 죽음에 대한 생각에 사로잡히면 금세 얼굴이 굳어버립니다. 그만큼 죽음은 우리를 초라하게 만듭니다. 그런데도 한 가지 분명한 사실은 우리 모두 죽는다는 것입니다. 셰익스피어가 말한 것처럼 "죽음을 제외하고는 아무것도 우리 것이라고 부를 수 없다"는 데 깊이 동감합니다.

• **죽음에 대한 저항**

죽음은 누구도 피할 수 없는 운명입니다. 그런데도 사람들은 수명이 길어지고, 삶의 질이 높아지며, 즐길만한 것들이 많아지면서 이상해지는 것 같습니다. 많은 사람이 나이 여하를 막론하고, 어떻게 보면 나이가 들수록 더 안달하는 것 같습니다. 다른 사람은 다 죽어도 나는 절대 안 죽을 것처럼 열심히 관리합니다. 이것은 엄청난 착각입니다.

여전히 웰빙(well-being)이라는 말이 많은 사람에게 매력을 주고 있습니다. 할 수만 있으면 죽음을 거부하고 싶은 본능에서 나오는 현상이라고 볼 수 있습니다. 그래서 매스컴은 장수 식단을 소개하기에 바쁘고, 의료계는 노화방지 클리닉을 열어 사람들을 유혹합니다. 하지만 그렇다고 해서 늙지 않을 수 있을까요? 죽지 않을 수 있을까요? 이에 대해 전문가들조차도 회의적인 입장입니다.

2002년에는 전 세계적으로 권위를 가진 노화 과학자 51인이 '인간의 노화에 관한 선언'을 발표한 바 있습니다. 그들은 선언문에 "최근 많은 사람이 젊음을 유지한다거나 수명을 연장한다는 일련의 약속에 희생됐다"며 "노화를 지연·정지·역전시킬 수 있다는 입증되지 않은 방법을 구매하거나 사용하는 것을 강력하게 자제하길 호소한다"고 명시했습니다. 주요 골자는 노화방지 프로그램이나 장수 음식에 속지 말고 자제하라는 것입니다. 미친 짓 그만하라는 것입니다. 인간의 노화를 연구하는 사람들이 솔직하게 그런 말을 할 수밖에 없는 것이 오늘 인간의 현실입니다.

누구나 오래 살고 건강하길 원하지만, 갈수록 노인 자살률이 증가하는 현실 속에서 오래 살면 뭐합니까? 100살까지 살면 뭐합니까? 그런데도 왜 사람들은 그렇게 안달할까요? 그 이유는 죽음에 대한 분명한 해결책을 찾지 못했기 때문입니다. 죽음에 대한 대안이 없기에 할 수 있으면 죽음을 멀리 밀어내려는 것입니다. 이것이 오늘 우리의 현실입니다.

• 죽음에 대한 해결책

우리는 죽음에 대한 분명한 해답을 찾아야 합니다. 이런 식으로 당하고 끝날 수 있는 존재가 아닙니다. 우리 안에는 죽음이라는 무서운 존재 앞에 굴복하고 허무하게 끌려가는 존재로 끝나선 안 된다는 본능적인 저항감이 있습니다. 왜 그런지 아십니까? 우리는 하나님의 형상을 따라 지음받은 영적인 존재이기 때문입니다. 영적이라는 말은 죽음과는 별개의 존재라는 이야기입니다. 하나님이 죽음을 모르고 영원히 사시는 분인 것처럼, 본래 우리도 하나님처럼 영원히 살도록 창조된 존재입니다. 죽음에 끌려다녀서는 안 되는 존재입니다.

따라서 우리 마음 안에는 죽음에 대한 거부 반응이 있습니다. '이 죽음의 문제를 해결할 수 없을까? 내가 이렇게 죽음 앞에 꺾이고 끝나선 안 되는데……" 하는 본능적인 부르짖음이 있습니다. 예수를 믿는 사람이든 믿지 않는 사람이든, 또는 다른 종교를 가진 사람이든 차이가 없습니다. 죽음에 대해 똑같은 본능적인 부르짖음이 있고 거부감이 있습니다.

우리는 하나님의 자녀로 지음받은 존재입니다. 여러분은 모두 그냥 죽으면 끝나는 존재가 아닙니다. 흔히 "죽으면 끝이다"라는 말을 잘합니다. 어디서 배운 이야기입니까? 누가 그렇게 가르쳐주었습니까? 누가 여러분을 설득시켰습니까? 전혀 근거 없는 말입니다. 죽으면 끝이라고요? 왜 죽으면 끝입니까? 내가 돼지입니까? 강아지입니까? 성경에 보면 짐승은 죽어서 그 혼이 땅으로 돌아가고 끝입니다. 그러나 인간은 영이 있으므로 절대 죽음이 끝이 아닙니다.

따라서 우리는 죽음에 대한 분명한 해결책을 찾아야 합니다. 여기에 대답할 수 있는 분은 이 세상에서 오직 한 분밖에 없습니다. 즉 하나님의 아들 되신 예수님, 우리를 창조하신 예수님뿐입니다. 예수님만이 죽음에 대한 분명한 해답을 우리에게 주실 수 있습니다.

이것을 소개해 드리고자 오늘 이 자리에 여러분을 모신 것입니다. 예수님이 이 죽음에 대해 얼마나 명료하고 분명하게 말씀하셨는지 성경 구절 하나를 소개해 드리겠습니다.

"예수께서 이르시되 나는 부활이요 생명이니 나를 믿는 자는 죽어도 살겠고 무릇 살아서 나를 믿는 자는 영원히 죽지 아니하리니 이것을 네가 믿느냐"(요 11:25-26).

이처럼 자신 있게 우리에게 말씀할만한 분이 세상에 또 누가 있겠습니까? 아무도 없습니다. 예수님 외에는 없습니다. 따라서 예수님은 우리의 소망이요, 우리가 믿어야 할 하나님이요, 우리의 구원자라고 고백하는 것입니다. 이 예수님을 우리가 주목해야 합니다.

•아담의 죄, 나의 죄

예수님께서는 성경을 통해서 왜 죽음이 세상에 찾아와서 모든 인간을 이렇게 홍수로 쓸어가듯이 쓸어가느냐에 대한 이유를 설명해 주셨습니다. 다시 말해서 어떻게 죽음이 세상에 왔는가에 대한 대답입니다.

> "그러므로 한 사람으로 말미암아 죄가 세상에 들어오고 죄로 말미암아 사망이 들어왔나니 이와 같이 모든 사람이 죄를 지었으므로 사망이 모든 사람에게 이르렀느니라"(롬 5:12).

여기에서 '한 사람'이란 아담을 말합니다. 인류의 조상으로 하나님이 제일 처음 만든 남자입니다. 이 아담이 하나님의 명령을 어겼습니다. 아시다시피 하나님이 먹지 말라고 한 과실을 뻔뻔스럽게 먹었습니다. 이 과실을 먹으면 하나님처럼 될 수 있는 마귀의 유혹에 빠져 그만 과실을 먹고 맙니다. 이것이 아담이 범한 죄입니다. 우리가 보기에는 그저 사소한 일 같지만, 이것은 창조와 그 창조자가 만든 피조물 사이에 맺은 약속을 깨뜨리는 무서운 죄에 해당합니다. 이렇듯 그 한 사람으로 인해서 죄가 세상에 들어왔습니다. 더불어 죽음도 따라 들어왔습니다.

하나님은 아담에게 미리 경고하셨습니다.

"선악을 알게 하는 나무의 열매는 먹지 말라 네가 먹는 날에는 반드시 죽으리라 하시니라"(창 2:17).

그런데도 아담은 죄를 범했고, 하나님이 말씀대로 죽음을 피할 수 없게 되었습니다. 죄를 범한 아담은 하나님의 말씀대로 결국 죄 때문에 죽었습니다.

"너는 흙이니 흙으로 돌아갈 것이니라"(창 3:19).

그런데 문제는 그다음입니다. 똑같은 현상이 이 세상에 태어난 모든 사람에게도 일어났습니다. 아담으로 끝나면 좋겠는데, 아담의 허리에서 태어난 모든 인류에게도 똑같은 운명이 찾아왔습니다. 왜 그런지 아십니까? 아담은 인류를 대표하는 위치에 있기 때문입니다.

'이와 같이 모든 사람이 죄를 지었다'고 말씀합니다. 우리가 언제 선악과를 따먹었습니까? 그런 일이 없습니다. 그런데도 하나님은 모든 인류가 다 죄를 범한 것으로 간주하십니다. 죄를 따라 죽음이 세상에 왔기 때문에 한 사람도 예외 없이 무덤으로 끌고 가는 것입니다. 많은 사람이 이 진리를 이해하지 못해 항의나 비판을 합니다마는 그렇다고 바뀌는 건 없습니다.

하나님께서는 이렇게 말씀합니다. "네가 아담이 범한 죄와 아무런 관계가 없다고 항의하는데, 증명만 하면 간단히 해결돼. 네가 죽지 않으면 너는 죄인이 아니야. 아담과 관계없는 사람이야. 그러나 네가 죽으면 별 수 없이 너도 아담의 후손이야. 너도 죄인이라는 증거야." 이것이 성경의 이야기입니다. 혹시 여러분 가운데 죽지 않음으로 아담의 후손이 아니라고 증명할 분이 있습니까? 아무도 없습니다. 이는 결국 나도 아담의 죄를 갖고 있다는 증거입니다. 그 죄가 나를 죽음의 노예로 삼았다는 것입니다. 이를 부인하면 안 됩니다. 죄인이라는 말이 듣기 싫으면 안 죽으면 됩니다. 그런데 누가 안 죽습니까? 우리는 모두 다 죽습니다.

미국에 있는 교회인데, 범죄가 자주 일어나는 도시에서 목회하는 목사님이 있었습니다. 그런데 워낙 범죄 사건이 많다 보니 매주 강단에서 죄를 책망하는 설교를 했다고 합니다. 우리의 마음에 있는 악한 죄를 회개하지 않으면 하나님이 우리를 어떻게 심판할지 모른다고, 저주를 받지 않으려면 예수 믿고 회개하라고 외쳤다는 것입니다. 그러자 그 소리가 듣기 싫은 한 사람이 나중에는 권총 들고 예배당에 들어와 목사님을 향해 쏘았습니다. 마침 탄환이 빗나가서 생명에는 이상이 없었습니다.

제가 그 교회를 방문했을 때는 강대상 앞에 방탄 막이 쳐져 있었습니다. 총을 들고 와서 위협하는 일이 자주 있다 보니 안전을 위해 그렇게 한 것입니다. 그런데도 그 목사님은 겁내지 않고 죄를 회개하는 길만이 우리가 사는 길이라고 설교했습니다. 그만큼 우리는 죄에 대해 거부반응이 큽니다.

• 예수님이 열어주신 길

　우리는 진리를 부정할 수 없습니다. "왜 죽음이 왔는가? 죄 때문에 왔다. 그럼 나도 죄인인가? 그렇다. 무엇을 보고 죄인이라고 말하는가? 죽는 걸 보니까 죄인이다." 바로 이것입니다. 그러면 이제 어떻게 해야 합니까? 그다음이 중요합니다. 죽음의 문제를 해결하려면 죄 문제를 처리해야 합니다. 죽음의 원인이 죄이므로 죄 문제를 처리해야 합니다. 이 일을 우리 예수님께서 해결해 주셨습니다. 다시 말하면 우리의 죄가 용서받을 수 있도록 해주시기 위해서, 그 결과 우리로 죽음을 맛보지 않고 영생을 얻어 영원히 살 수 있는 존재로 회복시켜 주기 위해서 예수님이 길을 열어주셨습니다.

　어떻게 이 일을 해주셨는지 아십니까? 하늘 보좌에 계시던 예수님이 사람이 되어 세상에 오셨고, 그것도 우리와 똑같은 죄인의 모습으로 오셔서 우리가 신고 다니는 신발을 신고, 우리가 입고 다니는 옷을 입으며 우리의 눈높이로 내려오셨습니다. 그리고 죄의 삯은 죽음이므로 우리 대신 십자가에서 대신 죽어 주셨습니다. 그리고 사흘 만에 부활하셔서 우리에게 영원히 사는 길을 열어 주셨습니다. 이분이 예수님입니다. 다음 성경 구절에 명료하게 나와 있습니다.

　"그는 근본 하나님의 본체시나 하나님과 동등됨을 취할 것으로 여기지 아니하시고 오히려 자기를 비워 종의 형체를 가지사 사람들과 같이 되셨고 사람의 모양으로 나타나사 자기를 낮추시고 죽기까지 복종하셨으니 곧 십자가에 죽으심이라"(빌 2:6-8).

여기에서 '근본 하나님의 본체'라는 말은 예수님이 본래 하나님 자신이었다는 의미입니다. 하지만 하나님으로 대우받길 원하지 않으셨습니다. 우리를 구원하기 위해 하나님 됨을 포기하시고, 천하고 죄 많은 인간의 모습으로 이 세상에 오셔서, 나중에는 우리의 죗값인 죽음을 대신 짊어지고 십자가에서 죽으셨다는 내용입니다.

예수님이 우리의 죄 문제를 처리하시고, 우리를 죽음에서 건져주시기 위해 이렇게 이해할 수 없는 일을 하셨습니다. 이것은 불가사의한 진리입니다. 아무리 설명해도 끝이 없습니다. 아무리 우리가 이해하려고 해도 불가능합니다. 마치 작은 컵 하나로 태평양 물을 긷는 것과 비슷합니다.

어떻게 하나님이 사람이 될 수 있을까요? 그것도 죄인이 될 수 있을까요? 어떻게 하나님이 죄가 없으면서도 십자가에 죽으실 수 있을까요? 그 죽음이 어떻게 나를 위한 것일 수 있을까요? 어떻게 내가 죽어야 하는 십자가에 예수님 곧 하나님이 달리실 수 있을까요? 아무리 설명해도 그건 끝이 없습니다. 저 역시도 아직 모르겠습니다. 그만큼 차원이 높고 깊은 진리이기 때문입니다.

•죄인과 의인이 자리바꿈

하나님의 아들이 우리의 모습으로 찾아오셨습니다. 죄가 없음에도 아담의 후손처럼 죄인의 모습으로 찾아오셨습니다. 내가 서 있는 자리에 하나님의 아들이 서 계십니다. 내게 있는 모든 죄를 대신 짊어지시고 죄인의 모습으로 우리 앞에 서 계십니다. 그리고 내가 죽어야 할 그 자리에 예수님이 대신 죽으시려고 십자가를 지셨습니다. 그리고 죽으셨습니다.

"나와 똑같은 모습으로 예수님이 나의 죄를 짊어지시고 죽으셨다. 예수님이 죽으셨기 때문에 나는 죽을 필요가 없고 절대 죽지 않는 하나님의 자녀가 될 수 있다"라는 사실을 한번 마음에 담아 보십시오. 그러면 우리도 예수님 앞에 감격할 수 있습니다. 감격 정도가 아닙니다. 우리가 이 사실을 조금씩 깨닫고 이 놀라운 진리를 마음에 담고 깊이 묵상하면 엄청난 변화가 내게서 일어납니다. 하나님의 아들이 나와 같은 처지가 되었다는 건 있을 수 없는 일입니다. 그러나 이것은 사실입니다. 이렇게 예수님이 우리를 대신해 십자가에 죽으심으로 하나님께서는 우리에 대한 모든 태도를 바꾸셨습니다.

"하나님이 죄를 알지도 못하신 이를 우리를 대신하여 죄로 삼으신 것은 우리로 하여금 그 안에서 하나님의 의가 되게 하려 하심이라"

(고후 5:21).

하나님께서 '죄를 알지도 못하신 이', 즉 죄가 없는 예수님을 우리 대신 죄로 삼으셨습니다. 다시 말해서 예수님이 죄가 된 것입니다. 죄 덩어리가 된 것입니다. 죄의 삯은 죽음이므로 나 대신 죽으신 것입니다. 십자가에 처형당하신 것입니다. 그리하여 우리가 예수님 안에서 하나님의 의가 되게 하셨습니다. 조금 어려운 말씀인데, 바꾸어 말하면 이런 의미입니다.

즉 예수님이 나의 죄를 다 짊어지시고 죄가 되어 십자가에서 죽으심으로, 하나님께서 예수님에게 있는 의를 나에게 옮겨 내 것이 되게 하셨다는 말입니다. 그래서 나에게 있는 더러운 옷을 예수님이 대신 입으시고, 예수님이 입고 있던 의로운 옷을 내가 대신 입게 되었다는 의미입니다. 그 결과 하나님께서 예수님을 죄인으로 보시는 반면, 나를 의인으로 보시게 되었습니다. 서로 자리바꿈을 해주셨습니다. 이것이 기독교의 진리입니다.

예수 믿고 하나님의 자녀가 되면, 하나님께서 여러분의 더러운 옷을 예수님에게 입히시고 예수님의 의로운 옷을 여러분에게 입히셔서 죄가 하나도 없는 사람으로 여러분을 대우해 주십니다. 이것만큼 놀라운 소식이 또 어디 있습니까?

제 이야기를 하나 하겠습니다. 알다시피 제 이름은 '옥한흠'입니다. 한국에 있는 이름을 다 뒤져도 비슷한 이름이 없는 것 같습니다. 제가 이 이름이 싫어서 바꾸려고 무척 애를 썼는데, 우리 교인들이 반대해서 바꾸지 못했습니다. 그런데 제가 성경을 가르치고 성경의 진리를 깨닫게 되면서 이 이름이 보통 이름이 아님을 알게 되었습니다. 하나님이 우리를 위해서 해주신 일, 예수님이 나를 대신하여 해주신 일을 가장 잘 설명할 수 있는 이름임을 알게 되었습니다.

만일 예수님이 십자가에 죽지 않으시고 원래대로 내가 존재한다면, 분명 나는 한이 없이 흠이 많은 옥일 것입니다. 옥을 다이아몬드에 빗대면, 다이아몬드는 흠이 있을 때 가치가 떨어집니다. 그런데 한이 없이 흠이 많은 다이아몬드 같은 나 대신 예수님이 십자가에 죽으셨기 때문에, 나는 한 개의 흠도 없는 다이아몬드가 되었습니다.

그래서 저는 여러분에게 이렇게 말할 수 있습니다. 아직도 제게는 죄가 많습니다. 하루에 몇 번씩이라도 마음으로 죄를 짓습니다. 그러나 놀라운 사실이 있습니다. 하나님은 저를 보실 때 죄가 하나도 없는 존재로 보십니다. 그 이유는 제가 예수님의 옷을 입고 있기 때문입니다. 이런 놀라운 축복을 여러분도 받고 싶지 않습니까?

• 육신의 죽음 이후

이처럼 죄 문제가 해결되면, 죽음의 문제도 해결된 것입니다. 물론 저도 죽습니다. 그러나 그것은 영원히 살기 위한 하나의 과정일 뿐, 그 자체가 죽음은 아닙니다. 죽음을 단순히 목숨이 끊어지는 것으로 생각하지 마십시오. 우리는 태어날 때부터 하나님과 남입니다. 이것은 생명의 원천이요, 창조자 되신 하나님에게서 끊어져 나왔다는 말입니다. 그리고 우리의 육신이 죽으면 하나님께서 우리를 영원한 죽음으로 끌고 가시는데, 이것을 심판이라고 말합니다.

"한번 죽는 것은 사람에게 정해진 것이요 그 후에는 심판이 있으리니"
(히 9:27).

이것을 일컬어서 영원한 죽음이라고 합니다. 죽음이란 그리 단순하지 않습니다. 여러분은 목숨이 끊어지면 끝난다고 생각하지만, 그건 우리가 잘 몰라서 하는 말입니다. 다시 한 번 말하지만, 우리는 태어날 때부터 영적인 죽음을 가지고 태어났습니다. 그래서 태어나자마자 육신의 죽음을 향해서 초읽기가 시작됐습니다. 우리에게 남아 있는 시간은 계속 짧아지고, 나중에는 들에 핀 꽃처럼 시들고 죽게 될 것입니다.

그것으로 끝나면 좋겠지만, 하나님은 절대 아니라고 합니다. 죄의 값으로 당하는 죽음은 목숨이 끊어지는 것으로 끝나지 않습니다. 그 다음에 진짜 죽음이 기다리는데 곧 영원한 죽음입니다. 죄의 값을 영원히 짊어지고 값을 치러야 하는 죽음입니다. 이 죽음을 해결하지 않고 어떻게 세상을 살겠습니까? 언제 죽을지 모르는데, 언제 내 목숨이 끊어질지 모르는데, 이 엄청난 문제를 해결하지 않고 어떻게 먹고, 자고, 웃고, 떠들 수 있겠습니까? 이 사실을 알고는 마음 편히 살 수 없습니다. 그래서 하나님이 이 죽음의 문제를 해결하시고, 예수님을 통해 열어두신 생명의 길을 가도록 우리를 부르시고 우리에게 말씀하시는 것입니다.

• 영원히 사는 길

그렇다면 예수님이 열어놓으신 생명의 길을 어떻게 하면 갈 수 있을까요? 방법은 간단합니다. 믿는 것입니다.

"주 예수를 믿으라 그리하면 너와 네 집이 구원을 받으리라 하고"
(행 16:31).

여기에서 '구원을 받는다'는 말은 영원히 죽지 않는다는 이야기입니다. 우리가 영원히 사는 길이 무엇입니까? 우리가 죄 문제를 해결하고 죽음을 뛰어넘어 영원히 살 수 있는 구원의 길이 무엇입니까? 바로 예수를 믿는 것입니다. 그러면 예수를 믿는다는 말이 무슨 말입니까? 예수님이 하나님이심을 믿는 것입니다. 예수님이 나를 위해 세상에 오셔서 십자가에 대신 죽으시고 사흘 만에 부활하셨다는 사실을 믿는 것입니다. 또한 예수님을 붙들기만 하면 하나님 앞에 갈 수 있고, 하나님은 나를 죄인이 아닌 의인으로 보시고 영원히 사는 하나님 나라로 받아들이신다는 것을 믿는 것입니다. 이것이 믿음입니다.

그런데 사람들에게 믿으라고 하면 이상하게 생각합니다. 만약에 하나님께서 믿으라고 하지 않고 엉뚱한 것을 요구한다면 어떻게 하겠습니까? 예를 들어 고행을 요구한다고 합시다. 마치 조계종 청화 스님처럼 출가 후 40년 동안 하루 한 끼 식사에 눕지 않고 앉아서 잠을 자며 참선하는 장좌불와(長坐不臥)를 요구한다면, 누가 천국에 들어가겠습니까? 만약에 하나님께서 우리에게 선을 행하여 공로를 인정받으라고 한다면 어떻게 하겠습니까? 테레사 수녀처럼 평생 선을 행해야만 구원받을 수 있다고 하면 우리 중에 누가 구원받을 수 있겠습니까? 만약에 하나님께서 우리에게 재산을 다 처분하여 가난한 자에게 나누어 준 후 오라고 한다면 우리 중 몇 사람이나 알겠다고 대답할 수 있겠습니까? 아무도 없습니다.

그러나 예수님이 우리에게 요구하는 것은 그런 어려운 것이 아닙니다. 단지 믿으라는 것입니다. 믿기만 하면 하나님께서 은혜를 주셔서 우리가 죄를 씻음 받고 영원히 사는 축복을 누리게 해 주겠다고 약속하셨습니다. 이 사실을 꼭 마음에 담으시길 바랍니다. 그러면 여러분의 인생이 달라집니다. 우리 모두 죽음 앞에 있지만 죽음을 뛰어넘는 하늘의 평강을 소유하고, 무엇을 위해 누구를 위해 살아야 할 것인가를 분명히 알게 됩니다.

우리는 본능적으로 해피엔드를 좋아합니다. 드라마를 봐도 끝이 좋아야 기분이 좋습니다. 그런데 하나님도 우리를 보시며 모든 삶이 해피엔드로 마무리되길 원합니다. 지옥으로 가서 죗값을 짊어지고 평생 소망 없이 살아가길 원하시지 않습니다. 해피엔드로 끝나는 방법은 예수님을 믿는 것입니다. 나를 대신하여 십자가에 죽으시고 부활하신 예수님을 믿으면 내가 하나님 앞에 의인이 되고 육신의 죽음을 뛰어넘어 영원히 하나님과 살게 되는 영광스러운 하나님의 자녀가 됨을 믿는 것입니다.

믿기만 하면 하나님께서 놀라운 축복과 선물을 주십니다. 그래야만 여러분이 해피엔드로 살 수 있습니다. 70년을 살든 90년을 살든, 100년을 살던 해피엔드로 끝날 수 있습니다.

04

유비무환(有備無患)
(히 9:27-28)

유비무환(有備無患), 누구나 다 잘 아는 용어입니다. 미리 준비하면 뒤탈이 없다, 화가 없다는 이야기입니다. 인생을 살다 보면 이 말이 상당히 진리라는 것을 자주 느끼게 됩니다. 젊어서부터 원만히 준비한 사람은 세상 살기가 좀 쉽습니다. 하지만 제대로 준비하지 못한 사람은 세상 살기가 더 어려운 것 같습니다. 그래서 우리는 인생을 살면서 앞으로 다가올 불행을 막기 위해 알게 모르게 많은 준비를 합니다. 어떻게든 인생을 행복하게 살려고 노력합니다. 이것은 너무나 자연스러운 일입니다.

하지만 어떤 사람은 오늘 살다가 내일 죽을 사람처럼 아무런 미래가 없는 삶을 살아갑니다. 그래서 자신은 물론 가족도 불행해지는 것을 자주 봅니다. 따라서 우리 인생은 결국 둘 중 하나를 선택하기 마련입니다. 유비무환을 택하든지, 아니면 무비유환을 택하든지 둘 중 하나를 선택하는 것이 우리가 세상을 사는 처세술입니다.

　미리 준비하면 뒤탈이 없다는 사실을 요즘 부쩍 실감합니다. 2005년 8월 미국을 강타했던 초대형 허리케인 카트리나를 기억하실지 모르겠습니다. 당시 미국 남부, 특히 뉴올리언스 지역에 허리케인이 몰려와 엄청난 피해를 당했는데, 이미 미국의 연구기관에서 경고한 바 있었습니다. 그런데도 설마 하고 대수롭지 않게 여기면서 허리케인이 덮치는 며칠 전까지도 아무런 준비를 하지 않았습니다. 그렇게 방치된 상태로 있었다가 얼마나 호되게 당했습니까? 인간은 내일 일을 알 수 없는 존재이지만, 설령 앞으로 일어날 일을 알게 되어도 병적일 만큼 위기에 둔감합니다.

• 죽음 불감증

1년에 한 번씩 세계적인 정치가들, 경제인들, 미래학자들이 모여 의견을 나누는 다보스포럼이 있습니다. 향후 세계가 어떤 방향으로 가야 할지 서로 의견을 나누는 중요한 포럼인데, 21세기에 들어서면서 중요한 경고를 하나 했습니다. 향후 10년 동안 세계가 두려워해야 할 가장 큰 재난이 기상이변이라는 것입니다. 실제로 이미 극단적인 기후변화로 인해 지구촌 곳곳마다 재난으로 고통받고 있습니다. 지진과 홍수, 가뭄과 지구 온난화 정도는 갈수록 심각해지고 있고, 폴리네시아에 있는 섬나라 투발루(Tuvalu)의 경우 해수면 상승으로 현재 섬

아홉 개 중 두 개가 이미 사라진 상태입니다. 물론 오래전부터 경고가 있었지만, 이렇다 할 방안을 내놓지 못하고 있습니다.

사람은 참 어리석은 데가 있습니다. 천천히 오는 위기에 대해선 상당히 둔감하게 반응합니다. 조금씩 다가오는 위기에 대해선 설마 하며 대비를 소홀히 합니다. 멀리서 들리는 경고의 나팔 소리를 그다지 심각하게 듣지 않습니다. 그래서 조금씩, 천천히 다가오는 자신의 운명에 대해 준비되지 못한 채 피해당하는 사람들이 역사상 얼마나 많습니까? 우리 주변에도 얼마나 많습니까?

이 시간에 저는 우리가 준비해야 할 중요한 문제를 말씀드리려고 합니다. 미리 준비하지 않으면 큰일 날 문제를 먼저 여러분에게 말씀드리려고 합니다. 그것은 무서운 운명입니다. 그 운명이 천천히 서서히 다가오고 있습니다. 이미 오래전부터 하나님께서 우리를 향해 경고하신 일입니다. 하지만 사람들은 당장 눈앞에서 위험을 느끼지 못하기 때문에 그저 예사로 듣고 넘어갈 뿐 아무런 준비도 하지 않습니다. 그것이 무엇입니까?

"한번 죽는 것은 사람에게 정해진 것이요 그 후에는 심판이 있으리니"
(히 9:27).

어려운 말씀이 아닙니다. 사람은 누구나 다 죽는다는 이야기입니다. 그리고 죽음 이후 심판이 따라온다는 이야기입니다. 제가 이 문제에 관해 설명하겠습니다.

죽음, 이것은 그다지 설명이 필요 없는 사실입니다. 누구나 다 인생은 죽기 위해서 태어납니다. 따라서 태어나면서부터 초읽기가 시작되는 시한부인생을 사는 것이 우리 모두의 운명입니다. 이에 관한 한 누구도 예외가 없습니다. 지금 세계적으로 한 해 동안 얼마나 많은 사람이 죽어갑니까? 작은 도시 하나가 한순간에 쓸려가듯 죽어 나갑니다. 그만큼 많은 사람이 죽어 나갑니다. 우리 역시 한 사람도 피하지 못하고 반드시 죽게 되어 있습니다.

• 피할 수 없는 죽음

요즘은 수명도 계속 연장되고 있고, 줄기세포 연구도 진전되면서 죽음에 대해 느긋해진 경향이 없잖아 있습니다. 건강에 대한 관심도 많아져 각종 프로그램마다 관련 자료와 정보를 공급해줍니다. 그 결과 사람들에게 죽음이 멀리 있는 것처럼 느끼게 합니다. 이것이 오늘 우리의 현실입니다. 서울에만도 각종 외국계 노화방지 클리닉이 여러 개 들어와 있고, 어떻게 하면 노화를 지연시킬 수 있는지 여전히 초미의 관심사입니다. 자연히 죽음은 나와 거리가 먼 것으로 착각하게 됩니다. 그러나 속지 마십시오. 아무도 죽음을 피해갈 수 없습니다. 그 이유가 무엇입니까? 앞서 언급한 성경 구절대로, 한번 죽는 것은 사람에게 정한 것이기 때문입니다. 그러면 누가 정했습니까? 하나님이 정하셨습니다. 우리가 잘 아는 대로 인류의 조상 아담이 하나님을 거역하여 죄를 범하지 않았습니까? 그래서 하나님은 아담에게 이같이 선언하셨습니다.

"너는 흙이니 흙으로 돌아갈 것이니라"(창 3:19).

인간을 만드신 하나님이 우리 인간을 향해서 "너는 흙이야. 결국 너는 흙으로 돌아갈 것이다"라고 명령하셨습니다. 하나님의 이 같은 선언 이후 흙으로 돌아가는 운명을 피한 사람은 이 세상에 아무도 없었습니다. 다 죽었습니다. 인간의 운명을 하나님이 그렇게 정하신 것입니다. 인간은 하나님이 정해 준 운명을 살아가게 되어 있습니다.

• 죽음에 대한 준비

우리가 시급하게 준비해야 할 것이 있다면 죽음입니다. 왜 죽음이냐고요? 죽으면 다 끝나는데 무얼 준비하느냐고요? 정말 죽는 것으로 끝난다고 준비할 게 없습니다. 저도 그랬으면 좋겠습니다. 죽으면 다 끝나고 모든 것이 무(無)로 돌아가서 더는 죽음의 문제로 신경 쓸 필요가 없는 상황이면 준비할 필요가 없습니다. 언제 죽든 그 날까지 우리가 하고 싶은 대로 다 하면 됩니다. 그러나 기가 막힌 사실이 있습니다. 죽음 이후 따라오는 게 있다는 것입니다. 한번 죽는 것은 사람에게 정해진 것이고, 그다음에는 무엇이 있다고 했습니까? 심판이 있다고 말씀합니다. 죽음 다음에는 심판이 따라온다는 것입니다. 이것 참 사람이 기절할 노릇 아닙니까? 심판이 있다고 말씀합니다.

심판이 무엇입니까? 하나님께서 우리 모두에게 죗값을 물어서 그 죄의 값을 영원토록 치르게 하는 게 심판입니다. 성경에는 이런 심판을 놓고 용어를 몇 가지 더 사용합니다. 지옥, 저주, 멸망이라는 용어도 사용하고, 어떤 때는 죽음이라고도 표현합니다. 어떻게 표현하든지 간에 우리가 살면서 범한 모든 죗값을 하나님께서 철저하게 물으시는 영원한 시간이 심판입니다. 사람들은 이런 이야기를 하면 코웃음을 칩니다. 어떻게 알고 그런 소리를 하느냐고 겁주지 말라고 합니다. 당연히 그런 반응이 나올 수 있습니다. 그러나 이것은 제 말이 아니라 하나님의 말씀입니다.

이 성경은 수천 년 전에 기록된 하나님의 말씀으로 아직 우리 손에 들려있는 전 세계적인 베스트셀러이자 스테디셀러입니다. 또한 세계 역사를 바꾸고, 사람들의 운명을 바꾸고, 한 사람의 인생을 좌지우지할만한 능력과 진리를 포함하고 있습니다. 하나님의 우리에게 주신 이 영원불변의 말씀에 근거해서 제가 말씀드리는 것입니다. 이 말씀에 우리가 죽으면 심판을 받는다고 나옵니다.

• 선한 사람, 악한 사람

우리가 심판을 받게 된다면 어떤 잘못으로 심판을 받는지 궁금하실 것입니다. 이에 대해 성경 말씀 한 구절을 더 소개해 드리겠습니다.

"선한 일을 행한 자는 생명의 부활로, 악한 일을 행한 자는 심판의 부활로 나오리라"(요 5:29).

선한 일을 행한 자는 심판을 받지 않습니다. 대신 하나님이 준비하신 영원히 사는 축복을 누립니다. 이것을 생명의 부활이라고 말합니다. 반면에 악한 일을 행한 자는 심판의 부활로 나아갑니다. 그런데 이 부활이라는 말이 이상하게 들릴지 모르겠습니다. 우리 인간은 하나님이 자기 형상을 본받아 만들어진 특수한 존재입니다. 우리는 짐승과 다릅니다. 짐승처럼 먹고, 마시고, 배설하지만, 그렇다고 해서 짐승은 아닙니다.

하나님이 자연을 만드실 때 인간만은 자신의 형상을 닮은 독특한 존재로 구별하셨습니다. 그러므로 사람은 육신이 죽어도 절대 죽지 않습니다. 우리의 영혼은 영원토록 삽니다. 그러나 육신이 죽어서 나중에 심판받은 날에 다시 살아나게 되어 있습니다. 그래서 영원히 하나님과 함께 살든지, 아니면 영원히 심판받고 살든지 둘 중 하나입니다. 그래서 이것을 부활이라는 말로 표현하는 것입니다.

여러분 가운데에는 '나는 악한 일을 많이 안 했으니까 괜찮지 않을까?'라고 생각하는 분도 계실 것입니다. 그런데 한 가지만은 꼭 알아두십시오. 선한 일이란 우리를 만드신 창조자 하나님을 기쁘시게 하는 일이고, 악한 일이란 창조자 하나님을 무시하며 사는 일입니다.

다르게 보지 마십시오.

부모 밑에서 사랑받고 자란 아들이 머리가 커지면서 부모로부터 간섭받는 게 싫어 집을 나갔다고 합시다. 그리고 몇 년간 제 맘대로 살면서, 나쁜 짓은 안 했다고 합시다. 방탕하게 유흥을 즐기거나 남의 것을 훔치지도 않았고, 사기를 치거나 폭력을 행사하지도 않았습니다. 오히려 열심히 공부하고 노력해서 나중에 훌륭한 사람이 되었습니다. 그러면 이 아들이 자랑스러운 자식일까요? 한번 부모에게 가서, 당신 자식을 어떻게 생각하느냐고 물어보십시오. 그러면 분명 이렇게 대답할 것입니다. "호래자식이지. 출세가 부모와 무슨 상관이요. 부모 사랑 배신하고 집을 뛰쳐나가 제 맘대로 산 놈이 아무리 훌륭한 사람이 되고, 유명한 사람이 됐다 해도 부모에게는 죄인이요." 세상의 부모도 이러하거늘 하물며 하나님은 어떻겠습니까?

하나님이 우리를 만드셨습니다. 그러면 우리가 어떻게 살아야 합니까? 하나님을 기쁘시게 하고 하나님을 경배하고 하나님의 뜻대로 순종하며 살아야 하지 않겠습니까? 삶의 중심에 하나님이 계셔야 하지 않겠습니까? 그런데 우리는 어떻게 된 일인지 태어나서부터 하나님을 아예 제쳐놓고 살았습니다. 머리가 커질수록 하나님이 뭐 그리 대단한 존재냐며 내가 하나님이 되어 살았습니다. 자신을 기쁘게 하며 살았습니다. 이것이 우리의 인생입니다.

성경에 비추어 볼 때 어떤 사람이 선한 사람입니까? 하나님을 중심에 놓고 그분을 위해 산 사람은 선한 일을 행한 사람이고, 나를 중심에 놓고 나를 위해 산 사람은 악한 일을 행한 사람입니다. 성경은 그렇게 이야기합니다. 거짓말을 몇 번 했느냐 정도가 아닌 근본적인 문제를 두고 선한 사람과 악한 사람이 나누어집니다.

• 심판의 필연성

그렇다면 "한번 죽는 것은 사람에게 정해진 것이요 그 후에는 심판이 있으리니"라고 선언하신 분은 누구입니까? 바로 하나님입니다. 막연히 심판이 있을 것이라고 우리가 생각한 게 아닙니다. 하나님이 정해놓으신 것입니다. 세상에서 하나님을 섬기지도 하나님께 영광을 돌리지도 않고, 자기를 하나님으로 착각하며 자기 마음대로 사는 사람에게는 반드시 심판이 따라온다는 이야기입니다. 이 사실을 우습게 들으시면 안 됩니다. 죽음 다음에는 반드시 심판이 옵니다. 심판이 기다리고 있습니다.

그렇다면 준비해야 합니다. 그 심판을 어떻게 당하겠습니까? 우리는 세상을 살면서 조금만 힘들고 괴로워도 지옥 같다고 말합니다. 가보지도 않았고, 가본 일도 없는데 지옥 같다고 말합니다. 그 말에는 어떤 의미가 포함되어 있습니까? 정말 못 견디겠다는 의미 아닙니까? 하나님의 심판이 그렇게 무섭습니다. 상상을 초월합니다. 예수님이 이 심판에 대해 정말 입에 담기 힘든 표현을 했습니다. '이를 간다'고 말입니다. 얼마나 무서운 곳이면 이런 표현을 하셨을까요?

그렇게 무서운 심판이 지금 내 앞에 다가오고 있습니다. 30년 후

일지, 50년 후일지 모르지만 죽음이 서서히 다가오고 있습니다. 그 죽음 뒤에 심판이 함께 따라온다고 생각해 보십시오. 아무런 준비 없이 설마 하고 넘길 수 있을까요? 말 같지도 않은 소리 그만하라며 외면할 수 있을까요? 그것은 불가능합니다. 그러므로 우리는 준비해야 합니다. 준비하지 않고 미루면 기회를 놓치고 맙니다.

• 자격 미달

사람 일은 아무도 모릅니다. 지금 내 나이가 40대니까 앞으로 40년은 더 살 테니 차차 믿어도 되겠다고 생각하는 분도 있을 것입니다. 그러나 그렇지 않습니다. 저나 여러분이나 절대 안심할 수 없습니다. 그렇다면 준비해야 합니다. 시간이 있을 때 준비해야 합니다.

어떻게 준비할 수 있습니까? 막상 준비하고 싶어도 우리에게 난제가 하나 있습니다. '그래, 맞았어. 심판이 있다고 하자. 그러면 그 심판을 피하고 하늘의 축복을 소유하려면 어떻게 준비해야 할까? 선한 일을 해야 할 텐데, 어떻게 선한 일을 하지?' 아무리 생각해도 인간은 스스로 심판을 준비할만한 능력이 없습니다.

심판자는 하나님입니다. 그러면 하나님이 지금 나에게 원하는 조건이 무엇이겠습니까? 막연하게 알 것 같지만, 구체적으로 모르는 게 우리의 상태입니다. 우리 모두의 입장입니다. 따라서 제대로 준비할 수 없습니다. '하나님의 심판대 앞에서 "너는 잘했다!" 하는 칭찬을 들으려면 지금부터 내가 무엇을 할 수 있을까?' 우리 힘으로는 그 해답을 찾아낼 수 없습니다. "선하게 살면 될 거 아냐? 거짓말 안 하고 교회도 왔다 갔다 하면 되지"라고 쉽게 생각합니다.

그런데 우리가 생각하는 선이란 우습기 짝이 없는 것입니다. 하나님은 거룩하신 분입니다. 선 그 자체입니다. 그런 분이 만족할만한 선을 과연 우리가 행할 수 있습니까? 한번 생각해 보십시오. 선 자체이신 하나님이 만족하실 만큼 내가 선해질 수 있느냐는 말입니다. 만약 그럴 수 있다고 고개를 끄덕이는 사람이 있다면 그 사람은 자기를 속이는 것입니다.

우리에게 선한 것이 있습니까? 우리에게 선을 행할 수 있는 능력이 있습니까? 어느 정도는 선할 수 있습니다. 노력만 하면 어떻게든 악한 것과 거리를 두고 선하게 살 수 있습니다. 그러나 성경은 우리에게 있는 선이 하나님 앞에서는 태양 앞에 있는 촛불과 같다고 말씀합니다. 캄캄한 밤에는 촛불의 위력이 대단한 것 같지만, 태양이 떠오르면 촛불은 있으나 마나입니다. 불은 불이지만 하나님 앞에선 아무 의미가 없습니다. 우리는 모두 그런 존재입니다.

심판을 준비하기 위해 선하게 살고 싶지만 어떻게 사는 것이 진정 선한 것인지 잘 모릅니다. 우리는 태어날 때부터 악한 자로 태어납니다. 그래서 우리의 본성은 악합니다. 인간의 본성이 선하다고 고집하는 사람이 있는데, 자신을 속이지 말고 자기 자신을 잘 들여다보십시오. 우리는 태어날 때부터 본성이 악합니다. 두 가지 사실로 증명할 수 있습니다.

먼저 평생 하나님을 우습게 여기며 살았다는 것입니다. 그 정도면 최고로 악하다고 할 수 있습니다. 우리 가운데에는 사회적으로 저명한 분들도 계실 것이고, 공부를 많이 한 분도 계실 것이고, 종교에 대해 해박한 지식을 갖고 계신 분도 계실 것입니다. 그러나 한 가지는 분명합니다. 여러분은 하나님을 우습게 보지 않습니까? 내가 하나님이지 않습니까? 그 정도면 하나님 앞에서 가장 악한 사람입니다.

또 한 가지는 우리가 죽는다는 사실입니다. 죽음은 죄의 결과입니다. "너는 흙이니 흙으로 돌아갈 것이니라"(창 3:19). 이 말씀은 죄의 결과로 하나님이 선언한 선고입니다. 만일 내가 선하다면 이 죽음을 피할 수 있어야 하는데 다 죽습니다. 다 죽는다는 것이 의미하는 바는 다 죄인이라는 것입니다. 나는 선하려고 해도 선할 수 없는 악인이라는 뜻입니다. 이런 이유로 우리는 아무리 죽음과 그 후에 따라오는 심판을 준비하고 싶어도 자력으로 준비할 수 없습니다. 내 힘으로 하나님이 원하시는 선을 행할 수 없습니다.

• 하나님이 준비하신 대안

이런 절망적인 상황에 놓여있는 우리를 안타깝게 보시며 뜨거운 마음으로 도와주려 하시는 분이 누군지 아십니까? 바로 하나님이십니다. 심판을 피하지도, 벗어날 수도 없을뿐더러 심판을 준비하고 싶어도 준비할 수 없는 우리를 가장 안타깝게 여기시는 분이 누군지 아십니까? 바로 하나님이십니다. 하나님은 우리가 저 무서운 심판의 자리에 가지 않도록 갖은 애를 다 쓰고 계십니다. 우리가 저 무서운 심판의 자리에 가지 않도록 우리 앞에 두 팔을 벌린 채 말리고 계십니다. 그만큼 하나님은 우리를 사랑하십니다.

하지만 지옥을 만들어놓고 우리를 거기에 들어가도록 하는 그런 잔인한 하나님이 어딨느냐고 대드는 사람도 있습니다. 한편으론 그렇게 볼 수도 있습니다. 그러나 다른 한편으로는 잘 모르기 때문에 그런 말을 하는 것입니다. 죗값은 반드시 치러야 합니다. 이것이 하나님의 공의입니다. 하나님은 이랬다저랬다 하는 분이 아닙니다. 선을 악이라 하고, 악을 선으로 갚는 모순된 분이 아닙니다. 악한 것은 악한 것으로 다루시는 분입니다. 그러므로 심판이란 절대 없을 수 없습니다. 그런데도 하나님께서는 이 무서운 심판을 우리가 받지 않도록 막아서십니다. 그만큼 우리를 사랑하십니다.

"하나님이 세상을 이처럼 사랑하사 독생자를 주셨으니 이는 그를 믿는 자마다 멸망하지 않고 영생을 얻게 하려 하심이라"(요 3:16).

여기에서 '세상'이라는 말에 '나'를 넣어 읽어 보십시오. "하나님이 나를 이처럼 사랑하사 독생자를 주셨으니 이는 그를 믿는 자마다 멸망하지 않고 영생을 얻게 하려 하심이라" 왜 우리를 하나님이 이토록 사랑하실까요? 우리가 예수를 믿고 멸망 대신 하늘에 사는 축복을 누리도록 하기 위해서입니다.

사실 우리는 멸망을 하든지, 영생을 얻든지 둘 중 하나입니다. 심판을 받든지 천국에 가든지 둘 중 하나입니다. 그런데 하나님이 우리가 멸망에 빠지지 않고 심판대신 영생을 얻어 하나님과 함께 영원히 사는 복된 자가 되도록 해주시겠다는 말입니다. 그만큼 하나님은 우리를 사랑하십니다. 이를 위해 하나님은 우리가 준비할 수 있는 대안을 마련하셨습니다.

그 대안은 곧, 자기 외아들 예수 그리스도이십니다. 예수님은 하나님의 아들이십니다. 예수님은 원래 하나님이셨지만, 우리가 심판의 자리의 이르지 않고 구원에 이르도록 우리와 똑같은 몸을 입고 세상에 오신 분입니다. 그러므로 육신을 입고 세상에 오신 하나님이십니다. 그분이 오셔서 우리에게 천국 가는 길, 구원받는 길, 심판을 피하는 길을 가르쳐 주셨습니다.

• 우리를 위한 죽음

그러나 우리에게는 심각한 문제가 있습니다. 죄 문제입니다. 저나 여러분이나 다 죄인이기 때문에 죄 문제를 해결하지 않고는 절대로 심판을 면할 수 없습니다. 그러나 우리 힘으로는 죄를 씻을 길도 없고, 죄를 벗어 던질 능력도 없습니다. 그래서 하나님이 보내신 예수님께서 내 죄를 대신 짊어지기로 하신 것입니다. 어차피 죗값은 죽음이요, 심판이므로 나 대신 죄 없는 하나님의 아들이 죽음과 심판을 담당한다면 나는 자유로워질 수 있습니다.

이렇게 하나님은 우리가 구원받을 수 있는 대안을 마련하셨습니다. 그 결과 예수님은 세상에 오셔서 33년 동안 계시다가 우리를 위해 십자가에 죽으셨습니다. 십자가 죽음은 세상에서 가장 잔혹한 사형법입니다. 얼마나 무서운 형벌인지 로마 사람들은 황제에게 반역한 자 외에는 로마 시민권을 가진 사람에게 절대로 십자가형을 내리지 않았습니다. 주로 십자가형은 노예나 시민권이 없는 다른 나라 사람들을 벌할 때 사용했습니다. 그 십자가에서 예수님은 죽으셨습니다. 가장 참혹하고 저주스런 죽음을 맞으셨습니다.

왜 하나님이 예수님에게 이러한 참혹한 죽음을 허락하셨습니까? 왜 예수님이 그런 죽음을 당해야 했는지 아십니까? 이후에 우리가 우리 죗값을 치르는 심판을 받게 되면, 그 심판의 고통이 바로 십자가의 고통과 같습니다. 즉 우리가 당할 심판의 고통을 상징적으로, 아니 실제로 보여주는 것이 십자가의 죽음입니다. 따라서 내가 당할 심판을 예수님이 십자가에서 대신 당하신 것입니다. 이것이 십자가의 죽음입니다. 하나님이 그렇게 하셨습니다. 그래서 내 죄가 예수님 때문에 깨끗이 씻음을 받도록 해주셨습니다. 내 죗값을 예수님이 대신 지시고 심판을 당하셨기 때문에 이제 나는 그 심판을 받지 않게 되었습니다. 그래서 주님이 십자가에 죽으신 것입니다. 이 사실을 여러분이 미처 몰랐더라도, 주님은 여러분 한 명 한 명을 위해 십자가에서 죽으셨습니다.

이렇게 우리를 위해 십자가에 죽으신 예수님을 하나님이 가만두실 리 없습니다. 하나님은 그에게 놀라운 선물을 주셨습니다. 다음 구절은 베드로라는 예수님의 제자가 예수님을 못 박아 죽인 폭도들을 앞에 놓고 한 이야기입니다.

> "그가 하나님께서 정하신 뜻과 미리 아신 대로 내준 바 되었거늘 너희가 법 없는 자들의 손을 빌려 못 박아 죽였으나 하나님께서 그를 사망의 고통에서 풀어 살리셨으니 이는 그가 사망에 매여 있을 수 없었음이라"(행 2:23-24).

여기에서 '법 없는 자들의 손을 빌어'라는 말은 로마 사람의 손을 빌려서 예수님을 못 박아 죽였다는 말입니다. 예수님은 우리를 구원하기 위해 우리의 저주, 심판, 우리의 형벌을 다 짊어지고 십자가에서 죽으셨고 무덤에 들어가셨습니다. 그런 다음 하나님께서는 예수님의 그 위대한 죽음에 대한 보상으로 다시 그를 사흘 만에 살리셨습니다.

• 예수를 믿기만 하면

그러고 나서 하나님은 우리를 향해 선언하셨습니다. "너희가 심판을 피하고 하나님 나라로 들어올 수 있도록 길을 열어 놓았다. 그 길은 너희를 위해 십자가에 죽으시고 사흘 만에 부활하신 예수님을 믿는 것이다. 그분을 믿기만 하면 내가 너희의 모든 죄를 다 용서해 주고, 심판이 없는 하나님 나라로 너희를 인도하겠다."

"네가 만일 네 입으로 예수를 주로 시인하며 또 하나님께서 그를 죽은 자 가운데서 살리신 것을 네 마음에 믿으면 구원을 받으리라"(롬 10:9).

여기에서 '주'라는 말은 하나님으로, '구원을 받는다'라는 말은 심판을 피하게 해주겠다는 의미로 보면 됩니다. "예수님이 하나님의 아들이시고, 그 예수님이 나를 구원하기 위해 세상에 오셨고, 세상에 오셔서 나의 죄를 대신 짊어지고 십자가에서 저주와 심판을 받으셨고, 죽으신 다음 사흘 만에 부활하셔서 이제는 나를 하나님 나라로 인도하시는 구원자가 되셨다." 바로 이 사실을 믿으면 됩니다. 예수님이 그런 분이라는 것을 마음으로 받아들이는 것입니다.

혹시 이렇게 말하는 분이 있을지 모릅니다. "나는 아직 성경도 잘 모르고, 이렇게 몇 마디 듣는 것으로 어디 믿겠습니까? 좀 더 깊이 연구한 다음에 믿겠습니다." 그러나 이것은 착각입니다. 우리는 예수님을 아무리 알고 싶어도 다 알 수 없습니다. 제가 전해드리는 이 말씀 정도만 알아도 심판을 피하고 하나님 나라로 들어갈 수 있도록 하나님께서 문을 열어놓으셨습니다. 그래서 이것이 기쁜 소식입니다.

"예수님께서 나를 위해서 죽으시고 부활하셨군요. 이제 예수님을 믿겠습니다. 내 마음에 예수님을 모시고, 예수님을 나의 하나님으로 늘 고백하며 살겠습니다. 절대 의심하지 않고 살겠습니다." 이렇게 예수님을 믿기만 하면, 하나님께서 매우 기뻐하셔서 우리의 모든 죄를 용서해 주십니다. 내가 하나님인 것처럼 착각하고, 하나님을 무시하며, 나를 하나님처럼 받들고 살았던 모든 죄를 용서해 주십니다. 못된 근성과 모든 마음의 죄악들, 과거의 죄, 현재의 죄, 미래의 죄까지 모두 한순간에 용서해 주십니다.

우리가 예수를 믿기만 하면 하나님의 자녀가 됩니다. 그러면 그 순간부터 하나님을 아버지라고 부를 수 있습니다. 밤이든 낮이든 상관없이 언제든지 불러도 됩니다. 그뿐만 아니라 오늘 이 세상을 떠난다 할지라도, 우리는 하나님이 계시는 천국에 가서 하나님과 영원히 복을 누리는 자가 됩니다. 얼마나 대단합니까?

오늘 우리가 예수를 믿기만 하면 오늘 당장 하나님과 함께 길을 걷는 사람이 됩니다. 이 세상 다할 때까지 하늘과 땅, 바다와 우주를 만드신 전능하신 하나님, 나를 위해 십자가에 죽으시고 부활하신 예수님이 나와 함께 길을 걷는 것입니다. 그래서 나를 모든 위험에서 보호해 주시고, 외로울 때 위로해 주시고, 힘이 없을 때 붙들어 주십니다. 사망의 음침한 골짜기를 걸어갈지라도 나를 보호하셔서 어려움을 당하지 않게 하십니다.

그래서 예수 믿는 사람은 믿지 않는 사람에 비해 용기가 있습니다. 인생에 대해 담대하고, 문제를 다루는 자세가 다릅니다. 하나님이 우리와 동행하시기 때문입니다.

• 하나님께로 가는 길

"우리가 예수 믿으면 하나님 앞에 간다. 심판을 면하고 하나님 나라로 들어갈 수 있다"고 하면 이상한 이야기로 들릴지 모릅니다. 만약에 그렇게 길을 열지 않았다면 우리가 무슨 재주로 하나님 앞에 들어갈 수 있습니까? 어떻게 길을 찾을 수 있습니까? 동으로 가야 합니까? 서로 가야 합니까? 어디로 가야 합니까? 하나님이 어디에 계신지 우리는 모릅니다. 그래서 하나님께 가고 싶어도 못 들어갑니다.

그런데 하나님의 아들 예수님이 우리의 안내자가 되어 주셨습니다. 예수님만 믿으면 하나님이 계시는 데까지 갈 수 있게 된 것입니다. 이것이 믿음이라는 것입니다. 이것이 예수 믿는다는 것입니다. 이상하게 들리겠지만 이것은 진리입니다. 하나님께서 이 길을 열어 주셨기 때문에 우리는 죄를 용서받고 심판을 면제받고 하나님 나라로 들어가게 되었습니다. 이 얼마나 놀라운 이야기입니까?

만일 여러분이 안 믿으시면, 이 시간 이후로 다시 예전으로 돌아가신다면, 여러분은 세월이 흐를수록 굉장히 초라해질 것입니다. 여러분 눈에는 제 나이가 얼마쯤 돼 보입니까? 잘 보시면 저도 인생을 살 만큼 살았습니다. 지금까지 살아오면서 저는 수많은 사람을 만나왔습니다. 그런데 하나님을 모르고 사는 사람들을 보면 젊어선 빛이 납니다. 그러나 세월이 흐를수록 초라해져 가는 것을 봅니다. 여러분 역시 예수를 안 믿으면 시간이 흐를수록, 인생의 겨울이 다가올수록 굉장히 불안해질 것입니다. 어디로 가는지를 모르기 때문입니다. 심판이 있다는 사실에 은근한 공포가 있습니다.

이런 사람이 되어선 안 됩니다. 예수 없이 인생을 마친다면, 여러분은 허무해질 것입니다. 무엇을 잡기 위해서 달려왔습니까? 신기루처럼 아무것도 없지 않습니까? 자식입니까? 잘 키운 자식일수록 부모에게는 불효하지 않습니까? 명예, 권력, 다 아무것도 아닙니다. 15년 전 매스컴을 떠들썩하게 했던 인물들이 지금 다 어디에 있습니까? 인생은 허무한 것입니다. 목적 없이 달려왔기에 허무할 수밖에 없습니다.

• 새로운 삶의 시작

여러분이 예수를 믿으면 놀라운 일이 일어납니다. 이 세상에 살면서 놀라운 사실을 발견하게 됩니다. 무엇보다도 여러분 자신이 존귀한 존재가 됩니다. 하나님을 아버지라고 부르는 굉장한 사람이 됩니다. 왜 살아야 하는지 인생의 목적과 이유를 발견하게 됩니다. 내가 누구를 위해 살며 무엇을 위해 살 것인지 분명해집니다. 삶의 구심점이 되는 하나님을 붙들었기 때문입니다. 큰 아파트에 사나 작은 아파트에 사나 하드웨어는 문제가 되지 않습니다. 내 영혼이라는 소프트웨어가 문제입니다. 내 영혼이 달라지고 새로워지면 삶의 모습도 변화할 수밖에 없습니다.

세상이 얼마나 불안하고 무섭습니까? 아무도 내일 일을 예측할 수 없습니다. 오늘 안심하고 살았어도 내일 눈앞에 무슨 일이 일어날지 모릅니다. 이렇게 불안하고 예측 불가능한 세상에 살더라도 우리가 예수님을 믿으면 하나님이 나를 보호해 주신다는 확신이 섭니다. 확신이 서면 두려움이 없어지고 평안이 옵니다. 이 평안은 돈으로도 살 수 없습니다.

우리가 나이 들수록 하나님 나라가 가까이 오는 것을 보게 될 것입니다. 예수를 믿으면 죽음을 두려워하지 않습니다. 장래에 대해서도 두려워하지 않습니다. 예수를 믿으면 이런 사람이 됩니다. 그뿐만 아니라 나와 우리 가족이 예수를 믿게 됩니다.

"주 예수를 믿으라 그리하면 너와 네 집이 구원을 받으리라"(행 16:31).

초등학교에 다니는 어린 소년이 있었습니다. 그 소년이 친구 따라 교회에 갔다가 예수님을 믿게 되었습니다. 초등학생 때 예수님을 믿고 변화되면 엄청난 변화가 일어납니다. 저도 그런 사람 중 하나인데, 예수를 만나면 기쁜 나머지 둥둥 떠다니는 것 같은 느낌이 듭니다. 아마 이 소년이 그랬던 것 같습니다.

그러고 나서 마음속으로 믿지 않는 아빠 생각이 났습니다. 그래서 아빠만 보면 예수 믿으라고 졸라댔습니다. 그러면 아빠는 그런 아들이 귀여워 적당히 둘러댔습니다. "너나 먼저 잘 믿어라. 나중에 시간 있으면 나도 언제든지 믿을 테니까."

그런데 얼마 후 갑작스러운 교통사고로 아들이 세상을 떠났습니다. 장례를 다 치르고 나서 아들이 쓰던 방에 아빠 혼자 들어가 책가방도 만져보고, 노트도 만져보고, 앉았던 의자도 만져보면서 눈물을 글썽이며 괴로워했습니다. 어느 날 서랍을 열다가 노트 한 권을 발견했습니다. 아들이 쓴 일기장이었습니다. 한 장 한 장 읽어 나가다가 다음 문장에서 눈길을 멈추었습니다. "하나님 아버지, 우리 아빠 꼭 예수 믿게 해 주세요. 만약 내가 죽어야 아빠가 예수 믿을 수 있다면, 내가 죽어서라도 아빠가 꼭 예수 믿게 해주세요." 그걸 읽는 순간, 아버지는 가슴을 한 대 얻어맞은 듯 먹먹해졌습니다. '예수 믿는 것이 무엇이기에 자기 생명을 걸고 기도했을까? 나를 예수 믿게 하려고 하나님이 우리 아들을 데리고 가신 걸까?' 그런 생각이 들자 눈물이 쏟아지면서 견딜 수가 없었습니다.

그 순간 무릎을 꿇고 하나님 앞에 기도했습니다. "하나님, 이 더러운 죄인, 아들만도 못한 놈, 어린애가 발견한 진리를 나이가 들어서도 발견하지 못한 이 어리석은 놈, 지금이라도 예수 믿겠사오니 불쌍히 여겨 주시고 받아주세요." 그렇게 예수 믿고 그는 새사람이 되었습니다. 그리고는 믿지 않는 친구들을 붙들고 전도하다가, 나중에는 직업도 포기하고 전도만을 전문으로 하는 국제대학생선교회(CCC)에 들어갔습니다. 그 선교단체에서 열심히 활동하다가 나중에는 부총재까지 올랐습니다.

하나님은 여러분을 사랑하십니다. 그래서 오늘 이 자리에 여러분을 부르신 것입니다. 여러분에게 어려운 것을 요구하지 않습니다. 여러분 대신 십자가에 죽으시고 부활하신 예수님을 믿으라고 말씀하니다. 믿기만 하면 예수님이 우리를 하나님 앞으로 인도하여 심판을 피하게 해주신다고 말씀합니다. 이 놀라운 기쁜 소식을 듣고도 마음을 닫으면 안 됩니다. 마음을 열고 믿으십시오. 여러분의 인생이 달라질 것입니다. 여러분의 인생이 하늘의 복을 누리게 될 것입니다.

05
허무한 인생을 위한 세 가지 축복
(벧전 1:24-25)

우리나라는 풀이 한번 피면 그래도 가을까진 갑니다. 그런데 중동지방에서는 비가 쏟아지면 풀이 났다가, 비가 그치고 햇빛이 나면 금세 말라버립니다. 그래서 풀이라는 것은 하루살이처럼 나약하고 생명이 짧습니다. 하나님께서는 인생을 이 풀에 비유하십니다. 아마 교회에 처음 나오신 분들은 이 말씀이 금방 다가오진 않을 것입니다.

"그러므로 모든 육체는 풀과 같고 그 모든 영광은 풀의 꽃과 같으니 풀은 마르고 꽃은 떨어지되 오직 주의 말씀은 세세토록 있도다 하였으니 너희에게 전한 복음이 곧 이 말씀이니라"(벧전 1:24-25).

풀도 아름다운 때가 있습니다. 꽃을 피우고 향기를 토하며 벌과 나비를 부르고 사람들의 눈길을 끌 때는 풀도 아름답습니다. 그런데 어떤 꽃이든 2, 3일만 지나면 다 떨어집니다. 떨어진 꽃들은 말라버리고 짓밟힙니다. 인간의 영광도 이와 다르지 않습니다.

그러고 보면 인생은 참 짧습니다. 성경에서는 인생을 70-80년으로 보고 있지만, 오늘날은 수명이 늘어 90-100년까지도 가능해졌습니다. 우리로서는 긴 세월 같아도 하나님께는 아주 짧은 기간입니다. 그 동안 꽃처럼 매력적이고 아름다운 시절을 보내기도 합니다. 젊음의 패기, 사회적 성공, 쌓아놓은 부, 자녀의 성장 등 인생 마디마디다 아름다운 꽃이 피는 것 같은 행복을 맛보게 됩니다. 그러나 하나님께서는 그 모든 것도 다 떨어진다고 말씀합니다. 풀이 마르고 꽃이 떨어지듯 인생은 아무것도 아니라는 것입니다. 바꾸면 말하면 인생은 허무하다는 것이 이 말씀이 주는 메시지라고 볼 수 있습니다.

• 세월과 함께 쓸려가다

저는 이 교회에서 25년을 사역했는데, 첫 시작은 아홉 명과 함께했습니다. 그때부터 지금까지 저와 함께 25년 이상 이 교회를 섬긴 아름다운 자매들도 여러 명입니다. 또 15년, 20년을 저와 함께 된 자매들도 수백, 수천 명이나 됩니다. 그런데 요즘 들어 이분들과 지나가다 인사를 하거나 만나면 마음에 슬픔이 밀려옵니다. 예전 모습에서 너무 달라져 있는 것입니다. 물론 그 자매들도 저를 보고 무척이나 놀랄 것입니다.

어떤 뛰어난 외모도 세월 앞에서는 아무것도 아닙니다. 크게 성공했다고 한들 무슨 큰 의미가 있겠습니까? 앨범에 있는 사진을 꺼내 들고 "이때가 좋았지" 하며 한마디씩 할 때가 있지 않습니까? 그때가 좋았습니다. 그러나 지나고 나니 낙화와 같습니다. 별거 아니라 그 말입니다.

제가 은퇴하고 나서 존경하는 장로님을 한 분 만났는데 이런 이야기를 합니다. "목사님, 이제 우리 나이는 말이죠, 앨범을 하나씩 태워야 하는 나이입니다. 나중에 그걸 누가 봐줍니까? 자식도 안 봐 줍니다. 미리 다 태워 없애 버려야죠." 제가 그 이야기를 들으면서 정말 진리다, 옳은 말이다 싶었습니다.

그러나 이 자리에 계신 분들 중에는 굉장한 기대 가운데 인생을 붙들고 계신 분도 있을 것입니다. 그것 때문에 예수에 대한 이야기도, 교회 가자는 말도 귀에 안 들어올 것입니다. 그럴수록 꼭 귀담아 들으시길 바랍니다.

미국에는 동네마다 한 번씩 집안에 쌓아둔 물건을 전부 꺼내서 집 앞에 내다 파는 차고 세일(garage sale)이란 게 있습니다. 그런데 제가 잘 아는 분이 차고 세일하는 곳을 찾아다니며 장식용이나 골동품이 될 만한 것들을 1, 2달러에 사곤 했습니다. 손질만 잘하면 나중에 몇만 원, 몇십만 원으로 몸값이 커져 나름 재미를 보기도 했습니다.

한번은 그분이 이런 이야기를 합니다. 어느 집에 갔더니 혼자 살던 노인이 죽어서 그 집 안에 있는 물건을 다 끌어내 할인판매를 하더랍니다. 두리번거리며 물건들을 살피던 중 크고 아주 멋진 상자가 하나가 눈에 띄었습니다. 궁금해서 열어보니 그 노인이 평생 받은 훈장, 상장, 기념패, 또 그분의 화려했던 때를 상기하게 할만한 갖가지 물품이 가득 들어있었습니다. 그런데 가격을 물으니 10달러를 부르는 것입니다. 이것이 인생입니다. 10달러라도 팔리면 다행입니다. 아예 안 팔리는 경우가 더 많습니다.

•헛되고 헛되도다

인생의 허무에 대해 솔로몬이라는 왕처럼 명확하게 이야기한 사람이 없습니다. 솔로몬 왕은 예수를 안 믿는 사람도 대부분 압니다. 자기가 원하는 것을 손에 넣지 못한 것이 하나도 없는 사람입니다. 자기가 즐기고 싶은 것을 포기한 것이 하나도 없는 사람입니다. 안 해본 것이 없이 다 해본 사람입니다. 어떤 사람도 그를 따라갈 수 없습니다. 그런 그가 중년이 넘어 무슨 말을 했는지 아십니까?

> "전도자가 이르되 헛되고 헛되며 헛되고 헛되니 모든 것이 헛되도다"
> (전 1:2).

헛되다라는 말을 한마디 하면 될 텐데 다섯 번이나 반복합니다. 그는 말합니다. 잠깐 있다가 가는 세상을 살면서 이런 헛된 인생을 붙들고 시간을 낭비하며, 그것이 전부인 양 속아서 한평생을 살다가 끝날 수 없지 않겠느냐고 말입니다. 이대로 살다가 끝날 수 없습니다. 원통해서 어떻게 이대로 살다 끝나겠느냐는 말입니다. 이것이 인생의 실체입니다.

그러면 이런 인생에 허무에 대해 답을 얻어야 합니다. 허무를 극복할 길이 없을까요? 허무를 뛰어넘어서 영원히 보람되게 살 수 있는 대안은 없을까요? 뭔가 찾아야 합니다. 이 시간 이에 대한 해답을 여러분에게 소개하고자 합니다. 그래서 굉장히 중요한 시간입니다. 다시 한 번 본문 말씀을 보겠습니다. 중요한 말씀이 나옵니다.

"그러므로 모든 육체는 풀과 같고 그 모든 영광은 풀의 꽃과 같으니 풀은 마르고 꽃은 떨어지되 오직 주의 말씀은 세세토록 있도다 하였으니 너희에게 전한 복음이 곧 이 말씀이니라"(벧전 1:24-25).

여기에서 '주의 말씀'은 복음이라는 말로 이해하면 됩니다. 즉, 주님의 말씀, 하나님의 말씀을 말합니다. '하나님의 말씀이 세세토록 있다'고 할 때, 이 말을 쉽게 풀면 믿을 것은 하나님의 말씀밖에 없다는 것입니다. 영원히 살아남는 진리는 하나님 말씀밖에 없다는 것입니다. 하나님의 입에서 나오는 말씀을 믿으면 살고, 이 말씀을 깨달은 자는 허무를 극복하고 허무를 뛰어넘어 이 세상을 보람되게 살다가 영원히 사는 길을 간다는 말입니다.

• 사랑이라 이름하는 하나님

그래서 하나님의 말씀이라고 하는 복음, 기쁜 소식이라는 뜻을 가진 이 복음을 여러분에게 전하고자 합니다. 여기에 기쁜 소식이 있습니다. 여러분에게 정말 기쁜 소식이자 중요한 소식입니다. 이 복음을 요약한 성경 구절이 하나 있습니다.

> "하나님이 세상을 이처럼 사랑하사 독생자를 주셨으니 이는 그를 믿는 자마다 멸망하지 않고 영생을 얻게 하려 하심이라"(요 3:16).

이 말씀을 통해 여러분에게 복음을 전해 드리겠습니다. 하나님은 세상을 너무나 사랑하셨습니다. 즉 하나님은 여러분을 너무나 사랑하셨습니다. 따라서 허무한 세상을 극복하기 위해 하나님이 주신 첫 번째 복음은 하나님이 온전한 사랑을 우리에게 주셨다는 것입니다. 하나님의 사랑을 우리에게 주셨다는 것입니다. 우리를 너무나 사랑하셔서 하나님께서 자신의 모든 것을 우리에게 주셨다는 것입니다. 성경에 보면 하나님은 사랑이라고 말씀합니다.

> "하나님이 우리를 사랑하시는 사랑을 우리가 알고 믿었노니 하나님은 사랑이시라"(요일 4:16).

하나님에게 사랑이 있다고 말씀하시지 않고, 하나님이 사랑이라고 말씀합니다. 하나님 자신이 사랑이시기 때문에 사랑하지 않으면 스스로 존재하지 못할 정도로 사랑의 하나님입니다. 사랑하기 때문에 하나님이 존재하십니다. 그래서 자신이 사랑할 상대를, 사랑할 대상을 하나님이 만드셨습니다. 그것이 곧 우리 모두입니다. 하나님이 인간을 창조하실 때, 사랑하기 위해서 만드셨습니다.

그러므로 이 사실을 꼭 기억하십시오. 우리는 하나님의 사랑을 받기 위해서 존재하는 너무나 소중한 존재라는 것을 말입니다. 하나님의 사랑을 받기 위해서 태어난 소중한 존재입니다. 남녀노소, 빈부귀천을 불문하고 이 자리에 계시는 여러분 모두는 하나님의 사랑을 받기 위해 태어난 소중한 존재입니다. 그냥 적당히 살다가 끝나는 존재가 아닙니다. 허무가나 부르면서 먹고, 마시고, 즐기다가 없어지는 존재가 아닙니다. 그렇게 살아서는 절대로 안 되는 존재입니다. 왜냐하면 하나님이 우리 모두를 너무나 사랑하시기 때문입니다.

세상을 살다 보면 사람 사이의 관계도 마찬가지입니다. 사회생활을 하면서 사랑이 얼마나 중요합니까? 우리가 사람답게 살기 위해, 또 사람으로서 대접받기 위해 사랑은 중요합니다. 사랑 받지 못한 인생, 사랑이 결핍된 사람은 잡초와 같아서 제구실을 못합니다.

마더 테레사(Mother Teresa)라고 하는 유명한 수녀를 아실 것입니다. 그분이 이런 말을 했습니다.

"육체의 병은 약으로 고칠 수 있지만, 고독·절망·무기력 등 정신적인 병은 사랑으로 고쳐야 합니다. 빵 한 조각 때문에 죽어가는 사람도 많지만, 사랑받지 못해 죽어가는 사람은 더 많습니다."

그만큼 우리가 세상살이하면서, 인간과 인간끼리 서로 모여 살면서 이 사랑이라는 것이 얼마나 중요한지 모릅니다. 사랑이 있어야 살 수 있습니다. 사랑이 없으면 살 수 없습니다.

• 사랑을 가로막는 담

그러나 부인할 수 없는 진리가 하나 있습니다. 아무리 세상에서 주고받는 사랑이 소중하고 귀하더라도 인간끼리 나누는 사랑은 허무를 극복하지도, 보람된 삶을 안겨주지도 못합니다. 사랑하는데도 뭔가 부족함을 느낍니다. 사랑하는데도 뭔가 불완전함을 느낍니다. 사랑하면 할수록 허기증은 더 심해지고, 갈증도 더 많이 생깁니다. 사랑에 목숨 걸고 매달렸다가 나중에는 실망만 합니다.

세상에 있는 사랑은 우리의 근본적인 문제를 해결해주지 못합니다. 사랑 때문에 배신감을 느끼고 평생 한을 품고 사는 사람이 얼마나 많습니까? 부부끼리 서로 사랑하며 살지만, 제 나이 정도 되면 "당신이 먼저 가면 안 돼요. 내가 먼저 가야지" 하는 소리도 서슴없이 합니다. 이것이 인간의 사랑이 가진 한계점입니다.

이런 처지에 있는 우리를 불쌍히 여기신 하나님은 온전한 사랑, 무궁한 사랑, 영원한 사랑, 모자람이 없는 사랑을 우리에게 부어 주셨습니다. 그런데 한 가지 문제가 있습니다. 하나님이 우리를 이토록 사랑하시는데, 이 사랑이 가까이 오지 못하게 가로막는 높은 담이 있습니다. 즉 하나님과 나 사이에 담이 있습니다. 하나님이 아무리 사랑하려고 해도 사랑할 수 없도록 막는 담이 있습니다. 내가 아무리 하나님의 사랑을 받고 싶어도 그 사랑을 느낄 수도, 깨달을 수도 없게 하는 높은 담이 하나님과 나 사이에 있습니다. 이것이 바로 죄입니다.

물론 사람 사이에도 마찬가지입니다. 부부 사이에 사랑을 주고받을 수 없는 문제가 생길 때는 중간에 죄라는 담이 가로놓일 때입니다. 요즘 아이들을 보면 갈라서는 일이 많은데, 그 이유를 보면 성격 차이가 큽니다. 하지만 부부 사이에 정말 사랑을 주고받을 수 없게 만드는 것이 있습니다. 곧 결혼서약을 어기는 것입니다. 남자가 바람 피우거나 여자가 다른 마음을 갖고 있으면, 이것은 죄입니다. 이 죄가 부부 사이를 가로막으면 아무리 한쪽에서 사랑을 주고 싶어도 줄 수 없고, 받고 싶어도 받을 수 없습니다.

부모와 자식 간의 사랑도 얼마나 끈끈합니까? 지극 정성을 다해 부모가 자식을 키웁니다. 그런데도 이 대단한 사랑을 가로막는 죄가 있습니다. 자식이 부모의 권위를 인정하지 않고 순종하지 않으면, 결국 두 사이에 담이 생깁니다.

• 하나님이 마련하신 대안

세상에서 사람과 사람 사이가 이러하듯 하나님과 우리 사이도 마찬가지입니다. 죄가 하나님의 사랑을 받지 못하도록 가려 놓습니다. 그래서 하나님이 고민하셨습니다. 이걸 어떻게 해결할까 하고 말입니다. 우리 힘으로는 해결할 수 없습니다. 죄는 하나님의 사랑을 발견하지도, 느끼지도, 깨닫지도 못하게 합니다. 이 무서운 죄악의 담을 내 힘으로 밀어낼 수도 없고, 허물 수도 없습니다. 우리에겐 대안이 없습니다. 따라서 하나님이 해 주셔야 합니다. 천지 만물을 창조하신 하나님, 우리를 너무나 사랑해주시는 하나님이 대안을 찾아주셔야만 합니다.

죄의 삯은 사망이라고 했습니다. 우리가 죄를 범했고 우리가 죄인이기 때문에 이 죄 문제 해결하려면 누군가 우리 대신 죽어야 합니다. 누군가 우리 대신 죽어도 우리와 똑같은 죄를 가진 사람이 죽으면 아무런 의미가 없습니다. 마치 파리가 파리를 위해서 죽을 수 있지만, 파리가 사람을 위해 죽는 건 아무런 의미가 없듯이 말입니다. 죄인이 죄인을 위해 죽을 수 없습니다. 죄가 없는 하나님께서 죄가 없는 사람으로 인정한 누군가가 우리의 죄의 값을 감당하고 값을 치러 주어야만 담이 허물어지는 것입니다.

그래서 하나님이 대안을 만드셨습니다. 곧 자기 아들 예수 그리스도를 우리에게로 보내신 것입니다. 예수님은 사람이 되신 하나님이십니다. 그분이 오셔서 우리의 모든 죄를 짊어지고 십자가를 지게 되었습니다. 앞서 언급한 성경 구절을 다시 한 번 보겠습니다.

"하나님이 세상을 이처럼 사랑하사 독생자를 주셨으니 이는 그를 믿는 자마다 멸망하지 않고 영생을 얻게 하려 하심이라"(요 3:16).

여기에서 '독생자'란 하나님의 외아들 예수 그리스도를 말합니다. 즉 사람이 되신 하나님입니다. 그분이 이 세상에 오셔서 우리의 죄를 짊어지셨습니다.

"우리가 아직 죄인 되었을 때에 그리스도께서 우리를 위하여 죽으심으로 하나님께서 우리에 대한 자기의 사랑을 확증하셨느니라"(롬 5:8).

여기에서 '그리스도'란 독생자, 곧 하나님의 아들을 말합니다. 하나님 아들 되신 예수 그리스도께서 이 세상에 오셔서 우리의 죄를 위해 죽으셨습니다. 저나 여러분이나 하나님의 사랑을 받을 수도 없는 죄인으로 있을 때 십자가에 못 박혀 죽으셨습니다. 우리의 죗값을 대신 치르셨습니다. 바로 우리 자신을 위해서 대신 십자가에 죽으신 것입니다.

그래서 하나님은 우리에 대한 자기의 사랑을 확증하셨습니다. 쉽게 말씀드리면, 하나님의 사랑이 얼마나 크고 놀라운가를 우리로 확인하게 하셨고, 그 사랑을 우리에게 주셨다는 말입니다. 십자가에 죽으신 예수님이 내 죄를 담당하셨기에, 드디어 내 앞에 있는 무서운 죄의 담이 다 허물어졌습니다. 그 결과 하나님이 우리를 마음껏 사랑하실 수 있게 된 것입니다. 이제 하나님은 우리를 사랑하시되 아무런 거리낌 없이 언제든지 사랑할 수 있게 되었습니다. 그러한 길을 친히 열어 주셨습니다. 그래서 우리는 하나님의 사랑을 밑도 끝도 없이 받게 되었습니다. 이 얼마나 놀라운 일입니까?

• 하나님은 나만 사랑하셔!

여러분을 위해 하나님의 아들 예수님이 죽으셨다는 사실을 알고 계셨습니까? 아마도 모르고 계셨을 것입니다. 이 시간 제가 소개해드리겠습니다. 절대 거짓말이 아닙니다. 앞서 언급한 말씀처럼 오직 주의 말씀은 세세토록 있습니다. 끝까지 우리가 믿을 수 있는 진리는 하나님의 말씀밖에 없습니다. 하나님의 말씀이 우리에게 가르쳐 주십니다. "당신을 위해서 하나님의 아들이 대신 십자가에서 죗값을 치렀다. 그래서 당신은 하나님의 사랑을 받는 너무나 존귀한 존재가 되었다"라고 말입니다.

그래서 저는 가끔 이런 생각을 합니다. '하나님은 나만 사랑하셔. 하나님은 나를 제일 사랑하셔.' 착각이라고 해도 좋습니다. 그러나 절대 착각이 아닙니다. 하늘에 떠 있는 태양을 향해 "저 해는 나만 비춰"라고 말한다고 해서 그 말이 틀렸습니까? 틀리지 않습니다. 누구든지 태양을 향해 두 손을 들고 그런 말을 할 수 있습니다. 왜냐하면 태양은 온 우리를 비추는 크고 광대한 빛이기 때문입니다. 적어도 태양 앞에서는 그렇게 말할 수 있습니다.

그렇다면 저 태양을 만드신 하나님, 온 우주 만물을 창조하신 하나님을 향해 '하나님은 나만 사랑하셔. 하나님이 나를 제일 사랑하셔'라고 말해도 잘못된 말이 아닙니다. 실제로 그렇습니다. 모든 사람이 그렇게 말할 수 있도록 하나님의 사랑은 넓고, 크고, 무궁합니다. 하나님이 이 사랑을 우리에게 주셨습니다.

여러분에게 다시 한 번 질문합니다. 여러분은 누구입니까? 바로 하나님의 사랑을 받기 위해 만들어진 존재입니다. 너무나 존귀한 존재입니다. 자기 자신을 비하하지 마십시오. 감당할 수 없을 정도로 힘든 일을 만났을 때, 우리가 예수님 믿기 전에는 죽고 싶다는 생각을 해봤을지 모릅니다. 사람은 그럴 수밖에 없습니다. 사람은 자기 자신을 돌아보면 어떤 면에서 가치가 없습니다. 얼마나 날고뛰는 사람들이 많습니까? 경쟁에서 밀려나면 '나 같은 존재가 살아서 뭐하나?' 하고 생각하게 됩니다. 그럴 때면 자괴감을 느끼고 근심의 자리로 곤두박질칩니다.

그러나 하나님의 사랑을 발견하면, 하나님이 나를 이토록 사랑하신다는 것을 발견하면, 자기 비하가 없어집니다. 하나님께서 여러분에게 이런 은혜를 주시길 바랍니다. '하나님은 나만 사랑하셔.' 절대 거짓말이 아닙니다. 제 말이 아닙니다. 여러분 자신의 말이 될 수 있습니다. 왜냐하면 하나님께서 나를 사랑하기 위해 자기 외아들을 희생시킬 만큼 사랑을 쏟아 부어 주셨기 때문입니다. 이 얼마나 대단합니까? 우리의 모든 죄를 십자가에서 용서하시고, 사랑으로 우리를 무조건 받으셨습니다.

따라서 그분의 사랑을 발견하기만 하면, 그분의 사랑을 받아들이기만 하면, 그분의 사랑에 내가 압도되기만 하면, 여러분의 인생은 달라집니다. 세상을 보는 눈이 달라집니다. 인생을 보는 눈이 달라집니다. 더는 인생이 풀처럼, 풀의 꽃처럼 보이지 않습니다.

• 영적으로 죽은 인생

하나님께서 허무한 인생을 극복하기 위해 주시는 축복이 있습니다. 즉 영원한 생명을 우리에게 주셨습니다. 이 영원히 사는 생명을 '영생'이라고 말합니다.

"하나님이 세상을 이처럼 사랑하사 독생자를 주셨으니 이는 그를 믿는 자마다 멸망하지 않고 영생을 얻게 하려 하심이라"(요 3:16).

이 말씀에서 우리는 하나님이 우리에게 주신 중요한 선물을 발견할 수 있습니다. 그것은 곧 영생, 영원한 생명입니다.

사람이 한번 죽는 것은 정한 이치입니다. 누구나 세상에 태어나면 초읽기가 시작되어 수명은 점점 짧아지게 되고 언젠가는 세상을 떠나게 됩니다. 우리가 인생의 종착점에 이르면 갈림길에 서게 됩니다. 대부분의 사람은 왼쪽 길로 갑니다. 그 길이 어떤 길입니까? 우리는 그 길을 알지 못합니다. 무덤 저편 세계에서 어떤 일이 일어나는지 모릅니다. 오직 하나님만이 아십니다. 하나님이 천지를 만드시고 온 우주를 주관하시는 만유의 주가 되시기 때문입니다.

그런데 그 세계에서 일어나는 일 가운데 일부분을 성경에 기록하여 우리에게 가르쳐 주셨습니다. 사람은 죽으면 멸망 받는 길로 갑니다. 인생은 죗값을 짊어지고 멸망 받을 수밖에 없는 길로 갑니다. 다른 말로 하면 지옥, 심판, 그리고 영원한 죽음이라고 합니다. 모두 그리로 갑니다.

성경에서 가르쳐 주는 세 가지 죽음 중 그 첫 번째가 영적 죽음입니다. 이것은 생명의 원천이신 하나님으로부터 잘려나가는 것을 말합니다. 관계가 끊어지는 것을 말합니다. 모든 인생은 생명의 원천 되신 하나님으로부터 관계가 끊어졌습니다. 이 세상에 태어날 때부터 끊어진 상태로 태어납니다.

그러므로 어린아이가 태어나 두세 살이 되어도 하나님을 찾는 아이는 하나도 없습니다. 하나님의 이름을 부르는 아이도 없습니다. 가르쳐줘도 못 알아듣습니다. 좀 더 크면 자기 욕심 차리느라 형을 때리고 동생을 짓밟고 별의별 짓을 다 합니다. 이미 죄인으로 태어났다는 증거가 그대로 드러나는 것입니다. 심지어 짓궂은 아이들은 동생이 태어나면 눈을 찌르기도 합니다. 인간이 얼마나 근본적으로 잔인한 본성을 가지고 태어났는지, 그 죄성이 얼마나 강한지 알 수 있습니다.

이 모든 게 인간이 영적으로 죽은 채 세상에 나오기 때문입니다. 하나님과 관계가 끊어진 상태에서 태어나기 때문에 그런 존재로 나오는 것입니다. 여기에는 예외가 없습니다. 우리는 모두 다 영적으로 죽어서 세상에 태어납니다. 성경은 이를 가리켜 영적 죽음이라고 말씀합니다.

• 죽음을 타고난 인생

두 번째 죽음은 육신의 죽음입니다. 이는 우리 몸의 죽음을 말합니다. 사람들은 영적으로 죽은 상태에서 태어나, 일단 세상을 살기 시작하면 8, 90년 살아갑니다. 그 정도면 오래 산다고 생각합니다. 그 기간 살아 숨 쉬면서 세상에 존재합니다. 그 기간 살다가 때가 되면 죽습니다. 이것이 육신의 죽음입니다. 누구든 예외 없이 다 죽습니다. 지금도 째깍째깍하는 사이에 벌써 몇십 명씩 죽어 나갑니다.

세 번째 죽음은 영원한 죽음입니다. 사람이 육신의 죽음을 경험하고 나면 그다음에 자기 죗값을 지고 멸망으로 갑니다. 이를 일컬어서 영원한 죽음, 곧 지옥이라고 합니다. 단테는 『신곡』에서 지옥의 입구에 "여기로 들어오는 자는 온갖 희망을 다 버릴지어다"라고 적어 놓았습니다. 여기로 들어가면 희망이 없습니다. 영원히 희망이 없습니다. 그 죽음을 일컬어서 영원한 죽음이라고 합니다.

이처럼 사람은 세 가지 죽음을 경험하게 됩니다. 여러분 자신을 한 번 돌아보십시오. '하나님과의 관계가 끊어진 영적 죽음은 이미 운명적으로 타고났고, 앞으로 4, 50년 정도 더 살면 이 세상을 떠난다는 거지. 그런데 이대로 살다가 끝나면 그다음에 영원한 죽음이 기다리고 있다고? 어떻게 그럴 수 있어. 그러면 안 되지.' 이렇게 여러분이 놀라고 답답하게 느껴져야 정상입니다. 영원한 죽음이 있다고 해도 설마 하고 생각한다면 소망이 없습니다. 여러분의 인생이 캄캄해집니다.

그러므로 이 운명을 극복할 수 있는 대안이 나와야 합니다. 누가 영적 죽음, 육신의 죽음, 영원한 죽음을 극복하게 하고 영원히 사는 생명을 주실 수 있는지, 누가 이 문제를 해결해 줄 수 있는지 우리가 몸부림치면서 해답을 찾아야 합니다. 우리를 죽음에서 구원해 줄 구원자를 찾아야 합니다.

• 가장 기쁜 소식

오늘 이 구원자를 여러분에게 소개해 드리겠습니다. 바로 예수님입니다. 하나님께서는 나를 위해서 십자가에 죽으신 예수님을 사흘 만에 다시 살리셨습니다. 성경에 보면, 예수 그리스도는 우리 죄를 위해 십자가에서 죽으셨다고 말씀합니다. 그래서 우리가 하나님의 사랑을 마음껏 받을 수 있도록 길을 열어주셨다고 말씀합니다. 즉 우리의 죄를 전부 용서받는 길을 열어 주신 것입니다. 그러고 나서 사흘 만에 하나님께서 그를 죽음에서 일으키셨습니다. 만일 하나님의 아들이 죽은 후 무덤에서 썩었다고 한다면 그 죽음은 의미가 없게 됩니다.

하나님께서는 생명을 죽이기도 하시고 살리기도 하시는 분입니다. 이처럼 생명의 원천이 되시는 분이기에, 예수 그리스도가 십자가에 죽으심으로 인류에게 구원의 길이 열리자 사흘 만에 그를 일으키셨습니다. 무덤 문이 열렸습니다. 예수님이 살아나신 것을 증거한 증인이 한두 명이 아닙니다. 500명이 넘는 사람들, 아니 역사적으로 수억의 사람들이 예수님의 부활을 증거했습니다. 예수님만이 우리에게 생명의 구주가 되시고 우리의 죽음을 정복하신 승리자임을 증거했습니다. 저도 그런 사람 중 하나입니다.

예수 그리스도는 죽음의 문제를 해결하셨습니다. 영적 죽음을 해결해 주심으로 우리가 하나님의 자녀가 되게 하셨습니다. 또한 육신의 죽음을 거친 후 다시 살아나 영원히 살 수 있는 영생의 길을 열어 주셨습니다.

모든 인류는 육신의 죽음 이후, 두 길 중 한 길을 가게 되어 있습니다. 한 길은 영원한 죽음으로 가는 멸망의 길이요, 다른 한 길은 예수님이 열어주신 생명의 길, 영생의 길, 천국의 길입니다. 두 길 중 하나를 선택하게 됩니다. 이에 대해 예수님은 기가 막힌 말씀을 하십니다. 세상에서 이런 말을 한 사람이 아무도 없습니다. 공자도, 석가모니도, 마호메트도 이런 말을 한 적이 없습니다.

"예수께서 이르시되 나는 부활이요 생명이니 나를 믿는 자는 죽어도 살겠고 무릇 살아서 나를 믿는 자는 영원히 죽지 아니하리니 이것을 네가 믿느냐"(요 11:25-26).

누가 이런 말을 할 수 있습니까? 하나님의 아들 되신 예수님밖에 없습니다. 십자가에 죽으시고 사흘 만에 부활하신 예수님밖에 없습니다. 이분만이 이렇게 자신 있게, 이렇게 분명하게 우리에게 가르쳐 주셨습니다. 예수님이 죽음을 정복하셨습니다. 여러분의 그 죽음을 정복하셨습니다.

그래서 예수 믿는 사람은 죽음 앞에 떨지 않습니다. 본능적인 공포는 있지만, 어쩔 수 없이 죽음으로 끌려가는 초라한 모습을 보이지 않습니다. 승리자 되신 예수님이 계시고 내가 죽으면 그분이 기다리고 계신다는 것을 알기에 우리는 담대합니다.

지금까지 저는 인생에 대해 마르는 풀처럼 잠깐이요, 떨어지는 풀의 꽃처럼 덧없는 것이라고 말씀드렸습니다. 이런 인생의 허무를 극복하기 위해 하나님은 자기 아들의 십자가 죽음으로 우리 죄를 대신하셨고, 우리로 하나님의 사랑을 받는 자가 되게 하셨다고 했습니다. 그리고 인생을 허무하게 만드는 죽음을 예수의 부활로 정복하고, 영원히 사는 길을 열어주셨다고 말씀드렸습니다.

이것이야말로 기쁜 소식입니다. 이것만큼 기쁜 소식이 또 어디 있습니까? 하나님이 나만을 사랑하신다는 이것만큼 기쁜 소식이 어디 있습니까? "나는 죽어도 산다. 나는 영원히 하나님 나라에서 살 존재이지 죽어서 없어질 존재가 아니다." 이 사실을 여러분이 듣는 것만큼 기쁜 소식이 어디 있습니까?

• 사랑과 영생을 소유하는 비결

이제 마지막으로 숙제가 남습니다. 어떻게 하면 하나님의 사랑을 내가 받을 수 있을까요? 어떻게 하면 예수님이 주시는 영원한 생명을 내 것으로 소유할 수 있을까요? 아무리 하나님이 나를 사랑하신다고 해도 내가 못 받으면 안 됩니다. 아무리 하나님이 영생을 주신다고 해도 내가 받아들일 수 없다면 아무 소용이 없습니다. 하나님의 사랑과 영생을 내 것으로 소유하고 내 것이 되게 하는 비결이 단 하나 있습니다. 다음 구절을 주목해 보십시오.

> "하나님이 세상을 이처럼 사랑하사 독생자를 주셨으니 이는 그를 믿는 자마다 멸망하지 않고 영생을 얻게 하려 하심이라"(요 3:16).

여기에서 '그를 믿는 자'란 예수님을 믿는 자를 말합니다. 그렇다면 어떻게, 무엇을 믿어야 합니까? 예수님이 하나님의 아들이심을 믿으라는 말입니다. 예수님이 나의 죄를 대신해 십자가에 죽으신 것을 믿으라는 말입니다. 그리고 예수님이 사흘 만에 부활하셔서 나에게 영원한 생명을 주신 것을 믿으라는 말입니다. 그래서 내 모든 죄가 용서받고, 나는 하나님의 사랑을 받는 존귀한 존재가 되었음을 믿으라는 말입니다.

믿음이 무엇입니까? 내 마음으로 시인하고 입으로 고백하는 것입니다. 마음으로 받아들이고 입으로 믿음을 고백하는 것입니다. "주님, 믿겠습니다. 주님은 나의 하나님이십니다. 주님은 나의 구원자이십니다. 주님이 나를 위해 죽으셨고 사흘 만에 부활하셨습니다. 주님이 나를 하나님 나라로 인도하시고 영생을 주시는 분이심을 믿습니다. 주님 믿습니다." 이렇게 마음으로 시인하고 입으로 고백하면, 그것만으로 하나님의 사랑을 내가 전부 받을 수 있는 자격을 주십니다. 그냥 믿기만 하면, 영원히 사는 영생을 값없이 내 것으로 소유할 수 있습니다. 이것만큼 기쁜 소식이 어디 있습니까?

여러분이 잘 아는 한 사람을 소개합니다. 『노인과 바다』, 『누구를 위하여 종은 울리나』와 같은 유명한 작품을 써낸 어니스트 헤밍웨이(Ernest M. Hemingway)입니다. 노벨 문학상까지 받은 그는 독실한 기독교 가정에서 자랐습니다. 하지만 나중에 유명해지면서 신앙을 포기했습니다. 부모님은 그런 그에게 예수만은 꼭 믿어야 한다고, 아무리 세상에서 성공하고 명성을 쌓아도 풀의 꽃과 같다고 애끊는 심정으로 거듭 권면했습니다. 하지만 그는 끝까지 뜻을 굽히지 않았습니다.

1961년 7월 2일 주일 아침, 그의 나이 60대 초반에 그는 자살을 선택합니다. 평소 그가 말했던 "무로부터 무에 이르는 짧은 날의 여행이 주는 지루함"을 이기지 못해, 아이다호 주에 있는 자택에서 총구를 입에 물고 방아쇠를 당겼습니다. 인생이 너무나 허무하여 더 살

가치가 없기에 죽는다는 말입니다.

그가 죽어서 맞이하게 될 세계는 어떤 세계일까요? 우리는 잘 모릅니다. 그러나 하나님의 말씀에 비추어 보면 분명합니다. 얼마나 불행한 삶을 살다 간 사람입니까? 그렇게 화려한 명성을 떨쳤어도 떨어지는 꽃과 같지 않습니까? 예수를 믿었다면 그렇게 죽지는 않았을 것입니다. 예수를 믿고 죽었다면 주님이 주시는 영원한 생명과 무궁한 사랑을 누렸을 것입니다. 그러나 그는 다 포기하고 스스로 생명을 끊고 사라졌습니다.

만약 누군가가 "당신의 생애에 가장 위대한 순간이 언제였습니까?"라고 묻는다면 무엇이라고 대답하시겠습니까? 결혼하는 날이라고 하겠습니까? 박사학위를 받은 날이라고 하겠습니까? 사업에 성공한 날이라고 하겠습니까? 그러나 그 모든 것은 다 풀의 꽃과 같습니다. 언제가 나에게 가장 위대한 순간입니까? 그 순간은 내가 하나님의 사랑을 받는 존귀한 존재라는 것을 깨달은 순간입니다. 언제가 나에게 가장 위대한 순간입니까? 하나님이 나에게 영원한 생명을 주셨다는 것을 발견하고 그 생명을 내 것으로 소유하게 된 순간입니다.

바로 이 시간이 그 순간이 되도록 하십시오. 바로 이 시간이 여러분에게 가장 위대한 순간이 되게 하십시오. "나는 이 시간을 통해서 하나님의 사랑을 발견했노라! 나는 이 시간을 통해서 영원히 사는 존재로 다시 태어났노라! 이 세상이 아무리 허무해도 그것이 내 인생을 어둡게 하지 못하리라! 나는 하나님의 자녀로서 이 세상을 당당하게 살아가리라! 내가 복음을 들은 이 시간이 내 인생에 가장 위대한 순간이었노라!" 하고 고백하는 여러분이 되길 바랍니다. 그렇게 된다면 여러분의 삶은 완전히 달라집니다. 하나님이 축복해 주십니다.

"하나님이 우리를 사랑하시는 사랑을 우리가 알고 믿었노니 하나님은 사랑이시라"(요일 4:16).

옥한흠 목사의 다시 복음으로

초판 1쇄 발행 2015년 6월 15일
　　2쇄 발행 2015년 9월 15일

지은이 옥한흠
펴낸이 옥성호
펴낸곳 도서출판 은보

기　획 옥성호
편　집 임문희
디자인 PHILO
영　업 예인북

등　록 제124-87-43024호(2013년 9월 2일)
주　소 (442-010) 경기도 수원시 팔달구 수원천로 255번길 6, 19호
전　화 (031)975-2739　**팩스** (0303)0947-2739
E-mail jpb2739@hanmail.net

Copyright© 옥한흠, 2015, Printed in Korea.
ISBN 979-11-951046-7-3 03230

※ 책값은 뒤표지에 있습니다. 잘못된 책은 구입하신 곳에서 교환해 드립니다.